Jan Assmann

KULT UND KUNST

Jan Assmann

KULT UND KUNST

Beethovens Missa Solemnis als Gottesdienst

C.H.Beck

Mit 50 Notenbeispielen

www.chbeck.de
Umschlaggestaltung: Konstanze Berner, München
Umschlagabbildungen: Ausschnitt aus der «Anbetung des Lammes»
auf der Innenseite des Genter Altars von Jan van Eyck, 1432. © akg-images.
Hintergrund: Beethoven, Missa solemnis. Eigenhändige Niederschrift der Partitur,
Anfang des Kyrie, mit der Bemerkung «Von Herzen – Möge es wieder –
zu Herzen gehn». Staatsbibliothek zu Berlin – Preußischer Kulturbesitz.
© akg-images
Satz: Fotosatz Amann, Memmingen
Druck und Bindung: CPI – Ebner & Spiegel, Ulm
Gedruckt auf säurefreiem und alterungsbeständigem Papier
Printed in Germany
ISBN 978 3 406 75558 3

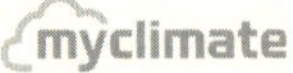

klimaneutral produziert
www.chbeck.de/nachhaltig

Für Tilman Hecker, Hans-Hermann Rehberg
und den Rundfunkchor Berlin

Inhalt

Vorwort

Von mir aus wäre ich nie auf den vermessenen Gedanken verfallen, ein Buch über Ludwig van Beethovens *Missa Solemnis* zu schreiben. Das selten aufgeführte Werk war mir ziemlich fern gestanden und ist mir erst im Lauf dieser Untersuchung sehr nahe gekommen. Die Anregung – oder eher die unwiderstehliche Verführung – zu dieser Arbeit verdanke ich dem Regisseur Tilman Hecker sowie Hans-Hermann Rehberg, dem Direktor des Berliner Rundfunkchors. Das Buch versteht sich als Beitrag zu deren weitausgreifenden Plänen, Beethovens 250. Geburtstag zu feiern. Ihnen und dem Chor, der 2025 sein hundertjähriges Jubiläum feiert, ist dieses Buch gewidmet.

Fünf Freunde haben sich der Lektüre meines noch unfertigen Manuskripts unterzogen. Ihnen schulde ich besonderen Dank: Tilman Hecker für seine resonante Lektüre, die meinen Text aus dem Blickwinkel einer ganz anderen künstlerischen Praxis und intellektuellen Biographie las, Bernhard Lang, der mein Verständnis des christlichen Gottesdienstes förderte, Harald Haslmayr, der mich in liturgischen und musikalischen Fragen beriet, Laurenz Lütteken, der mir aus seiner Sicht den Werdegang der Messe als musikalisches Kunstwerk erläuterte, und Jan-Heiner Tück, der mir in dogmatischen Fragen zur Seite stand und mich und die Leserinnen und Leser vor mancher Häresie bewahrte.

Großer Dank gebührt auch den literarischen Helfern: Jean und Brigitte Massin für ihre unentbehrliche «Materialbiographie», eine einzigartige Quelle für Leben und Werk Ludwig van Beethovens; Sven Hiemke für seine sorgfältige, unendlich hilfreiche Werkbeschreibung der *Missa*; Peter Gülke für seine Beethoven-Aufsätze, die ein gerade auch für die Missa fundamentales Prinzip Beethoven'schen Komponierens («immer das Ganze vor Augen») herausstellen; Birgit Lodes für ihre bahnbrechende Studie zum Gloria; Martin Geck für die geistige Horizontabschreitung der Beethoven'schen Welt; Hans Joachim Hinrichsen für seine Entdeckung der Intellektualität und Diskursverflochtenheit von Beethovens Musik; Maynard Solomon für die psychologischen Hintergründe; Lewis Lockwood für die Notenbeispiele, die seine Biographie veranschaulichen; Jan Caeyers für den erzählerischen Glanz seiner Biographie des Revolutionärs und Neuerers; Romain Rolland für die ansteckende Beethoven-Liebe, die seine Seiten befeuert; Theodor W. Adorno für die unendlich (vor allem zum Widerspruch) anregende Herausforderung, die seine «Verfremdung» der *Missa* darstellt; Albrecht Selge für seinen «erlebten Beethoven», animiert aus erlebter Rede einiger Figuren um den Meister; und Thrasybulos Georgiades für seine grundlegenden Gedanken zu Musik und Sprache. Ohne Josef Andreas Jungmanns klassische liturgiegeschichtliche Untersuchung der Messe hätte dieses Buch nicht geschrieben werden können. Hans Belting sei Dank für seinen erschließenden Begriff eines «Zeitalters der Kunst».

Meinem Lektor Ulrich Nolte bin ich für seine konstruktive Kritik dankbar, die mein Manuskript von gelehrtem Ballast befreit und lesbar gemacht hat. Sehr dankbar bin ich auch dem Verlag C.H.Beck dafür, auch dieses sperrige, Religions- und Musikwissenschaft verbindende Produkt in sein Verlagsprogramm aufgenommen und in gewohnter, über dreißig Jahre bewährter Zusammenarbeit betreut zu haben.

Konstanz, im März 2020

Einleitung

Wie kann aus Kult Kunst entstehen? Welche ästhetischen Impulse und kreativen Kräfte sind bei dieser – um Nietzsches Formel aufzugreifen – «Geburt der Kunst aus dem Geist des Kults» am Werk? Diese Fragen sollen am Beispiel eines bestimmten Kults, des christlichen Gottesdienstes, und einer bestimmten Kunst, der Musik, beleuchtet werden, und zwar anhand der *Missa Solemnis* von Ludwig van Beethoven. Warum Beethoven? Denkt man nicht bei diesem Namen zuerst an Sinfonien, Klaviersonaten und Streichquartette, aber nicht unbedingt an geistliche Musik? Dafür bieten sich doch ganz andere Namen an: in erster Linie Johann Sebastian Bach und dann, in gewissem Abstand, Mozart, Haydn, Schubert, Bruckner – die katholischen Meister – sowie auf protestantischer Seite neben Bach auch Händel, dessen Oratorien zwar im Theater aufgeführt wurden, aber auf biblischer Überlieferung und in drei Fällen sogar auf reinem Bibeltext basieren. In dem wunderbaren Buch von Johann Hinrich Claussen, *Gottes Klänge,* gibt es große Kapitel zu Bach, Händel, Mozart und Mendelssohn, aber Beethovens *Missa Solemnis* findet nur in einem einzigen, wenn auch sehr treffenden Satz Erwähnung: «Die religiöse Wucht und den existenziellen Ernst von Ludwig van Beethovens ‹Missa Solemnis›, der wichtigsten Messe der Wiener Klassik, jedenfalls erreicht sie (gemeint ist Mozarts Salzburger Messenproduktion) nicht.»[1] Die *Missa Solemnis* steht fraglos auf gleicher Höhe mit Bachs h-Moll-Messe und seinen Passionen, Händels *Messiah*, Mozarts c-Moll-Messe und seinem Requiem. Das Schattendasein, in das Beethoven selbst sie mit seiner 9. Sinfonie, seinen späten Klavierwerken und seinen letzten Streichquartetten versetzt hat, hat sie nicht verdient. Die *Missa Solemnis* scheint mir das nicht nur klassische, sondern auch sehr bewegende Beispiel großer Kunst, die aus dem Kult nicht nur hervorgegangen, sondern auch herausgewachsen ist. Ursprünglich für liturgischen Gebrauch gedacht, hat sie im Laufe ihres ganz ungewöhnlich langen und mühevollen Entstehungsprozesses diesen Rahmen gesprengt, nicht nur durch ihre Überlänge, sondern viel mehr noch durch ihre ungeheure Intensität.

Ich gehe von der These aus, dass Beethovens *Missa Solemnis* die erste Messkomposition darstellt, die sich nicht nur durch ihre äußere, sondern vor allem auch durch ihre innere Größe von dem liturgischen Rahmen emanzipiert hat, in dem sich die Messe als musikalische Gattung bis dahin seit siebenhundert Jahren entfaltet hatte. Das Besondere einer Messe als musikalischer Gattung besteht darin, dass sie nicht wie Bachs Passionen und Kantaten, Händels und Mendelssohns Oratorien und Brahms' *Deutsches Requiem* einen freien, zeitgenössischen Text oder eine frei zusammengestellte Bibeltext-Collage vertont, sondern einen kanonischen, uralten liturgischen lateinischen Text, der dem Gottesdienst nichts hinzufügt, sondern zentral zum Gottesdienst gehört. Sie erfordert daher nicht nur «geistliche Musik», sondern Kirchenmusik im streng liturgischen Sinne. Händels Oratorien oder Bachs Passionen und Oratorien sind geistliche, aber nicht liturgische Musik. Auch Bachs Kantaten oder Händels Anthems sind das nicht, sie bereichern den Gottesdienst, aber konstituieren ihn nicht wie die fünf Teile des Ordinarium Missae, die bis zur Liturgiereform des 2. Vatikanischen Konzils kanonische, unverzichtbare Elemente jeder Messe waren. Die Gattungstradition der Messvertonung ist viel enger und verbindlicher, und das Verhältnis von Gattungstradition und Werkindividualität[2] stellt sich im Fall der Messe ganz anders dar als in anderen Gattungen.

Beethoven stand zunächst die liturgische Aufführung als Ziel vor Augen. Er wollte die Quadratur des Kreises: ein Werk, das auf der einen Seite ganz freier, individueller Ausdruck persönlicher Gottsuche ist und auf der anderen Seite das Ideal «wahrer Kirchenmusik» im liturgischen Sinne verwirklicht. Als ihm aber Ende 1819 klar wurde, dass er den angestrebten Termin einer gottesdienstlichen Aufführung nicht würde einhalten können, fühlte er sich von den liturgischen Auflagen befreit und schuf, fast möchte man hinzusetzen: wie es seine Art war, etwas ganz Neues: die erste Konzertmesse. So wuchs dieses Werk im

Verlauf seiner Entstehung aus dem Gottesdienst und der Gattung Messe heraus wie die 9. Sinfonie aus der instrumentalen Sinfonik und die späten Quartette aus der Gattungstradition des Streichquartetts. Dennoch aber ist gerade die *Missa Solemnis* in einem intensiveren, bewussteren Sinne geistliche Musik als alles Vorhergehende (von einigen Nummern der h-Moll-Messe von J. S. Bach, Händels *Messiah* und Mozarts Requiem abgesehen).

Die revolutionäre Bedeutung von Beethovens Schritt, eine Messe als Oratorium aus dem Gottesdienst auszugliedern (unabhängig davon, ob es nun in der Kirche oder im Konzertsaal aufgeführt wird), kann man heute nicht mehr verstehen, wo nichts natürlicher ist als Bachs h-Moll-Messe, Mozarts c-Moll-Messe oder Haydns *Nelsonmesse* im Konzertsaal aufzuführen. Um Beethovens Tat und der Größe seiner *Missa Solemnis* annähernd gerecht zu werden, ist es unumgänglich, sich den Rahmen, den er bewusst gesprengt hat, das heißt den christlichen Gottesdienst mit seiner Liturgie in seinem jahrhundertelangen Werden und seiner jahrtausendelangen Vorgeschichte, wenigstens umrisshaft vor Augen zu führen. So erklärt sich die ungewöhnliche Form dieses Buches, das der Geschichte des christlichen Gottesdienstes und des Messtextes mindestens so viel Raum gibt wie der Beschreibung von Beethovens *Missa Solemnis.*

Der christliche Gottesdienst wurzelt im liturgischen Gedächtnis der Passion und insbesondere des letzten Abendmahls, das Jesus mit seinen Jüngern gefeiert hat. Dieses Abendmahl wiederum steht im Kontext der jüdischen Überlieferungen, die mit dem Abend des Passah-Fests verbunden sind: dem Mythos vom Auszug aus Ägypten mit dem Bundesschluss am Sinai und der langen Wüstenwanderung ins Gelobte Land. Der Bogen, den ich hier zu schlagen versuche, spannt sich also über zwei- bis dreitausend Jahre.

Ein uraltes Ritual, das der jüdischen Tradition zufolge in Ägypten, in der Nacht vor dem Auszug aus der pharaonischen Sklaverei, gestiftet wurde, entwickelt und verwirklicht sich als jährliche liturgische Wiederholung dieser Nacht und wird im Judentum bis heute gefeiert. Jesus wählt diese Nacht zum Abschiedsmahl mit seinen Jüngern und gibt ihr eine vollkommen neue Bedeutung. Das ist die erste Transformation, die das ursprüngliche Passahmahl erfährt. Aus der Wiederholung, dem rituellen *re-enactment*, der Auszugsnacht wird dadurch die rituelle Wiederholung des Abschiedsmahls, aus dem einmal jährlich gefeierten Ritus wird ein idealerweise täglich, dann sonntäglich gefeierter Gottesdienst, in dem die Christen «der Nacht» gedenken, «da er verraten ward». Das ist die zweite Transformation. In Rom und im Frankenreich gewinnt dieser Gottesdienst im Laufe vieler Jahrhunderte eine feste kanonische Form, in deren Zentrum die auf sparsamste Zeichen reduzierte, aber mit ungeheurer Bedeutung aufgeladene Opfermahlzeit steht, das Brechen und Essen des als Christi Leib gedeuteten Brotes und das Trinken des als Christi Blut gedeuteten Weins. Das ist die dritte Transformation. Die vierte Transformation ereignet sich mit der Erfindung der Notenschrift und der dadurch ermöglichten Entstehung der Messe als musikalischer Gattung, der musikalischen Ausgestaltung eines Teils der Liturgie, des *ordinarium missae*, im Zuge der sich ab 1200 entwickelnden Mehrstimmigkeit. Als fünfte Transformation wäre die vollständige Loslösung der Messe als autonomes musikalisches Kunstwerk von ihrem gottesdienstlichen Rahmen zu betrachten. Beethovens *Missa Solemnis* scheint diesen Schritt zu repräsentieren. Geplant für einen Festgottesdienst zur Inthronisation Erzherzog Rudolphs als Erzbischof von Olmütz, wuchs sie bald über diesen Anlass hinaus. Dieser Prozess erscheint mir interessant genug, um einmal in seinen Umrissen skizziert zu werden. Er ist sowohl einzigartig als auch repräsentativ für die äußerst enge Beziehung gerade des Christentums zu den Künsten und ganz besonders zur Musik.

Das Projekt, die Betrachtung der *Missa Solemnis* mit einem Rückblick auf die uralte, Jahrtausende umspannende liturgische Tradition zu verbinden, in der sie wurzelt und die sie entschiedener transzendiert als alles Vorhergehende, mutet abenteuerlich an. Es kommt mir vor wie ein großer Berg, durch den ich von zwei Seiten einen Tunnel bohren will in der Hoffnung, in der Mitte zusammenzutreffen. Am einen Ausgangspunkt liegt die Stadt Jerusalem, wo Jesus das Abschiedsmahl mit seinen Jüngern feiert, das dann zum Ausgangspunkt liturgischer Feiern wird, in denen die wachsende Gemeinde Jesu Leben und Sterben gedenkt. Am anderen Ende liegt die Stadt Wien, in der Ludwig van Beethoven in den Jahren 1819 bis 1824 an seiner *Missa Solemnis* op. 123 arbeitet. Dazwischen liegen rund zweieinhalbtausend Kilometer Luftlinie und rund eintausendachthundert Jahre. Von Jerusalem aus bohrend, gelangt man nach Rom und zu den Liturgien der weströmischen Kirche, von Wien aus bohrend, gelangt man zu den älteren großen Messvertonungen von Haydn, Mozart und Bach, die Beethoven zweifellos (wenigstens teilweise) gekannt hat, bis zurück zu Palestrina, Guillaume Dufay, Josquin Desprez und Guillaume de Machaut. Am römischen Ende geht es um die Entstehung und Entfaltung der Messe als Gottesdienst mit seiner Liturgie, die im *Römischen Messbuch*, dem *Missale Romanum*, kanonisiert ist. Am Wiener Ende geht es um die Messe als Libretto musikalischer Kunstwerke, deren Entstehung, Entfaltung und endliche Emanzipation vom liturgischen Rahmen in Gestalt der *Missa Solemnis*. Die beiden Tunnel treffen sich im dreizehnten und vierzehnten Jahrhundert, als mit dem IV. Laterankonzil die römische Messe ihre kanonische Form erhielt und Guillaume de Machaut und andere Komponisten ihre polyphonen Messvertonungen schufen. Der Vorgang dürfte musik-, religions- und kulturgeschichtlich einzigartig sein und verdient in jedem Fall, so verstiegen das Projekt auch anmuten mag, unser Interesse. Wo gäbe es dafür Parallelen, dass ein Gottesdienst zur Textgrundlage einer musikalischen Gattung von universaler Bedeutung wird?

Die «Kunstwerdung» des Gottesdienstes, das heißt von Tempeln, Kultobjekten und Ritualen, beginnt früh und überall auf der Welt. Was wir in einem ganz allgemeinen Sinne als Kunst verstehen, hat hier seinen Ursprung. Das uns nächstliegende früheste Beispiel solcher Kunstentstehung in kultischem Rahmen ist die Entstehung der griechischen Tragödie im athenischen Dionysoskult. Das Christentum aber scheint in der Richtung künstlerischer Ausgestaltung bis hin zu der Emanzipation künstlerischer Formen von ihren kultischen Ursprüngen weiter gegangen zu sein als andere Religionen. Dies zu erforschen ist Aufgabe einer allgemeinen und vergleichenden Religionsästhetik.[3] Für die

Malerei hat Hans Belting das Verhältnis von Kult und Kunst in seinem Buch *Bild und Kult* untersucht, das inzwischen zum Klassiker geworden ist.[4] Mit der Musik hat es noch einmal eine besondere Bewandtnis, weil die Musik, anders als die anderen Künste, in Europa mit Erfindung der Notenschrift eine beispiellose Entwicklung durchgemacht und sich vollkommen neue Bereiche ästhetischer Steigerung erschlossen hat.

Ebenso wie von der «Kunstwerdung» der Messe kann man aber auch viel allgemeiner von der «Kunstwerdung» der Musik sprechen, und die Vermutung liegt nahe – Thrasybulos Georgiades hat diese These vertreten –, dass die Musik gerade im Dienst der Messvertonung zur Kunst geworden ist.[5] Auf den ersten Blick scheint das widersinnig. War denn die Musik nicht von Anfang an Kunst, lange vor der Entstehung der christlichen Gottesdienstordnung? Die Musik, das Musische, das ist doch der Inbegriff von Kunst bei den Griechen. Schaut man sich die neun Musen und ihre Ressorts jedoch genauer an, ist allein Euterpe für Musik zuständig und auch sie nicht hauptamtlich. Ihr Bereich ist neben der Lyrik auch das Flötenspiel, und neben dem Flötenspiel hat weder das Wort noch die tänzerische Bewegung Raum. Was wir Musik nennen, war im Altertum und noch weit darüber hinaus in Sprache, Bewegung, Handlung eingebettet. Erst mit der Erfindung der Notenschrift durch Guido von Arezzo um 1025 und vor allem mit ihrer Verfeinerung durch die Mensuralnotation, die nicht nur die Tonhöhen, sondern auch die Tonlänge notierte und dadurch erst die Notation von mehrstimmiger Musik ermöglichte, stieg die Musik in den Rang einer Kunst auf, die den anderen Künsten – Dichtung, Malerei, Skulptur, Architektur – ebenbürtig war. Mit der Entwicklung der Mehrstimmigkeit griff die Musik auf alle möglichen Bereiche kulturellen Lebens über und natürlich auch auf den Gottesdienst, in dessen Rahmen sie sich einerseits entfaltet und auf den sie in ihrer entfalteten Form andererseits verändernd zurückgewirkt hat. Das Konzil von Trient hat vergeblich versucht, dieser Entwicklung einen Riegel vorzuschieben. Das «Zeitalter der Kunst» (Hans Belting) im achtzehnten Jahrhundert bedeutete dann noch einmal eine ganz neue Entwicklungsstufe mit der Autonomisierung der Künste und der «ästhetischen Kommunikation» im Sinne eines «ästhetischen Systems» sui generis, wodurch dann im neunzehnten Jahrhundert die Ausbettung der Messe als Kunstform aus dem gottesdienstlichen Rahmen möglich wurde.

Beethovens *Missa Solemnis* stellt den Höhepunkt dieser Entwicklung dar, in deren Verlauf sich die Messe als musikalisches Kunstwerk von ihrer Funktion im christlichen (katholischen) Gottesdienst emanzipierte, ohne darum ihren Charakter als «geistliche» Musik aufzugeben, im Gegenteil. Von geistlicher Musik im Sinne der inneren Form kann eigentlich erst dort die Rede sein, wo sie unabhängig von ihrer liturgischen Funktion im gottesdienstlichen Rahmen auftritt, im eigenen, musikalischen Rahmen des Konzerts, unabhängig davon, ob sie in einer Kirche oder einem Konzertsaal aufgeführt wird.

Der Musikphilosoph Theodor W. Adorno hat diesen Rahmenwechsel als «Neutralisierung» bezeichnet und versteht darunter, «daß geistige Gebilde ihre Verbindlichkeit eingebüßt haben, weil sie aus jeder möglichen Beziehung zur gesellschaftlichen Praxis sich lösten und das wurden, was ihnen die Ästhetik nachträglich zugute schreibt, Gegenstände reiner Anschauung, bloßer Kontemplation. (…) Mit ihrer Spannung zur Realität zergeht auch ihr künstlerischer Wahrheitsgehalt. Sie werden Kulturgüter, ausgestellt in einem weltlichen Pantheon, in dem das Widersprechende, Werke, die sich gegenseitig totschlagen möchten, falsch-friedlich nebeneinander Raum finden.»[6] Dieser Prozess der Ästhetisierung und Musealisierung, der die Werke aus ihrem praktischen Lebenskontext, ihrem «Sitz im Leben», wie die Alttestamentler sagen, herauslöst, betrifft in allererster Linie die christliche Kirche, die in einer auf der Welt ziemlich einzigartigen Weise als Vorschule der Künste – Malerei, Skulptur, Literatur, Architektur und vor allem Musik – gewirkt hat. Als «Neutralisierung» sollte man diesen Rahmenwechsel jedoch nicht bezeichnen, weil die Werke mit ihrer Ausbettung aus ihren ursprünglichen Lebenskontexten nicht ihre Bedeutung verlieren, sondern vielmehr eine Bedeutung hinzugewinnen: die Bedeutung «großer Kunst», einen geistigen Raum, den sie erschlossen haben und in den sie hineingewachsen sind, indem sie ihre ursprünglichen funktionalen Kontexte transzendieren, zum Teil ohne ihren ursprünglichen Sitz im Leben zu verlassen. Kunst entwickelt sich, wie vor allem Hans Belting in seinem Buch *Bild und Kunst* gezeigt hat, aus dem ursprünglich gottesdienstlichen Rahmen heraus zu einem neuen Rahmen eigenen Rechts und eigener Verbindlichkeit. Der Moses des Michelangelo steht nach wie vor im Grabmal Julius' II. in der Kirche San Pietro in Vincoli in Rom und nicht im Museum, und seine Stellung im Kanon der abendländischen Kunst wird der Größe seiner inneren und äußeren Form, den Intentionen seines Schöpfers, seiner Vision weit eher gerecht als seine Funktion als Grabplastik. So ist auch die Musik im Falle großer Komponisten und ihrer rahmensprengenden Konzeptionen aus ihrer gottesdienstlichen Funktion herausgewachsen. Die *Missa Solemnis* ist dafür vielleicht das früheste und spektakulärste Beispiel und lässt sich Michelangelos Moses an die Seite stellen.

1

Heilige Spiele

Was ist Gottesdienst? Zunächst einmal eben dies: Dienst. Der wichtigste ägyptische Priestertitel lautet übersetzt «Diener Gottes» *(ḥm ntr, chámnata)*, und im Hebräischen bedeutet das Wort für Kult, *'avodah*, «Dienst» im Sinne sowohl von Gottesdienst als auch Sklavendienst. Gottesdienst im spezifischen Sinne der liturgischen Begehung bedeutet aber mehr. In Bernhard Langs glücklicher Formulierung ist Gottesdienst «heiliges Spiel».[1] Im christlichen Gottesdienst geht es nach Lang um sechs «heilige Spiele»: Lobpreis, Gebet, Predigt, Opfer, Sakrament und geistliche Ekstase. Das sechste Spiel ist im protestantischen europäischen Christentum freilich etwas verkümmert, aber in schwarzen Kirchen Amerikas und Afrikas lebendig, ebenso wie im orthodoxen Judentum und in islamischen Bruderschaften. Gerade in die Musik aber haben sich auch im ernüchterten Europa ekstatische Elemente zurückgezogen und Beethovens so kultferne *Missa Solemnis* geht in dieser Hinsicht besonders weit.

Gottesdienst ist ein universales Phänomen. Die Sehnsucht und die Bemühungen der Menschen, mit der Götterwelt in Verbindung zu treten und zu bleiben, geht in unvordenkliche Zeiten zurück. Die frühesten Staaten entstanden, um die Verbindung zwischen Götter- und Menschenwelt kultisch, organisatorisch und architektonisch zu etablieren.[2] Religion gestaltete aber nicht nur die Verbindung der Menschen zu den Göttern, sondern auch der Menschen untereinander, und manche Theoretiker wie insbesondere Émile Durkheim sahen in dieser sozialen Funktion der Religion sogar ihren ursprünglichsten Sinn.[3]

Der christliche Gottesdienst, wie er sich in den ersten nachchristlichen Jahrhunderten in Ost und West herauskristallisierte, war das Ergebnis von vor allem drei Einflüssen. Erstens und in erster Linie verstand er sich als Fortsetzung und liturgische Ausgestaltung des letzten Abendmahls und stand von daher im Zeichen der Passionsgeschichte und ihrer Passah-Semantik. Zweitens war der jüdische Tempelkult, wie er vor der Zerstörung des Tempels bestand und sich nach der Zerstörung in der Synagoge neu organisierte, ein starkes Vorbild sowohl im Sinne der Übernahme als auch der Abgrenzung. Drittens aber spielten auch die Kulte der paganen Umwelt eine Rolle, die nun als «Heidentum» ausgegrenzt wurden. Ich möchte hier die ägyptische Religion herausgreifen, weil sie den alexandrinischen Judenchristen und dem Heidenchristentum, das sich gerade in Ägypten mit erstaunlicher Geschwindigkeit verbreitete, als (Gegen-)Modell vor Augen stand.

Es gibt wohl keine Gesellschaft ohne «heilige Spiele», das heißt kultische Formen von Religion, aber es ist selbstverständlich, dass die heiligen Spiele anderswo anders aussehen. Die «heidnischen» Religionen etwa kannten als zwei besondere «Spiele» die Konsekration und tägliche «Pflege» des Kultbilds – «Kult», *cultus*, kommt ja von *colere*, «pflegen». Den beiden Aufgaben widmeten sich in Ägypten das «Mundöffnungsritual» (Konsekration) und das «Morgenritual» (Pflege).[4] Dieser ganze Bereich kultischen Handelns ist im Judentum und Islam mit dem Bilderverbot weggefallen, und auch im Christentum, das die Bilder wieder zugelassen hat, gibt es die «heidnischen» Riten der Kultbildpflege nicht mehr.[5] Dafür sind den heidnischen Religionen die heiligen Spiele von Lesung und Predigt fremd, die in den monotheistischen Religionen unserer Welt und besonders im Christentum die Hauptrolle spielen. Die Frage, die mich bei dieser Studie beschäftigt, gilt den Ansätzen zu künstlerischer, das heißt theatralischer, architektonischer, bildlicher, dichterischer und vor allem musikalischer Ausgestaltung, die in den heiligen Spielen des Kults verankert sind. Gerade in dieser Hinsicht zeigen die Religionen große Unterschiede, und keine ist, was die Musik angeht, im Streben nach Schönheit so weit gegangen wie das Christentum.

Bei der Frage nach der Theatralität heiliger Spiele gilt es einen Unterschied zu beachten, der im Alten Ägypten und gewiss in den meisten frühen Hochkulturen fundamental war: die Unterscheidung zwischen Alltag und Festtag. Kult fand jeden Tag statt, für bestimmte Götter, wie in Ägypten für den Sonnengott, sogar rund um die Uhr. Die Zeit war als solche heilig und musste in den Tempeln beobachtet und begangen werden. In den christlichen Klöstern hat sich das Prinzip der Heiligung der Zeit in ähnlichen Formen fortgesetzt. Der tägliche Kult vollzog sich in den Tempeln hinter geschlossenen Türen, die «vierte Wand» war geschlossen, der berühmte Vorhang im Tempel von Jerusalem verbarg die allerheiligsten Dinge und Vorgänge vor den Blicken auch der Priesterschaft. In dieser Hinsicht waren sich der jüdische und der heidnische Kult gleich, und antike Autoren haben auf diese Übereinstimmung hingewiesen. Clemens von Alexandrien schreibt:

> Die Ägypter bezeichneten den wirklich geheimen Logos, den sie im innersten Heiligtum der Wahrheit bewahrten, durch «Adyta», und die Hebräer [bezeichneten ihn] durch den Vorhang [im Tempel]. Was daher die Verheimlichung angeht, sind die Geheimnisse *(ainigmata)* der Hebräer und der Ägypter einander sehr ähnlich.[6]

Ein *adyton*, einen unbetretbaren Raum, gab es auch im griechischen Tempel. Architektonisch war er ganz anders ausgeprägt, aber der Grundgedanke ist vergleichbar, dass die heiligen Spiele des Kults normalerweise den Blicken entzogen sind. Ein Begriff, der sich im Alten Ägypten mit den Tempeln und Kulten besonders häufig verbindet, ist *seschta'u*, «Geheimnisse». Jeder Kult hatte sein Zentrum in Geheimnissen. Damit waren die hinter geschlossenen Türen vollzogenen Riten, oder die *res sacrae*, die «heiligen Objekte», gemeint, allen voran mumifizierte Leichenteile des von Seth-Typhon zerstückelten Osiris-Leichnams, vielleicht ein Vorläufer des christlichen Reliquienkults. Eine deutliche Spur dieses Geheimnischarakters der heiligsten Objekte und Vorgänge des Kults hat sich im christlichen Messgottesdienst erhalten. In der katholischen Tradition wurden bis zum 2. Vatikanischen Konzil die Einsetzungsworte vom Zelebranten für andere unhörbar gemurmelt[7] und mussten mit der Warnung *mysterium fidei*, «Geheimnis des

Glaubens», begleitet werden, die noch heute im katholischen wie evangelischen Gottesdienst vorkommt. Nur an Festtagen öffnete sich im ägyptischen Kult gleichsam die vierte Wand und die heiligen Spiele wurden vor großem Publikum aufgeführt. Das führte dann oft zu Ansätzen besonderer ästhetischer Ausgestaltung und Prachtentfaltung. Selbst in der Messe als musikalischer Gattung prägt sich diese Unterscheidung aus. Bei der normalen Messe sind, wenn überhaupt, nur bestimmte Instrumente zugelassen, bei einer Messe zu festlichen Anlässen aber, der *missa solemnis* bzw. dem Hochamt, sollen auch Trompeten, Posaunen und Pauken dabei sein.

Im Christentum ist aber ebenso wie im Islam und im Judentum die «vierte Wand» weitgehend entfallen, auch wenn in westlichen Kirchen seit dem Mittelalter der Lettner Kleriker von Laien und in orthodoxen Kirchen die Ikonostase das Allerheiligste von der Gemeinde trennt. Der monotheistische oder abrahamitische Gottesdienst ist Gemeindegottesdienst, im Mittelpunkt steht das gemeinsame Singen, Hören, Schauen. So prägt sich auch der Unterschied zwischen Alltag und Festtag in diesen Religionen anders aus. In Ägypten und Babylonien, wo der alltägliche Kult mit besonderer Strenge hinter geschlossenen Türen vollzogen wurde, wurden die Tempeltore an den Festen geöffnet und die Gottheit zog in Gestalt ihres Prozessionsbildes aus dem Tempel aus, um durch die Feststraßen ihrer Stadt zu ziehen und dem Volk zu erscheinen. Ästhetisch prägte sich dieses öffentlich vollzogene heilige Spiel vor allem architektonisch aus. In Karnak und Luxor zum Beispiel rahmen noch im Tempelbereich gewaltige Säulenhallen und -gänge den Prozessionsweg, und die Prozessionsstraße ist von Widdersphingen gesäumt und von Stationskapellen gegliedert. Das Prozessionsbild ruht beim Luxorfest in einer Barke, die auf Stangen von Priestern getragen wird. Noch heute wird beim Fest des Abu Haggag, des Ortsheiligen von Luxor, eine Barke durch die Straßen getragen.

Das normale altägyptische Ritual[8] sah täglich drei Gottesdienste vor, ein Morgen-, Mittags- und Abendritual. Im Morgenritual wurde der Gott in Gestalt seines im Tempel ruhenden Kultbilds geweckt, gesalbt, neu gekleidet und angebetet, im Opferritual des Mittags gespeist und im Abendritual zur Ruhe verabschiedet. Detailliert unterrichtet sind wir nur vom Morgen- und Opferritual; vielleicht bestand das Abendritual nur aus Gesängen, die als Hymnen zum Sonnenuntergang in Fülle überliefert sind. Jedes ägyptische Ritual zerlegt den rituellen Vorgang in eine Fülle von Einzelhandlungen, die alle von einem deutenden Spruch begleitet werden. Schon das ist im christlichen Gottesdienst völlig anders, weil es hier nicht um einen im Bild sichtbar gegenwärtigen, sondern im Wort und Ritus erst zu vergegenwärtigenden Gott geht. Aber ohne den begleitenden Spruch würde auch im ägyptischen Kult die Gottheit im Bild nicht gegenwärtig werden und der Ritus bliebe wirkungslos.

Die alten Ägypter begleiteten jede kultische Handlung, insbesondere die Überreichung von Opfergaben, mit einem Spruch. Das Prinzip dieser sprachlichen Begleitung bestand darin, der meist verhältnismäßig schlichten Handlung wie etwa der Überreichung von Brot und Bier oder einer Wasserspende ein Höchstmaß an Sinn abzugewinnen und sie in das Licht eines machtvollen mythischen Ereignisses zu stellen. Es ging dann zum Beispiel nicht mehr nur darum, den Empfänger zu speisen und zu tränken, sondern ihn zum Himmel aufsteigen und in die Götterwelt eintreten zu lassen. Das ist das Verfahren der «sakramentalen Ausdeutung».[9] In der Terminologie der eleusinischen Mysterien lässt sich das als ein Zusammenspiel von «Handlung» *(dromena)*, «Gezeigtem» *(deiknymena)* und «Gesagtem» *(legomena)* beschreiben. Bezogen auf die Eucharistie bestünden die *dromena* einerseits in den priesterlichen Handlungen wie Hochheben von Kelch und Wein, Brotbrechen und Darreichen des Brots, die *deiknymena*, das Gezeigte, sind Brot und Wein, und die *legomena*, das Gesagte, sind die Einsetzungsworte.

Der Lobpreis, der vor allem im ersten Teil des christlichen Gottesdienstes eine bedeutende Rolle spielt, gehört in Ägypten zum Morgenritual. Auf das Lichtanzünden und Öffnen des Statuenschreins folgen Räucherungen, Proskynesen und Hymnen. Daran schließen sich die Salbung, Kleidung und Konsekration des Kultbilds mit weiteren Preisungen an. Davon haben sich im bildlosen Kult Israels und den darauf aufbauenden Religionen nur Lobpreis und Gebet erhalten. Das Mittagsritual dreht sich um das Opfer, das in allen alten Religionen das Zentrum des Kults bildet. Das ägyptische Wort für «Opfer» ist *ḥetep*, das als Verb auch «ruhen», «zufrieden sein» und als Nomen «Frieden» bezeichnet. Das Wort für Gottesdienst ist *se-ḥetep* mit der Bedeutung «zufriedenstellen», «besänftigen». Der Staat, das heißt das Königtum, ist nach ägyptischer Auffassung dazu da, die Götter zu besänftigen und den Menschen Recht zu sprechen.[10] Der Sinn des Opferns besteht in der Kommunikation zwischen der Götter- und der Menschenwelt. Die Götter bedürfen der Speisung ebenso wenig wie der Kleidung und Salbung. Diese Handlungen dienen nur dazu, die Verbindung zu halten und die Menschen in das kosmische Wirken der Götter einzubinden. Würde man die Riten vernachlässigen, würden auf Erden Rebellion, Dürre und Hungersnot ausbrechen. Die Götter zu «besänftigen» bedeutet, die Welt in Gang zu halten.

Das alles ändert sich im monotheistischen bildlosen Kult vollständig. Gott braucht die Opfer nicht, und die Welt bedarf keiner rituellen In-Gang-Haltung. Und doch ist das Grundmotiv, die Kommunikation zwischen Gott und den Menschen herzustellen und aufrechtzuerhalten, dasselbe, und auch die Idee, im Opfer, der Gabe, den gültigsten Ausdruck dieser Kommunikation zu sehen, hat sich nicht grundlegend verändert. Die Abkehr von den «blutigen Opfern», der Schlachtung von Tieren und gar Menschenopfern, begann schon lange vor dem Christentum und der Zerstörung des jüdischen Tempels, sich in Teilen der Alten Welt durchzusetzen zugunsten der *thysia logike*, des geistigen oder sprachlichen Opfers durch Gebet und Hymnus.[11] Immer aber geht es um den Akt der Gabe als Inbegriff kommunikativer Verbundenheit. So hat die Eucharistie neben ihrer Funktion als Gedächtnis auch die Funktion der Opferung bewahrt.

Die Gedächtnisfunktion war dem ägyptischen Kult fremd – und das darf man wohl für alle alten Religionen verallgemeinern. Im Kult geht es um Vergegenwärtigung nicht des zeitlich, sondern des räumlich und, wenn man so sagen darf, ontisch Fernen. Man würde den ägyptischen Gottesdienst missverstehen, wenn man annähme, die Gottheit wäre in Gestalt ihres Kultbilds schon da. Im Gegenteil, sie muss herbeigerufen und eingeladen werden, ihrem Kultbild einzuwohnen. In diesem heiligsten Moment des Rituals, der sich hinter geschlossenen Schreintüren vollzieht und auch den Blicken des Priesters entzogen ist, vollzieht sich in den Szenen 35 bis 37 des Opferrituals die Beseelung der Statue.[12] Erst «bringt» der Priester dem Gott «sein Herz in seinen Leib», dann bittet er ihn, aus allen Weltgegenden, wo immer er sich gerade aufhalten mag, zu kommen und das Opfer in Empfang zu nehmen. Das alles spielt sich unsichtbar ab, in der Phantasie der Priester, auf deren schöpferische Kraft ja auch im christlichen Gottesdienst alles ankommt. *Sursum corda!* Empor die Herzen! (s. unten, S. 106).

Vom antiken Bildkult machen wir uns ein allzu eingeschränktes Bild. Das Kultbild galt als Medium der Vergegenwärtigung, nicht viel anders als das Wort und das Sakrament im jüdischen und christlichen Kult. Erst die kultisch beseelte Statue galt als Medium der Gottheit. Das macht eine berühmte Passage des Lehrgesprächs *Asclepius* – der authentische griechische Titel lautete *teleios logos* («Vollendete Lehre») – deutlich, wo es um die Statuen, das heißt Kultbilder geht:

> Sprichst du von Statuen, Trismegistus?
>
> Ja, Asclepius, von Statuen. Aber siehst du nicht, wie sehr selbst du zweifelst? Statuen voll Empfindung und Geist, die vieles und Besonderes vollbringen, Statuen, die die Zukunft kennen und sie durch Orakel, Propheten, Träume und vielerlei andere Weisen voraussagen, die menschliche Schwächen verursachen und sie auch heilen, die nach Verdienst Traurigkeit und Freude verteilen.[13]

Der spätägyptische Kult verstand sich, wie es weiter heißt, als «Herabkunft», *descensio.*

> Oder weißt du nicht, Asclepius, dass Ägypten das Abbild des Himmels ist oder, was die Sache besser trifft, die Übertragung und Herabkunft von allem, was gesteuert und ausgeführt wird im Himmel? Ja mehr noch, um die Wahrheit zu sagen, unser Land ist der Tempel der ganzen Welt.[14]

Der Glaube an beseelte, weissagende Statuen war im Altertum auch außerhalb Ägyptens verbreitet. Immer ging es um die Gegenwart des

Göttlichen und die Befriedigung der größten Sorge, die die Menschen damals bewegte: die Sorge um die Zukunft. Mit dieser Konkurrenz hatten sich die neuen, bildlosen Religionen, Judentum und Christentum, auseinanderzusetzen.

Die Zukunftssorge war das Thema, das die jüdische und die christliche Religion am energischsten angriffen und umkehrten. Im Judentum war jede Form von Wahrsagerei bei strengster Strafe verboten. Das Christentum verbot, als es Staatsreligion und zu Macht gekommen war, die heidnischen Opfer, weil sie der Wahrsagerei dienten.[15] Die Zukunft liegt in Gottes Hand und in einer Situation der Naherwartung des Reiches Gottes kommt es nicht darauf an, sie zu erforschen, sondern sich durch Wachen und Beten auf das nahende Ende der Welt vorzubereiten. Diesem gemeinsamen Wachen und Beten sollte der täglich, oft zweimal täglich gefeierte Gottesdienst die Form geben.

Worin das Christentum alle Konkurrenten überbot und schließlich aus dem Felde schlug, war die Verheißung der Unsterblichkeit, *vitam venturi saeculi*. Einzig in der ägyptischen Idee des Totengerichts, die den Gerechtfertigten ein ewiges Leben verhieß, und in den Mysterienkulten, vor allem in den orphischen und den Isis-Mysterien, war schon vor dem Siegeszug des Christentums diese Verheißung lebendig. Eine Andeutung davon gibt der lateinische Schriftsteller Apuleius in seinem um 150 n. Chr. entstandenen Roman *Metamorphosen* oder *Der Goldene Esel*. Es geht um die Einweihung des Lucius in die Isis-Mysterien.[16] Die Szene spielt nicht in Ägypten, sondern in Kenchreai, dem Hafen von Korinth, wo es ein Isis-Heiligtum gab. In der hellenistischen Isis-Religion verkörpert die Göttin die individuellen Erlösungshoffnungen ihrer Anhänger, die Hoffnung auf ein ewiges Leben. Als der aus einem Esel in einen Menschen rückverwandelte Lucius sich danach sehnt, in die Mysterien der Isis eingeweiht zu werden, bedeutet ihm der Priester Zurückhaltung:

> Denn die Riegel der Unterwelt und der rettende Schutz lägen in der Hand der Göttin, und die Weihe selbst werde gefeiert als Abbild eines freiwilligen Todes und einer auf Bitten gewährten Rettung. Denn wenn die Lebenszeit abgelaufen sei und die Menschen schon auf der Schwelle stün-

> den, an welcher das Licht endet, dann pflege die Göttin diejenigen, welchen man getrost die großen Geheimnisse der Religion (*magna religionis silentia,* was sich offenbar auf die Großen Mysterien bezieht) anvertrauen dürfe, aus der Unterwelt wieder zurückzurufen und sie, in gewissem Sinne durch ihre Vorsehung wiedergeboren wieder auf die Bahn eines neuen Lebens zu setzen.[17]

Die Einweihung hat also eindeutig den Sinn eines vorweggenommenen Todes, der dem Mysten eine Gottesnähe vermittelt, wie sie sonst erst, nach ägyptischer Vorstellung, dem rituell «verklärten» Toten zuteilwird. Durch diesen freiwillig gestorbenen symbolischen Tod qualifizieren sich die Mysten dafür, am Tage ihres wirklichen Todes von Isis ins Leben zurückgebracht zu werden.

Als der Tag der Einweihung endlich kommt, wird Lucius zunächst gebadet, wozu der Priester «die Verzeihung der Götter ausspricht». Das Bad hat also den sakramentalen Sinn einer Sündenvergebung, wie die Taufe «in remissionem peccatorum». Am Abend dieses Tages folgt die Einweihung, von der Apuleius nur Andeutungen gibt.

> Ich habe das Gebiet des Todes betreten, meinen Fuß auf die Schwelle der Proserpina gesetzt und bin, nachdem ich durch alle Elemente gefahren bin, wieder zurückgekehrt. Mitten in der Nacht habe ich die Sonne in weißem Licht strahlen sehen. Den unteren und den oberen Göttern bin ich von Angesicht zu Angesicht gegenübergetreten und habe sie aus der Nähe angebetet.[18]

Lucius wird in die Geheimnisse der Unterwelt eingeweiht. Er vollzieht den *descensus* des Sonnengottes, steigt in die Unterwelt hinab und schaut die Sonne um Mitternacht, tut also genau das, was im ägyptischen Totenritual mit den Verstorbenen geschieht und zwar mit den Königen, in deren Gräbern die Nachtfahrt der Sonne dargestellt ist. Es scheint mir offenkundig, dass diese Unterweltsreise des Lucius einen symbolischen Tod darstellt, an den sich am Morgen eine Neugeburt anschließt. Denn am Morgen nach dieser Einweihungsnacht wird er *ad instar solis,* also wie der Sonnengott, gekleidet und erscheint der jubelnden Menge als neugeborener Eingeweihter.

Die Eigenschaft, die den christlichen Gottesdienst von allen anderen älteren und zeitgenössischen Formen von Gottesdienst unterscheidet, ist die zentrale Bedeutung der «Gemeinde», griechisch *ekklesia*.[19] Alle heidnischen Gottesdienste wurden von professionellen Priestern stellvertretend für die Gesellschaft durchgeführt, die allenfalls in die Vorhöfe der Tempel zugelassen wurde. Um dennoch das Volk am Kult teilhaben zu lassen, verließ an hohen Festtagen die Gottheit in Gestalt ihres Bildes den Tempel und durchzog in eigens dafür angelegten und ausgebauten Feststraßen unter Jubel des Volks ihre Stadt. Auch im Judentum herrschte noch bis zur Zerstörung des Zweiten Tempels die strikte Trennung zwischen der im Tempel diensttuenden Priesterschaft und der draußen gehaltenen, nur an Festtagen zumindest in den Vorhof zugelassenen Menge. In der Darstellung der synoptischen Evangelien hatte Jesus den Jerusalemer Tempel erst vor dem letzten Passahfest betreten und ansonsten – wie andere jüdische «Sekten» der Zeit auch – seine Sonderformen von Gottesdienst entwickelt, die er mit seinen Jüngern und gelegentlich auch mit größeren Versammlungen seiner Anhänger feierte. Auch das Abendmahl steht in der Tradition dieser Mahlfeiern im kleinen Kreis und nimmt nur durch seine Stellung vor dem Passah-/Pessachfest den besonderen Charakter eines Passahmahls an.

Jesus hatte den Jüngern aufgetragen, seine aus der Pessach-Tradition entwickelte Form der Mahlfeier «zu seinem Gedächtnis» fortzusetzen. Der Passah-Rahmen kam dafür nicht mehr in Betracht, denn die Feier der Passah-Nacht konnte nur einmal im Jahr stattfinden, während die Feier zum Gedächtnis des Messias viel öfter und bald wohl schon als regelmäßiger Gottesdienst im wöchentlichen Rhythmus stattfinden sollte. In den ersten drei Jahrhunderten seiner sprunghaften Ausdehnung fast über die ganze bewohnte Welt entwickelte der christliche Gottesdienst eine ungeheure Fülle an verschiedenen lokalen Formen, aus denen sich erst allmählich die kanonische römische Form herauskristallisierte. Am Anfang, als die Christen noch als jüdische Sekte am Tempelgottesdienst teilnahmen oder durch Verfolgung in den Untergrund gezwungen waren, stand die häusliche Feier, die sich mit wachsender Mitgliederzahl in die entstehenden Kirchen verlagerte. Die Apostelgeschichte berichtet, dass die vielen Menschen, die nach dem Pfingstwunder den Christusgläubigen beitraten, das Brotbrechen, die «Eucharistie», *kat'oikon*, «hausweise», in ihren Häusern feierten.

Der Religionswissenschaftler Guy Stroumsa hat darum das Christentum als eine «kommunitäre Religion» bezeichnet. «Die Kirchen», schreibt er, «drückten das Bedürfnis nach neuen, einfacheren und intimeren Ritualformen aus, die das Lesen, Singen und Kommentieren von Texten im Rahmen einer Gemeinde beinhalteten.»[20] Die neue Sozialform der «Gemeinde» (*ekklesia*, davon italienisch *chiesa*, französisch *église*) versammelt sich in der neuen Bauform der Kirche (das deutsche Wort kommt von *kyriakos [oikos]*, «Haus des Herrn») und bildet ein neues «Wir», das es so in den älteren Religionen nicht gab. Auch in den Psalmen kommt dieses «Wir» als Subjekt des Preisens und Dankens so gut wie nicht vor, während es in christlichen Hymnen und Liedern unendlich häufig ist. Hier scheint es sich um eine spezifisch christliche liturgische Neuerung zu handeln.

Die früheste Grundform einer christlichen Mahlfeier haben wir uns wohl so vorzustellen, dass sie am Abend stattfand. Sie begann mit einem Sättigungsmahl (dem *deipnon kyriakon*, «Herrenmahl»), an das sich das Dankgebet nach Tisch mit «Kelch der Segnung» anschloss. Eingeleitet wurde es mit *sursum corda,* «Empor die Herzen!», woran sich *gratias agamus,* «Lasset uns danken», anschloss. Allmählich emanzipierte sich das Dankgebet *(eucharisteia, eulogia)* von der Mahlzeit und vom häuslichen Rahmen und wurde zu einer Gemeindefeier. Die Verbindung von Gottesdienst und gemeinsamer Mahlzeit war sicher jüdische Tradition; im Judentum ist sie noch heute Brauch. Im Christentum verlagerte sich das Schwergewicht der Feier, auch in Abgrenzung zum Judentum (sowie dem Hellenismus und den antiken Mysterienreligionen) vom Gemeinschaftsmahl zum öffentlichen Kult. Damit verschob sich auch der Zeitpunkt der Feier vom Abend auf den Morgen. Josef A. Jungmann schreibt dazu: «Die Heiligung des Mahles durch die Eucharistia gewinnt denn auch, was die liturgische Erscheinung betrifft, in kurzer Zeit das Übergewicht über das Mahl als solches. Das entspricht jener Spiritualisierung kultischer Dinge, die für das junge Christentum der Synagoge gegenüber bezeichnend ist. Die Gebetsbewegung hin zu Gott wird, wenn sie es nicht vom Anfang an schon war, nunmehr bestimmend für die Haltung der Beteiligten. Die über die Gaben gesprochene Eucharistia wird zur Grundgestalt im Vorgang der Meßliturgie.»[21]

In der Frühzeit wurde mehrfach täglich Gottesdienst gefeiert. Eusebius schreibt von zwei, Egeria berichtet gar von fünf Gottesdiensten am Tag. In den Klöstern des Mittelalters war der 24-Stunden-Tag in sieben Gottesdienstzeiten unterteilt: Matutin (Mitternacht – die Stunde, in der Jesus geboren und von Kaiphas verhört und verurteilt wurde, und in der man den Jüngsten Tag erwartet), Prim (6.00, Laudes, Morgenmesse), Terz (9.00), Sext (12.00), Non (15.00), Vesper (18.00), Komplet (20.00).

Das paulinische Gebot «Betet ohne Unterlass!» (1 Thess 5,17) ließ sich nur im Rahmen eines dafür weitgehend freigestellten Lebens erfüllen und führte zu der von Ägypten ausgehenden und sich schnell im Vorderen Orient und Europa verbreitenden Klosterbewegung. Die iroschottischen Mönche gründeten in Europa in den ersten drei Jahrhunderten ihrer Missionstätigkeit (6.–8. Jh.) in Europa nicht weniger als dreihundert Klöster und schufen damit zugleich mit der Christianisierung einen institutionellen Rahmen für die wahre christliche Lebensform.

2

Abendmahl und liturgische Erinnerung

«Tief ist der Brunnen der Vergangenheit», stellte Thomas Mann zu Beginn seiner Roman-Tetralogie *Joseph und seine Brüder* fest und setzte hinzu: «sollte man ihn nicht unergründlich nennen?» Für unsere Frage nach dem Ursprung des Kults, aus dem die Kunst und besonders die schönste, die geistliche Musik des Abendlands hervorging, würde ich ihn aber nicht unergründlich nennen. Im Gegenteil trifft unser Senkblei auf festen Grund am 14. Nisan, dem Vortag des Passahfests, des Jahres 33 n. Chr., dem sechsten Jahr des Kaisers Tiberius. Diese Datierung steht mitten im Text des Credo, das seinerseits die Mitte des Römischen Messbuchs, des Ordinarium Missae, bildet: *passus sub Pontio Pilato,* «gelitten unter Pontius Pilatus». Das Genauere ergibt sich aus den Evangelien. Beethoven, der den Text der römischen Messe Wort für Wort auf alle Bedeutungen abklopfte, bevor er sich an die Komposition seiner *Missa Solemnis* machte, ging auch der Bedeutung des Namens «Pilatus» nach und notierte sich seine Ableitung von *pila*, «Wurfspieß». In der Tat, schleudern wir den Wurfspieß mit der Frage nach dem Anfang in die Vergangenheit, dann bleibt er im Jahre 33 stecken, am «Rüsttag» vor Passah, der – da im Judentum die Tage am Abend beginnen – mit dem Abschiedsmahl begann, das Jesus mit seinen Jüngern feierte. Dieses «Abendmahl» gilt in der christlichen Überlieferung als die Gründung, Stiftung und Einsetzung, die «Urszene» des christlichen Gottesdienstes.

Es hat mich immer gewundert, dass es im Kern des christlichen, katholischen wie protestantischen Gottesdienstes mit Abendmahl bzw. Eucharistie um die Passion Christi geht, und zwar nicht nur in der Passionszeit, sondern das ganze Kirchenjahr hindurch mit seinen jeden Sonntag wechselnden thematischen Schwerpunkten. Den Mittelpunkt des Gottesdienstes, seinen heiligsten Kern, bilden Wandlung und Kommunion, bei denen der Einsetzung des Abendmahls durch Jesus Christus «in der Nacht, da er verraten ward» gedacht und sein Tod «verkündet wird, bis dass er kommt». «Nur Leiden und Tod sind allen Evangelisten gemeinsam, sind durch die Kreuzesaffinität des ersten Theologen Paulus wie seiner Gefolgsleute Augustin und Luther zum Zentrum der christlichen Gedankenwelt geworden», schreibt Hans Blumenberg.[1] Auch wenn in der Vertonung des Ordinarium Missae gerade dieser heiligste Kern des Gottesdienstes ausgespart ist, weil er ja nicht vertont, sondern von kunstvoll vertonter Musik umrahmt wird, so ist er doch präsent in den Anrufungen Christi als *agnus Dei* im Gloria und im abschließenden Agnus Dei, die sich auf den Leidenden und Gekreuzigten beziehen, sowie im *Crucifixus* des Credo. Der christliche Gottesdienst und damit auch das Ordinarium Missae wurzelt in der Passion, genauer gesagt im Abendmahl mit seinem Gedächtnisauftrag. Die Eucharistie bildet den Kern des Messgottesdienstes, und Jesu Abendmahl bildet die Urszene der Eucharistie.

Diesem Abend- und Abschiedsmahl gelten daher die folgenden Betrachtungen. Dabei möchte ich von der vielumstrittenen Frage der Historizität der Passionsgeschichte einschließlich des letzten Abendmahls möglichst absehen und nach der Entstehung und Bedeutung der Überlieferungen fragen, auf deren Grundlage sich der christliche Gottesdienst und in seinem Rahmen das Ordinarium Missae herausbildete, das zum «Libretto» kunstvoller Vertonungen wurde.[2] So wie das Abendmahl die Urszene der Eucharistie bildet, steht auch schon das Abendmahl im Zeichen des Passahfests und hat seine Urszene in der Nacht vor dem Auszug aus Ägypten, zu deren Gedächtnis Passah gefeiert wird.

Die liturgische Struktur des Abendmahls in den synoptischen Berichten

Den Ursprung der Heiligen Messe bildet, wenn nicht in der Realgeschichte, dann auf jeden Fall in der liturgischen Erinnerung, das Abschiedsmahl, das Jesus mit seinen Jüngern gefeiert hat, bevor er in derselben Nacht den Häschern der jüdischen Obrigkeit ausgeliefert, in aller Eile vor Kaiphas, deren Oberhaupt, verhört und als Kapitalverbrecher der römischen Obrigkeit überstellt wurde, woran sich das Verhör vor Pilatus, Urteil, Geißelung, Kreuzigung und Grablegung anschlossen. Das alles fand in den vierundzwanzig Stunden eines einzigen Tages statt. Am nächsten Abend begann das Passahfest, bis dahin musste alles vorbei sein. Wir haben es mit einer Tragödie in den klassischen Einheiten von Raum und Zeit zu tun.

Die Berichte über Leiden und Tod des Jesus von Nazareth in den vier Evangelien zeichnen sich durch drei Eigentümlichkeiten vom Rest der Erzählungen von Jesu Leben und Wirken in den Evangelien ab. Da ist erstens eine besondere narrative Kohärenz, die seit dem Mittelalter in Europa zu dramatischer und musikalischer Gestaltung eingeladen hat. Dieser Abschnitt hat Anfang und Ende und dazwischen folgt ein Schritt aus dem anderen. Zweitens weist gerade dieser Abschnitt eine ganz ungewöhnliche Fülle von Zitaten aus dem Alten Testament auf und steht ganz im Zeichen der Erfüllung der Schrift. Drittens sind sich in Aufbau und Inhalt dieses Teils die vier Evangelien viel einiger als in den anderen Teilen. Das gilt natürlich besonders für die «Synoptiker» Markus (14–15), Matthäus (26–27) und Lukas (22–23), aber auch für Johannes (13; 17–19), der in diesen Kapiteln enger als sonst mit den Synoptikern übereinstimmt.

Für diese Eigentümlichkeiten der Passionskapitel in den Evangelien sind vor allem zwei Erklärungen im Gespräch: erstens die mündliche Überlieferung, die aufgrund des geringen Zeitabstands besonders genau und aufgrund der dramatischen Eindrücklichkeit der Ereignisse an den sechs Tagen zwischen Jesu Einzug in Jerusalem und seiner Kreuzigung besonders reich und kohärent gewesen sein mag. Zwischen Jesu Tod und der Entstehung des Markusevangeliums (vor 70 n. Chr.) liegen ja nur rund fünfunddreißig Jahre oder eine Generation und viele Zeitzeugen lebten noch, als Markus und Matthäus schrieben. Zweitens die mögliche Abhängigkeit der Evangelien von einer frühen, verlorenen Aufzeichnung dieser Ereignisse. Ich möchte hier eine dritte Erklärung vorschlagen, die ebenso wenig die anderen beiden Erklärungen ausschließt, wie diese sich untereinander ausschließen: die Existenz eines frühen, gleich nach Jesu Tod einsetzenden Gedächtniskults, der von den Jüngern, vermutlich Petrus, ausgehend eine verbindliche liturgische Gestalt angenommen und sich sehr schnell auf viele Gemeinden ausgeweitet hat. Dafür spricht vor allem die ungewöhnliche Dichte der Schriftverweise in diesem Abschnitt, die Günther Bornkamm in seinem Klassiker *Jesus von Nazareth* zusammengestellt hat:

> Wie nur irgendwo sonst ist darum hier das Historische ins Legendäre verwoben und so berichtet, daß darin und dahinter die Hand Gottes sichtbar wird und Jesus als der erscheint, der Gottes Ratschlüsse vollstreckt und ihre Erfüllung erleidet. Ständig begegnet daher das gleiche Motiv, daß in Jesu Tun und Leiden die «Schrift» erfüllt werden sollte. Propheten- und Psalmenworte durchziehen die Erzählung in großer Zahl, nicht nur in ausdrücklichen Zitaten, sondern auch in vielen Einzelzügen und Anspielungen. Der Einzug Jesu ist Erfüllung von Sach 9,9: «Frohlocke laut, Tochter Zion! Jauchze, Tochter Jerusalem! Siehe, dein König kommt zu dir, gerecht und siegreich ist er. Demütig ist er und reitet auf einem Esel, auf dem Füllen einer Eselin.» Die Tempelreinigung erfüllt das Wort Jes 56,7: «Mein Haus soll ein Bethaus heißen für alle Völker.» Bei der Bezeichnung des Verräters sagt Jesus, daß der Menschensohn dahingeht wie von ihm geschrieben steht (Mk 14,21), und kleidet die Ankündigung in die Worte des 41. Psalms: «Einer von euch wird mich verraten, einer, der mit mir ißt» (Mk 14,18). Beim Abendmahl erklingt das alte Wort von dem «Blut des Bundes» (2 Mos 24,8), vor der Gefangennahme Jesu und der Flucht der Jünger Sach 13,7: «Ich werde den Hirten schlagen, und die Schafe werden sich zerstreuen.» In der Gethsemaneszene klingt das Wort: «Meine Seele ist zu Tode bekümmert» unmittelbar an Ps 43,5 an. Wer den Bericht vom Todesbeschluß des Hohen Rates hörte, sollte sich an Ps 31,14 erinnern: «Da sie sich wider mich versammelten, beschlossen sie. nach

meinem Leben zu greifen». Beim Verrat des Judas zitiert Matthäus ausdrücklich Sach 11,12f.: «Beliebt es euch, so gebt mir meinen Lohn ... da wogen sie mir meinen Lohn dar, dreißig Lot Silber.» Bei Jesu Geißelung soll der Hörer an Jes 50,6 denken: «Meinen Rücken bot ich den Geißeln, meine Wange den Schlägern; mein Angesicht verbarg ich nicht vor Schmähung und Anspeien.» Vollends aber ist die Geschichte von Jesu Kreuzigung und Tod voll dieser Anklänge, wobei merkwürdigerweise sich nur wenige Anspielungen an das große prophetische Kapitel vom leidenden Gottesknecht (Jes 53) finden, umso mehr aber solche an die Leidenspsalmen. Es genügt hier, nur die wichtigsten zu nennen: «Sie gaben mir zur Speise Galle, und in meinem Durst tränkten sie mich mit Essig» (Ps 69,22). «Sie verteilten meine Kleider unter sich, und über mein Gewand warfen sie das Los» (Ps 22,19). «Alle, die mich sahen, verspotteten mich, redeten mit den Lippen, schüttelten das Haupt» (Ps 22,8; vgl. Klagl 2,15). Schon Lk 22,37 erinnert der Evangelist an das Wort: «Und er ist unter die Übeltäter gezählt worden» (Jes 53,12), das in einigen Textzeugen auch Mk 15,28 bei der Kreuzigung Jesu zwischen den Schächern zitiert wird. Auch das Wort des Gekreuzigten, das Markus und Matthäus als einziges überliefern, ist der Gebetsruf aus dem 22. Psalm: «Mein Gott, mein Gott, warum hast du mich verlassen?», wie auch das von Lukas als letztes überlieferte Wort wieder ein Psalmwort ist: «In deine Hände befehle ich meinen Geist» (Ps 31,6).[3]

Dieses Verfahren der Deutung aktueller Ereignisse aus der Schrift ist das Kennzeichen einer kultisch geformten Erinnerung, in deren Rahmen die Texte in Predigten zitiert und ausgelegt, in Lesungen vorgetragen, vielleicht auch liturgisch gesungen wurden, wie es im Fall der Psalmen und Gottesknechtslieder (Jes 52–53) naheliegt. Die Passionsberichte in den Evangelien klingen nicht nach Oral history und Augenzeugenberichten, auch wenn solche noch verfügbar waren und eine Rolle gespielt haben mögen. Nicht nur die Evangelisten stehen in einer liturgischen Tradition, sondern bereits Paulus, dessen Brief an die Korinther um 53–55, also je zwanzig Jahre *nach* den Ereignissen und *vor* den Evangelien, entstand. Auch Hans Blumenberg betont «die Priorität der ‹Begehung› vor der ‹Erzählung›, der Ritualität vor der Narrativität».[4] Er stellt sich die «Ritualität» aber seltsam sprachlos vor, «ein der Begleitworte im Grunde unbedürftiger Komplex von Gebärden»,[5] so als sei die Sprache erst mit dem «Übergang von der Ritualität zur Narrativität» dazugekommen. Liegt es aber nicht viel näher, sich schon die «Begehung» als spracherfüllt vorzustellen, mit Liedern wie den Psalmen und Gottesknechtliedern, Auslegungen wie der «Hodegetik» (Wegweisung), die Philippus dem Kämmerer der Kandake zuteil werden ließ (Apg 8,26–40), Prophetenrezitationen und improvisierten Erzählungen, wie sie im jüdischen Seder gebräuchlich sind und eine lange, auf die Antike zurückgehende Geschichte haben? Wir dürfen nicht vergessen, dass diese Zusammenkünfte nicht nach strengem Zeremoniell im Tempel, sondern in Privathäusern (*kat'oikon*, «hausweise», Apg 2,46) stattfanden.

Nach seinem Damaskus-Erlebnis trat Paulus in Jerusalem mit den Aposteln in Verbindung (Apg 9,27) und mag bei ihnen den heiligen Brauch der Mahlfeier und Jesu Einsetzungsworte kennengelernt haben, die er als erster überliefert. Dort, in diesem Jesuskult, der sich, wie man annehmen darf, unmittelbar nach Jesu Tod entwickelte, angestoßen von den Jüngern, die dabei waren, hatten die vielfachen Vorstellungen, Deutungsdimensionen, Schriftbezüge und frühesten liturgischen Formen der Passionsgeschichte ihren Sitz im Leben.[6] Dass dem paulinischen Bericht der Einsetzungsworte bereits ein liturgischer Brauch vorausging, wird von einem Befund bestätigt, den Josef Andreas Jungmann folgendermaßen beschreibt: «Da ist vor allem die auffällige Erscheinung festzustellen, daß die Texte des Einsetzungsberichtes und darunter mit besonderer Deutlichkeit die ältesten, wie sie entweder überliefert sind oder aus dem vergleichenden Studium hervorgehen, nirgends schlechthin einen biblischen Text wiedergeben. Sie gehen im Allgemeinen auf vorbiblische Überlieferung zurück. Wir stehen hier vor der Tatsache, daß die Eucharistie schon lange gefeiert worden ist, bevor die Evangelisten und ein Paulus zur Feder gegriffen haben. Das starke Auseinandergehen der biblischen Texte selbst gerade an diesem Punkt wird ja meist aus der gleichen Tatsache erklärt.»[7] Paulus «griff» nach allgemeiner Ansicht um 50 «zur Feder», zwanzig Jahre nach den Ereignissen. Da hatten sich schon verschiedene Fassungen der Einsetzungsworte in verschiedenen Christusgemeinden verbreitet.

Bei deren Eucharistiefeiern in Jerusalem und Antiochien konnte er die eine hören, die sich mit seinem Bericht dann durchgesetzt hat.

Aus der kultischen Erinnerung an das Abendmahl wurde die Eucharistie. Ich werde im Folgenden zwischen «Abendmahl» und «Eucharistie» unterscheiden und unter «Abendmahl» das einmalige Abschiedsmahl verstehen, das Jesus am Abend vor seiner Gefangennahme und Hinrichtung mit seinen Jüngern gefeiert hat, und unter «Eucharistie» das immer wiederholte Gedächtnismahl im Rahmen des Kults der Jünger und Anhänger, das Jesus beim Abendmahl mit seinen Einsetzungsworten gestiftet und aus dem sich der christliche Gottesdienst entwickelt hat. Dabei verstehe ich unter «Abendmahl» nicht das historische Ereignis als solches, sondern die *literarische* Gestalt, die es in den Paulusbriefen, dem Hebräerbrief, den Evangelien und in der Apostelgeschichte angenommen hat und der nach meinem Verständnis die *liturgische* Gestalt des frühesten Jesus-Kults zugrunde liegt. Ob die Ereignisse wirklich so stattgefunden haben, wie sie in den Texten berichtet werden, ist in dieser gedächtnisgeschichtlichen Perspektive unerheblich. Wichtig ist allein, dass sie in dieser Form überliefert wurden und über Jahrtausende gewirkt haben. Wir fragen nach den Ursprüngen einer liturgischen Erinnerung, wie sie ihre kanonische Gestalt im christlichen Messgottesdienst gefunden hat, und im Licht dieser Fragestellung ist es entscheidend, dass sie ihre Stiftung auf Jesus selbst zurückführt und mit dem Passahfest in Verbindung bringt.[8]

Die vier Evangelien, die von dieser Stiftung berichten, gliedern ihren Bericht in vier Episoden. Bei Markus und Matthäus sind es:

1. die Bestimmung des Ortes,
2. die Bestimmung des Verräters,
3. die Stiftung der kultischen Erinnerung, der Eucharistie, in Gestalt der Einsetzungsworte und
4. der Aufbruch zum Garten Gethsemane.

Dazu kommt als Vorspiel die Szene in Bethanien, wo sich Jesus mit seinen Jüngern am Vortag aufhielt. Lukas stellt die Szenen 2 und 3 um. Bei ihm wird nach der Bestimmung des Ortes erst das Abendmahl gefeiert und dann der Verräter bestimmt und fortgeschickt. Bei Johannes fehlt seltsamerweise die Einsetzung des Abendmahls. Sie wird hier durch die Szene der Fußwaschung ersetzt, die als zweite auf die Bestimmung des Ortes folgt.

Brot und Wein im Johannesevangelium

Im Johannesevangelium fehlt zwar die Einsetzung des Abendmahls, dafür ist hier von Brot und Wein in einem ganz anderen Zusammenhang die Rede. Das sechste Kapitel feiert Jesus als das Brot des Lebens. Das Kapitel beginnt mit der Speisung der Fünftausend. «Wo kaufen wir Brot, damit diese zu essen haben?», fragt Jesus. Es ist eine Prüfung. Bekanntlich wird ein Korb mit fünf Broten und zwei Fischen, den ein Kind dabei hat, nicht leer und die übrig gebliebenen Brotbrocken füllen zwölf Körbe. Anderntags kommt es zu einer Auseinandersetzung mit den Pharisäern, und Jesus vergleicht sich mit Mose, dem Gott das Manna vom Himmel gesandt hat. Das war aber nicht das wahre Brot des Lebens, denn die Väter sind gleichwohl gestorben. «Ich, sagt Jesus, bin das wahre Brot des Lebens» (6,35; 6,48). «Dies ist das Brot, das vom Himmel kommt, damit, der davon ißt, nicht sterbe» (6,51). Sätze von dieser Dunkelheit und Härte kommen in dem Kapitel mehrfach vor, selbst die Jünger geraten darüber in Streit und viele, heißt es, wandten sich von Jesus ab.

> Viele nun seine Jünger, die das hörten, sprachen: Das ist eine harte Rede; wer kann sie hören? Da Jesus aber bei sich selbst merkte, dass seine Jünger darüber murrten, sprach er zu ihnen: Ärgert euch das? Die Worte, die ich rede, die sind Geist und sind Leben. Aber es sind etliche unter euch, die glauben nicht. […] Und er sprach: Darum habe ich euch gesagt: Niemand kann zu mir kommen, es sei ihm denn von meinem Vater gegeben. (Joh 6,60–65)

Man könnte sich vorstellen, dass Jesus eine Predigt über das Brot hielt und dabei von Deuteronomium 8,3 ausging:

> Und er demütigte dich und ließ dich hungern. Und er speiste dich mit dem Man, das du nicht kanntest und das deine Väter nicht kannten, um dich erkennen zu lassen, dass der Mensch nicht von Brot allein lebt. Sondern von allem, was aus dem Mund des HERRN hervorgeht, lebt der Mensch.

In diesem Zusammenhang zitiert Johannes Brotwort und Kelchwort:

> Ich bin das lebendige Brot, das aus dem Himmel herabgekommen ist; wenn jemand von diesem Brot isst, wird er leben in Ewigkeit. Das Brot aber, das ich geben werde, ist mein Fleisch, das ich geben werde für das Leben der Welt.
>
> Die Juden stritten nun untereinander und sagten: Wie kann dieser uns sein Fleisch zu essen geben?
>
> Da sprach Jesus zu ihnen: Wahrlich, wahrlich, ich sage euch: Wenn ihr nicht das Fleisch des Sohnes des Menschen esst und sein Blut trinkt, so habt ihr kein Leben in euch selbst. Wer mein Fleisch isst und mein Blut trinkt, hat ewiges Leben, und ich werde ihn auferwecken am letzten Tag; denn mein Fleisch ist wahre Speise, und mein Blut ist wahrer Trank. Wer mein Fleisch isst und mein Blut trinkt, bleibt in mir und ich in ihm.
>
> Wie der lebendige Vater mich gesandt hat, und ich lebe um des Vaters willen, so auch, wer mich isst, der wird auch leben um meinetwillen. Dies ist das Brot, das aus dem Himmel herabgekommen ist. Nicht wie die Väter aßen und starben; wer dieses Brot isst, wird leben in Ewigkeit. (Joh 5,51–58)

Johannes lässt Jesus in voller Öffentlichkeit Mysteriensprache reden. Es war wohl als eine Prüfung gemeint, um die Spreu vom Weizen zu trennen. Als Jesus seine Zwölf fragt: «Wollt ihr auch weggehen?», bekennt Petrus seine Treue, und Jesus spielt auf Judas, den Verräter, an – zwei weitere Motive, die bei den Synoptikern in der Abendmahlsszene begegnen.

Bei Johannes spielt sich diese eindrucksvolle Szene vor dem Passah ab, «dem Fest der Juden» (6,4). Dann aber folgt in seiner Erzählung noch das herbstliche Laubhüttenfest, wir sind also im Vorjahr der Passion, die auch er auf den Tag vor dem nächsten Passah datiert. Er erwähnt zwar, dass die Abendmahlzeit, die Jesus mit seinen Jüngern abhielt, vor dem Passahfest stattfand (13,1), nimmt aber dann nicht mehr auf dieses Fest und seine spezifische Semantik Bezug.[9] Von einem Lamm ist nicht die Rede und ebenso wenig begegnen in diesem Bericht die Einsetzung eines Gedächtnismahls mit Kelch- und Brotwort.

Wollte man die abweichenden Darstellungen von Johannes und den Synoptikern versöhnen, ließe sich folgende Überlegung anstellen. Vielleicht hat Jesus jede abendliche Mahlzeit, die er mit seinen Jüngern einnahm, die Hauptmahlzeit des Tages, vor allem aber den Sabbatabend rituell gerahmt. Dazu gehörte das Segnen von Brot und Wein und das Brechen des Brots, wie es heute noch in jüdischen Familien neben anderen Riten am Sabbatabend üblich ist. Schließlich haben ihn die beiden Emmaus-Jünger nach der Auferstehung ja nicht an seinen Reden (bei denen freilich ihr «Herz brannte») erkannt, sondern an der Art, wie er das Brot brach. (Die Geschichte erzählt nur Lukas 24,13–25.[10]) Das war auch die Gelegenheit zu intimerer Unterweisung als das bei Jesu öffentlichen Predigten möglich war. Das 6. Kapitel des Johannesevangeliums gibt einen lebendigen Einblick in diese Form der Unterweisung. Die geistliche, spirituelle Seite von Jesu Wirken spielte sich in Galiläa ab, fern von Jerusalem und dem Tempel, und die von ihm praktizierte Form von Gottesdienst konnte, abgesehen von einigen öffentlichen Auftritten, eigentlich nur häuslichen, privaten Charakter annehmen. In diese Seite von Jesu Wirken als Lehrer und Zelebrant im privaten Kreis einer kleinen Schar von Berufenen und Eingeweihten gibt Johannes den lebendigsten Einblick. So mag sich erklären, dass in der Sicht des Johannes die letzte dieser gemeinsamen Mahlzeiten nicht so stark aus dem Rahmen fiel. Nicht die «Einsetzung» des Gedächtnisritus mit Kelch- und Brotwort, sondern die das Mahl eröffnende Fußwaschung hebt Johannes als das Besondere dieses Abendmahls hervor.

Die Bestimmung des Verräters geschieht bei Johannes, der ihr einen besonderen Raum gibt, bereits vor der Fußwaschung, die das eigentliche Abendmahl einleitet. Wie bei den Synoptikern Matthäus und Markus muss erst der Verräter ausgewiesen werden, bevor die abendliche

Zusammenkunft ihren rituellen, gottesdienstlichen, sakramentalen Charakter annimmt. So lässt Paulus auf die Einsetzungsworte die Warnung folgen:

> Wer also unwürdig das Brot isst oder den Kelch des Herrn trinkt, wird des Leibes und Blutes des Herrn schuldig sein. Der Mensch aber prüfe sich selbst, und so esse er von dem Brot und trinke von dem Kelch. Denn wer isst und trinkt, isst und trinkt sich selbst Gericht, wenn er den Leib [des Herrn] nicht [richtig] beurteilt. (1 Kor 11,27–29)

Dieses Prinzip wird sich dann auch im eucharistischen Gottesdienst ausprägen. Nicht von ungefähr folgt im Vaterunser auf die Bitte um das «tägliche» Brot die Bitte «und vergib uns unsere Schuld, wie auch wir vergeben unseren Schuldigern».

Abschließend folgt bei Johannes, sehr ausführlich, eine Abschiedspredigt, in der Jesus andeutet, wie es nach seinem baldigen Tod bzw. «Fortgehen» weitergehen soll (Kap. 14–17).

Die Einsetzung nach Paulus und den Synoptikern

Bei Paulus geht es vor allem um die 3. Szene im Abendmahlsbericht nach Markus und Matthäus, die Einsetzung der Eucharistie. Paulus schildert sie in dem Brief, den er vermutlich von Ephesus aus an die Gemeinde in Korinth schreibt:

> Denn ich habe von dem Herrn empfangen, was ich auch euch überliefert habe, dass der Herr Jesus in der Nacht, in der er ausgeliefert wurde, Brot nahm, und als er gedankt hatte, es brach und sprach: Dies ist mein Leib, der für euch ist; dies tut zu meinem Gedächtnis. Ebenso [nahm er] auch den Kelch nach dem Mahl und sprach: Dieser Kelch ist der neue Bund in meinem Blut, dies tut, sooft ihr trinkt, zu meinem Gedächtnis. Denn sooft ihr dieses Brot esst und den Kelch trinkt, verkündigt ihr den Tod des Herrn, bis er kommt. (1 Kor 11,23–26)

Die Wendung «nach dem Mahl» gibt einen aufschlussreichen Einblick in den Ablauf der liturgischen Mahlfeier. Man rekonstruiert diesen

Ablauf meist so, dass erst das Brot gebrochen und das «Brotwort» gesprochen wurde, das dieses Brot mit Jesu Leib gleichsetzt, dann die eigentliche Mahlzeit genossen wurde und zuletzt der Kelch mit Wein kreiste, über den Jesus das «Kelchwort» gesprochen und den Wein mit seinem Blut gleichgesetzt hat. Gemeint ist aber doch wohl, dass der Kelch «gleicherweise» *(hosautos)* wie das Brot nach dem Sättigungsmahl zu sich genommen wurde. Außerdem muss man zwischen Brot- und Weinsegen einerseits und Brot- und Kelchwort andererseits unterscheiden. Heute noch segnet der Priester zuerst die Gaben, indem er Kelch und Hostie erhebt (s. unten, S. 118), mit fast denselben Worten wie in Brauch und Ritus der Juden, die gewiss auf die Antike zurückgehen:

> Gepriesen *(barûkh)* seist du, Herr unser Gott, der du die Frucht des Weinstocks erschaffen.
>
> Gepriesen *(barûkh)* seist du, Herr unser Gott, der du das Brot aus der Erde hervorbringst.[11]

Das «Herrenmahl» *(kyriakon deipnon)*, wie Paulus (1 Kor 11,20) es nennt und in Antiochien erlebt hat, besteht also aus einer Mahlzeit und einer sakramentalen Handlung. Markus und Matthäus dagegen, bei denen die Wendung «nach dem Mahl» fehlt, kennen möglicherweise schon eine vom Sättigungsmahl losgelöste, rein sakramentale Fassung der Feier. Lukas, der offensichtlich von Paulus abhängt, bringt die Wendung «nach dem Mahl» wieder in seiner offensichtlich überfrachteten Fassung der Szene:

> Und als die Stunde gekommen war, legte er sich zu Tisch und die Apostel mit ihm. Und er sprach zu ihnen: Mit Sehnsucht habe ich mich gesehnt, dieses Passah mit euch zu essen, ehe ich leide. Denn ich sage euch, dass ich es gewiss nicht [mehr] essen werde, bis es erfüllt sein wird im Reich Gottes. Und er nahm einen Kelch, dankte und sprach: Nehmt diesen und teilt ihn unter euch! Denn ich sage euch, dass ich nicht von dem Gewächs des Weinstocks trinken werde, bis das Reich Gottes kommt.

> Und er nahm Brot, dankte, brach und gab es ihnen und sprach: Dies ist mein Leib, der für euch gegeben wird. Dies tut zu meinem Gedächtnis! Ebenso auch den Kelch nach dem Mahl und sagte: Dieser Kelch ist der neue Bund in meinem Blut, das für euch vergossen wird. (Lk 22,14–20)

Jesu «Einsetzungsworte», wie sie die Synoptiker und Paulus überliefern, stehen im Zentrum des Abendmahls und kreisen um drei Motive: erstens die Stiftung *(testamentum, diatheke)* eines «(neuen) Bundes» *(koinonia, b'rît)*, zweitens die stellvertretende Sühne für die Sünden des Volkes und drittens das Gedächtnis, das heißt die Stiftung einer Feier als Gedächtnismahl *(anamnesis, zikkaron)*. Die Stiftung des Bundes greift explizit zurück auf die Stiftung des (alten) Bundes zwischen JHWH und den Kindern Israel am Sinai durch Vermittlung Moses nach Exodus 19–24. Die Bedeutung der Begehung als Gedächtnismahl aber geht auf die Einsetzung des Passahfests in Exodus 11–12 zurück.

3

Gedächtnisfeier: Das Abendmahl als Passahmahl

Passah und Passion

Beim Evangelisten Matthäus und somit auch in Bachs *Matthäuspassion* beginnt die Passionsgeschichte mit Jesu Worten zu den Jüngern, die das Kommende ankündigen: «Ihr wisset, dass in zween Tagen Ostern ist», also dass in zwei Tagen das einwöchige Passah- oder Mazzenfest beginnt.[1] Dieses Fest beginnt nach dem jüdischen Kalender am 15. Nisan. Im Judentum beginnen die Tage damals wie noch heute am Abend. Also spricht Jesus diese Worte am Morgen des 13. Nisan. Das Abendmahl findet in der Darstellung der Evangelien am Abend, also nach Anbruch des 14. Nisan, des «Rüsttags» vor dem Passahfest, statt, in dessen Verlauf Jesus ausgeliefert, verhört, gefoltert, gekreuzigt und begraben wird. Am Vortag, dem 13. Nisan, hielt Jesus sich in Bethanien bei Jerusalem im Hause Simons des Aussätzigen auf.[2] Dort goss eine Frau ein kostbares Salböl auf Jesu Haupt, als sie beim Mittagessen saßen oder lagen. Die Jünger empörten sich («dieses Salböl hätte teuer verkauft und das Geld den Armen gegeben werden können»), Jesus aber deutet diese Salbung als Vorbereitung auf seinen nahen Tod und lässt hier bereits das Gedächtnis-Thema anklingen:

> Denn als sie dieses Salböl über meinen Leib goss, tat sie es zu meinem Begräbnis. Wahrlich, ich sage euch: Wo dieses Evangelium gepredigt werden wird in der ganzen Welt, wird auch von dem geredet werden, was sie getan hat, zu ihrem Gedächtnis. (Mt 26,12f.)

Das ist sicher kein wortlautgetreues Zitat, denn Jesus wird kaum von einem «Evangelium» und dessen Predigt «in der ganzen Welt» gesprochen haben, aber greift voraus auf die Stiftung von Bund und Gedächtnis im Abendmahl.

Das Abendmahl war im Verständnis der Evangelisten ein Passahmahl, so viel ist klar. Es wird von ihnen ja ausdrücklich als solches bezeichnet.[3] Das wird bei den Synoptikern gleich eingangs festgestellt, als es um die Bestimmung des Ortes geht, an dem das Mahl gefeiert werden soll. Sie wird von Markus, Matthäus und Lukas in fast denselben Worten erzählt. Ich zitiere sie nach Markus:

> Und am ersten Tag der ungesäuerten Brote, als man das Passah schlachtete, (also dem «Rüsttag», dem 14. Nisan, J. A.) sagen seine Jünger zu ihm: Wohin willst du, dass wir gehen und bereiten, damit du das Passah essen kannst? Und er sendet zwei seiner Jünger und spricht zu ihnen: Geht hin in die Stadt, und es wird euch ein Mensch begegnen, der einen Krug Wasser trägt. Folgt ihm! Und wo er hineingeht, sprecht zu dem Hausherrn: Der Lehrer sagt: Wo ist mein Gastzimmer, wo ich mit meinen Jüngern das Passah essen kann? Und er wird euch einen großen Obersaal zeigen, mit Polstern belegt und fertig; und dort bereitet es für uns. Und die Jünger gingen aus und kamen in die Stadt und fanden es, wie er ihnen gesagt hatte; und sie bereiteten das Passah. (Mk 14,12–16)

Wie man sich ein gewöhnliches Opferritual zur Zeit Jesu vorstellen könnte, hat der Alttestamentler und Kulturwissenschaftler Bernhard Lang in sechs Schritten ausgeführt:[4]

1. Vorbereitung. Der Laie bringt das Tier und einige weitere Gaben, darunter auch Brot und Wein, zum Tempel und übergibt sie dem Priester.
2. Schlachtung. Der Priester schlachtet das Tier, wobei er «Leib» und «Blut» voneinander trennt.
3. Darbringung des Blutes. Der Priester schüttet das Blut an alle Seiten des Altars. Vermutlich hat der Priester zuvor das Blut Gott mit den Worten dargebracht: «Das ist das Blut des N», wobei N für den Namen des Laien steht.
4. Darbringung von Leib und Brot. Der Priester bringt die Opfergaben zum Altar; dort werden sie Gott mit einer Geste des Emporhebens

dargebracht. Vermutlich spricht der Priester beim Emporheben am Altar die Worte: «Das ist der Leib des N», wobei N für den Namen des Laien steht. Bestimmte Opferanteile werden auf dem Altar verbrannt.
5. Darbringung des Weines. Der Priester bringt den Wein am Altar dar, wobei er den Kelch erhebt und den Namen Gottes anruft. Anschließend gießt er den Wein an den Fuß des Altars (Libation oder «Weinspende» genannt).
6. Gemeinsames Mahl. Der Laie erhält das geschlachtete Tier zurück und bereitet ein Festmahl vor, das die Feier beschließt.

An ein solches Ritual scheinen die Synoptiker gedacht zu haben. Mit einem weiteren «vermutlich» dürfen wir vielleicht davon ausgehen, dass der Hausherr die Schritte 1 bis 5 bereits erledigt hat und eine Schüssel mit dem geschlachteten Lamm im Obergemach für die Gesellschaft bereitsteht, zusammen mit den *azyma*, den ungesäuerten Broten, und dem Wein. Nur den Wasserkrug lässt der Hausherr frisch herbeitragen. Wichtig ist, dass nicht Jesus hier als Hausherr agiert. In dieser Rolle hätte er selbst zum Tempel gehen und das Lamm mit priesterlichem Beistand schlachten müssen. Jesus lässt alles von seinen Jüngern und anderen Anhängern vorbereiten. Auch wenn die Synoptiker das Abendmahl als ein Passahmahl darstellen, weichen sie darin doch – offenbar bewusst – von dessen regelkonformer jüdischer Form ab.

Das Passahmahl ist ein festliches Ereignis, das wie das ganze Passahfest an den Auszug aus Ägypten erinnert, auch wenn man sich darunter vielleicht noch nicht den jüdischen «Seder» vorstellen darf, der als ein liturgisches *re-enactment* der Nacht vor dem Auszug aus Ägypten begangen wird.

Aber auch das Passahmahl steht im Zeichen der Erinnerung an den Auszug aus Ägypten als der epochalen Heilstat Gottes, und so ist die Eucharistie ein liturgisches *re-enactment* der Heilstat Jesu durch die Gleichsetzung von Brot und Wein mit Leib und Blut des Gekreuzigten. Jesu Abendmahl und der sich daran anknüpfende Gedächtniskult stehen im Zeichen des Passahfests mit der ganzen Aura seiner vielfältigen

Bedeutungen und Assoziationen, die ich unter dem Begriff «Passah-Semantik» zusammenfassen möchte.

Von der *historischen* Deutung des Abendmahls als eines Passahmahls ist man heute fast allgemein abgekommen. Schon 1926 hat Hans Lietzmann dieser Deutung energisch widersprochen.

> Fast allgemein angenommen ist die Meinung, daß der Ritus des christlichen Abendmahls in dem des jüdischen Passah seine Wurzeln und sein Vorbild habe, ebenso wie auch das letzte Mahl Jesu, bei dem die Stiftung erfolgte, ein Passahmahl gewesen sei. Beide Annahmen sind falsch.
>
> Um den Tatbestand klar zu erkennen, muß man sich freilich entschließen, ihn ohne die gewohnten Vorurteile anzusehn und auch Dinge kritisch zu betrachten, die einem durch ständige kirchliche Gewohnheit selbstverständlich erscheinen. Für das Passahmahl sind die folgenden Dinge charakteristisch: 1) Es wird ein Lamm verzehrt – das fehlt beim Abendmahl. 2) Es wird der Midrasch über den Auszug aus Ägypten und die Wüstenwanderung vorgetragen – das fehlt beim Abendmahl. 3) Man ißt kein Brot, sondern ungesäuerte Mazzen – beim Abendmahl ißt man Brot. 4) Vier Becher sind pflichtmäßig zu trinken – beim Abendmahl erscheint nur ein Becher. Das will sagen: die für das Passah charakteristischen Züge fehlen beim Abendmahl, und zwar alle, nicht nur diejenigen, deren Wegfall man aus der Umgestaltung einer einmal im Jahre begangenen in eine wöchentlich oder noch öfter abgehaltene Feier erklären könnte. Und schließlich muß bedacht werden, daß die älteste Gemeinde das jüdische Passah wirklich noch feierte und daß sich daraus in mannigfach gegliederter Stufenfolge das Osterfest entwickelt hat: nur freilich wissen wir über den altchristlichen Passahritus gar nichts und können nur vermuten, daß er die wesentlichen Züge des jüdischen getragen haben wird. Dieses Jahresfest ist weder seinem Sinn noch seinem Ritus nach mit dem Abendmahl identisch gewesen.[5]

Gehen wir Lietzmanns Argumente einzeln durch im Bewusstsein, dass wir es hier nicht mit realgeschichtlichen Fakten, sondern mit Liturgie und Literatur zu tun haben. 1. Natürlich wird ein Lamm verzehrt, das dazu noch explizit als Pascha bezeichnet wird. «Wo willst du, dass wir hingehen und das Passahlamm bereiten, dass du es essen kannst?» (Mk 14,12), «Geht hin und bereitet uns das Passahlamm, dass wir es essen» (Lk 22,8), «Wo willst du, dass wir das Passahlamm zum Essen bereiten?» (Mt 26,17). Nur bei Johannes fehlt der Bezug auf das Essen des Opfertiers. Der Bezug auf Passah wird aber auch hier natürlich mehrfach ausdrücklich hergestellt. Lietzmann geht es um die historische Realität; daher setzt er sich über die literarischen Darstellungen souverän hinweg. Den Evangelisten dagegen geht es um eine Sinngebung des Abendmahls sowie des ganzen Passionsgeschehens, die sie aus dem Passahfest beziehen.

Lietzmann verwechselt überdies Passahmahl und Seder. Einen Seder, so wie er im Mischna-Traktat *Pesahim* 10 (um 200) beschrieben wird,[6] hat Jesus mit seinen Jüngern auch im Verständnis der Evangelisten gewiss nicht gefeiert. Er hat das Abschiedsmahl aber nach deren Auffassung explizit als Passahmahl gefeiert. Zur Semantik dieses Mahls gehört der Auszug aus Ägypten. So wie das Passahmahl zum Gedächtnis der Heilstaten Gottes beim Auszug aus Ägypten, wird das Abendmahl als Gedächtnismahl der Heilstat Christi eingesetzt, die dem Auszug aus Ägypten im Sinne von Typos und Antitypos gegenübersteht. Der Bundesgedanke ist zentral, der als Blut gedeutete Wein wird in expliziter Bezugnahme auf den Ritus der «Blutkommunion» in Exodus 24,2–8 als «Blut des Bundes» (Mt 26,27f.; Mk 14,23f.) bzw. «des neuen Bundes» (Lk 22,30; 1 Kor 11,2) bezeichnet. In Exodus wird die «Blutkommunion» als Besprenklung der Teilnehmer mit dem Blut des geopferten Tiers vollzogen, im Abendmahl durch das gemeinsame Trinken aus dem Becher mit dem als Opferblut gedeuteten Wein. Durch Jesu Einsetzungs- oder Deuteworte erhält das letzte Abendmahl in der Darstellung der Synoptiker, die sich wie Paulus auf die inzwischen entstandene Liturgie beziehen, zusätzlich zum Gedächtnismotiv den Charakter einer Opfermahlzeit entsprechend dem im Tempel geopferten, aber zu Hause verzehrten Passahlamm.

Von den «ungesäuerten Broten» *(azyma)* ist einleitend die Rede (Mt 26,17; Mk 14,12; Lk 22,7). Damit ist klar, dass auch im Folgenden, wenn von «Brot» gesprochen wird, Mazzen gemeint sind. Anderes Brot dürfte «am ersten Tag der ungesäuerten Brote» in Jerusalem gar nicht erhältlich sein. Die Zahl der beim Seder getrunkenen Becher Wein ist völlig unerheblich, da es sich beim Abendmahl nicht um einen Seder gehandelt hat. Nach jüdischer Tradition darf das Brot nicht gesäuert sein, weil es an die Eile beim Auszug aus Ägypten erinnern soll, als die Zeit fehlte, Sauerteig anzusetzen:

> Du sollst nichts Gesäuertes dazu essen. Sieben Tage lang sollst du ungesäuertes Brot dazu essen, die Speise der Bedrängnis, damit du dein ganzes Leben lang des Tages gedenkst, an dem du aus Ägypten gezogen bist. Denn in Hast bist du aus Ägypten gezogen. (Dtn 16,3)

Passah ist ein Jahresfest, das von Jesus eingesetzte Abendmahl ein wöchentlich oder auch täglich zu feierndes Gedächtnismahl. Das ist eine sehr wesentliche Umdeutung, die aber auch im Judentum eine Parallele, wenn nicht ihr Vorbild hat. Auch die Juden feiern einmal im Jahr die Erinnerung an den Auszug aus Ägypten, so wie die Christen Passion und Auferstehung Jesu Christi, und erinnern sich doch jeden Sabbat-Abend an den Auszug aus Ägypten in dem Spruch über dem Wein, wo es heißt: «Er (der Sabbat) ist der erste Tag der heiligen Feste, eine Erinnerung an den Auszug aus Ägypten.»[7] So erinnern auch die Christen in jeder Heiligen Messe und in jedem evangelischen Gottesdienst an die Passion mit der Einsetzung der Eucharistie.

Das von Jesus gefeierte Abendmahl war eben kein spontanes Gastmahl, sondern – noch einmal sei das unterstrichen – fand in der Darstellung der Evangelien zur Passahzeit statt und kann in diesem Rahmen nur als ein Passahmahl verstanden worden sein. Dass Jesus das Passahmahl mit der ganzen Vollmacht seines Sendungsbewusstseins zu einem wöchentlich oder öfter zu feiernden Gedächtnismahl zu seinem Andenken umdefinierte, widerspricht dem nicht.

Helmut Hoping schreibt aus seiner historischen Perspektive zu diesem Problem:

> Wann immer das Letzte Abendmahl Jesu mit seinen Jüngern auch stattgefunden hat, ob es sich dabei nun um ein Pesachmahl gehandelt hat oder nicht, jedenfalls hat die Eucharistie ihren Ursprung in einem jüdischen Festmahl, in dem Jesus in unmittelbarer Nähe zum Pesachfest die bei einem Festmahl vorgesehenen Benediktionen zum gebrochenen Brot und

zum «Kelch des Segens» (1 Kor 10,16) mit speziellen Gabeworten verbunden hat, durch die er seinen bevorstehenden Tod als Heilstod deutete.[8]

Ein «Festmahl in unmittelbarer Nähe zum Pesachfest», in diesem Punkt begegnen sich die historische und die gedächtnisgeschichtliche Perspektive.

Was hat es nun mit der Passah-Semantik oder Passah-Theologie auf sich, in deren Zeichen die liturgische Tradition und literarische Darstellung des Abendmahls steht?[9] Im Buch Exodus geht die Stiftung des Passahfests dem Bundesschluss am Sinai voraus und findet noch in Ägypten statt, in der Nacht vor dem Auszug. Im 12. und 13. Kapitel unterbricht das Buch die Schilderung der Plagen, mit denen Gott das Land Ägypten heimsucht, um von Pharao die Freilassung seines Volkes zu erzwingen, mit der Einsetzung dieses Festes als einer häuslichen Gedächtnisfeier und den Vorschriften zu seiner Begehung. Auch hier wird also nicht nur eine literarische Tradition, sondern vor allem ein liturgisches Gedächtnis gestiftet, das im Judentum bis heute lebendig ist und sich nach Jesu Umdeutung auch im Christentum bis heute hält.

> Und JHWH sprach zu Mose und Aaron im Land Ägypten:
>
> Dieser Monat (Nisan) soll für euch der Anfangsmonat sein, er sei euch der erste von den Monaten des Jahres! Redet zur ganzen Gemeinde Israel und sagt: Am zehnten dieses Monats, da nehmt euch ein jeder ein Lamm für ein Vaterhaus, [je] ein Lamm für das Haus! [...]
>
> Und ihr sollt es bis zum vierzehnten Tag dieses Monats aufbewahren (also bis zum 14. Nisan, dem Tag des Abendmahls). Dann soll es die ganze Versammlung der Gemeinde Israel zwischen den zwei Abenden schlachten.
>
> Und sie sollen von dem Blut nehmen und es an die beiden Türpfosten und die Oberschwelle streichen an den Häusern, in denen sie es essen. Das Fleisch aber sollen sie [noch] in derselben Nacht essen, am Feuer gebraten, und [dazu] ungesäuertes Brot; mit bitteren Kräutern sollen sie es essen. Ihr dürft nichts davon roh oder etwa im Wasser gekocht essen, sondern am Feuer gebraten [sollt ihr es essen]: seinen Kopf samt seinen Unterschenkeln und Eingeweiden. Und ihr dürft nichts davon bis zum

Morgen übriglassen! Was aber davon bis zum Morgen übrigbleibt, sollt ihr mit Feuer verbrennen.

So aber sollt ihr es essen: eure Lenden gegürtet, eure Schuhe an euren Füßen und euren Stab in eurer Hand; und ihr sollt es essen in Eile. Ein Passah für JHWH ist es.

Und ich werde in dieser Nacht durch das Land Ägypten gehen und alle Erstgeburt im Land Ägypten erschlagen vom Menschen bis zum Vieh. Auch an allen Göttern Ägyptens werde ich ein Strafgericht vollstrecken, ich, JHWH. Aber das Blut soll für euch zum Zeichen an den Häusern werden, in denen ihr seid. Und wenn ich das Blut sehe, dann werde ich an euch vorübergehen: so wird keine Plage, die Verderben bringt, unter euch sein, wenn ich das Land Ägypten schlage.

Und dieser Tag *soll euch eine Erinnerung* sein, und ihr sollt ihn feiern als Fest für JHWH. Als ewige Satzung für [all] eure Generationen sollt ihr ihn feiern. Sieben Tage sollt ihr ungesäuertes Brot essen; ja, [gleich] am ersten Tag sollt ihr den Sauerteig aus euren Häusern wegtun; denn jeder, der Gesäuertes isst, diese Seele soll aus Israel ausgerottet werden — [das gilt] vom ersten Tag bis zum siebten Tag.

Und am ersten Tag sollt ihr eine heilige Versammlung halten und [ebenso] am siebten Tag eine heilige Versammlung. An diesen [Tagen] darf keinerlei Arbeit getan werden; nur was von jeder Seele gegessen wird, das allein darf von euch zubereitet werden. So haltet denn [das Fest] der ungesäuerten Brote! Denn an eben diesem Tag habe ich eure Heerscharen aus dem Land Ägypten herausgeführt. Darum sollt ihr diesen Tag halten als ewige Ordnung für all eure Generationen. (Ex 12,1–17)

Und Mose sagte zum Volk: *Gedenkt dieses Tages*, an dem ihr aus Ägypten gezogen seid, aus dem Sklavenhaus! Denn mit starker Hand hat euch JHWH von dort herausgeführt. Darum soll kein gesäuertes [Brot] gegessen werden. [...] Und es soll geschehen, wenn JHWH dich in das Land der Kanaaniter, Hetiter, Amoriter, Hewiter und Jebusiter bringt, das dir zu geben er deinen Vätern geschworen hat, ein Land, das von Milch und Honig überfließt, dann sollst du diesen Dienst in diesem Monat ausüben. Sieben Tage sollst du ungesäuertes Brot essen, und am siebten Tag ist ein Fest für JHWH. Während der sieben Tage soll man ungesäuertes Brot essen, und kein gesäuertes [Brot] soll bei dir gesehen werden, noch soll Sauerteig in all deinen Grenzen bei dir gesehen werden.

> Und du sollst [dies] deinem Sohn an jenem Tag so erklären: Es geschieht um deswillen, was JHWH für mich getan hat, als ich aus Ägypten zog. *Und es sei dir ein Zeichen auf deiner Hand und ein Gedenkzeichen zwischen deinen Augen*, damit das Gesetz JHWHs in deinem Mund sei; denn mit starker Hand hat dich JHWH aus Ägypten herausgeführt. So sollst du denn diese Ordnung zu ihrer bestimmten Zeit von Jahr zu Jahr halten. (Ex 13,3–10)

Warum Gott so großen Wert darauf legt, alle Spuren von Sauerteig aus den Grenzen Israels zu entfernen, dass eine Übertretung dieser Regel mit dem Tode bestraft wird, bleibt ein Rätsel. Es handelt sich um Tabu und Reinheit von allergrößter Bedeutung. Da Sauerteig ja sonst nicht als unrein gilt, sondern nur in der Passahwoche, und seine minutiöse Entfernung auch bei keineswegs ultraorthodoxen Juden bis heute einen wochenlangen Hausputz auslöst, kann es sich nur um die Reinheit der Erinnerung an diese Auszugsnacht handeln, als kein gesäuertes Brot verfügbar war. Die Erinnerung muss so rein und ungetrübt gehalten werden, damit sie auf die Feiernden eine verwandelnde Wirkung ausüben kann. Man soll auch nach Tausenden von Jahren noch zu einem Mitglied dieser «Auszugsgemeinde» werden, die aus Ägypten befreit wurde, um am Sinai in den Bund einzutreten.

Dreimal ist in dieser Vorschrift von Gedenken und Erinnerung die Rede. Auf diese Stiftung bezieht sich auch Psalm 111 (110), wo es in Vers 4 heißt: «Er hat ein *Gedächtnis* gestiftet seiner Wunder.» Was hier gestiftet wird, ist etwas völlig Einmaliges, wofür mir in der Alten Welt keine Parallelen bekannt sind. Heute, im Zeitalter der Gedenktage, sieht das natürlich ganz anders aus und verstellt uns den Blick für die Ungewöhnlichkeit der hier vorgeschriebenen Veranstaltung. Es geht hier nicht um tempelkultlichen, offiziellen Gottesdienst, denn Tempel und Priester gab es noch nicht in der erzählten Zeit. Es geht vielmehr um eine häusliche Mahlfeier, die einmal jährlich an einem bestimmten Datum zur Erinnerung an den Auszug aus Ägypten rituell begangen werden soll. Das Lamm, das hier verzehrt werden soll, ist kein Opfertier, sondern dient allein zum Essen und zum Zeichen der Verschonung, denn wenn mit seinem Blut die Türpfosten bestrichen werden, geht der *mas-chit*, Luthers «Würgeengel», der in dieser Nacht der zehnten Plage die Erstgeburt Ägyptens tötet, an dem so gekennzeichneten Haus vorbei. Daher heißt das Fest im Englischen *passover*, eine Übertragung des hebräischen *pésach*, «vorübergehen», die zugleich an das griechische *pas'cha* anklingt. Das Fest hat den einzigen Sinn der Erinnerung. Es ist ein Erinnerungszeichen, ein *zikkaron* oder Memorial, das die Erinnerung an diese Rettungstat Gottes für alle Zeiten festhalten soll. Das wird zweimal ausdrücklich betont, in 13,9 («darum soll es dir wie ein Zeichen sein auf deiner Hand und wie ein Merkzeichen zwischen deinen Augen, damit des Herrn Gesetz in deinem Munde sei; denn JHWH hat dich mit mächtiger Hand aus Ägypten geführt») und 13,16 («und das soll dir wie ein Zeichen auf deiner Hand sein und wie ein Merkzeichen zwischen deinen Augen; denn JHWH hat uns mit mächtiger Hand aus Ägypten geführt»). Die «Zeichen» *('ôt)*, die sich der Israelit um die Stirn binden und zwischen den Augen tragen soll (also die Tefillin), sind «Erinnerungszeichen», die ihn durch alle Generationen hindurch für immer an diese Gründungsnacht erinnern sollen; zugleich sind sie «Zeichen der Verbundenheit»,[10] die die Zugehörigkeit zu JHWH sichtbar bekennen, und Amulette, die den Träger beschützen.

In der damaligen Welt – damit meine ich die Zeit um 500 v. Chr. – war so ein Erinnerungsfest etwas vollkommen Einzigartiges. In dieser Zeit reorganisierten sich die aus Babylon zurückgekehrten und die im Lande verbliebenen Israeliten als Judentum des Zweiten Tempels, und zwar auf der Grundlage der alten Überlieferungen, die in der Zeit des Exils und danach als heilige Schrift kodifiziert und kanonisiert wurden. Bis heute wird das Fest von Juden auf der ganzen Welt gefeiert, und bis heute ist es ein häusliches, kein synagogales Fest und dient keinem anderen Zweck, als sich in der gemeinsamen Erinnerung an den Auszug aus Ägypten der eigenen Identität als Gottes auserwähltes und aus Ägypten herausgeführtes, erlöstes Volk zu vergewissern. Der jüdische Seder ist ein *re-enactment* der Auszugsnacht, es geht nicht nur um Erinnerung, sondern um einen regelrechten Nachvollzug. Jeder soll sich fühlen, als sei er selbst aus Ägypten befreit worden. «In jeder Generation soll der Mensch sich betrachten als sei er selbst aus Ägypten ausgezogen», heißt es in der Pesach-Haggada, und in einer Anzeige der *New York Times* konnte man vor einigen Jahren lesen:

> Über Tausende von Jahren haben die Juden gezeigt, dass wir in der Teilnahme am Seder den Exodus nicht nur erinnern, sondern buchstäblich erleben und seine verwandelnde Kraft in unserem eigenen Leben zur Geltung bringen.[11]

Diesen Ernst und Sinn der häuslichen Feier können wir auch dem Passahmahl unterstellen, das nach Darstellung der Evangelien Jesus zum Anbruch des 14. Nisan mit seinen Jüngern feiert. Jeder Christ soll bei der Eucharistie Jesu Tod «nicht nur erinnern, sondern buchstäblich erleben und seine verwandelnde Kraft im eigenen Leben zur Geltung bringen».[12] Für Jesus aber geht es nicht nur um die zurückblickende Erinnerung an den Auszug aus Ägypten, sondern auch um die vorausschauende Erwartung seines unmittelbar bevorstehenden Todes. So widmet er das Erinnerungsfest um: Statt zum Gedächtnis an die Befreiung aus Ägypten soll diese Nacht nun gefeiert werden zum Gedächtnis an Jesu Tod und Rettungstat zur Befreiung der Menschen von Sünde und Tod.

Das griechische Nomen *pas'cha*, das das hebräische *pésach* bzw. das aramäische *pas'cha* wiedergibt, wurde in Vorderasien mit dem Verb *pas'chein*, «leiden», in Verbindung gebracht und als «Passion» verstanden. Augustinus stellte richtig:

> Von gewissenhaften und gelehrten Leuten ist herausgefunden worden, dass Pascha ein hebräisches Wort ist, und sie übersetzen es nicht mit »Leiden», sondern mit »Übergang» (transitus). Durch Leiden ging nämlich der Herr vom Tod zum Leben hinüber, und er bereitete uns, den Gläubigen, den Weg in seine Auferstehung, den auch wir vom Tod zum Leben hinübergehen.[13]

Der christliche «Übergang» vom Tod zum Leben wird von Augustinus als Antitypos des hebräischen «Übergangs» von der ägyptischen

Knechtschaft zur Freiheit verstanden, als das Volk Israel durch das Schilfmeer zog.[14] Dieser Durchzug ist für ihn die alttestamentliche Präfiguration von Christi «Übergang». In der Exodus-Überlieferung geht es um die Befreiung der Israeliten aus der ägyptischen Knechtschaft und ihre Berufung in den Bund mit Gott. Aus der Herrschaft von Menschen über Menschen wird die Herrschaft Gottes über das Volk Israel und aus der Menschenknechtschaft wird Gottesknechtschaft, die von aller Menschenknechtschaft frei macht. Dass in der liturgischen Erinnerung Jesus das Abschiedsmahl mit seinen Jüngern in den Horizont der Exodustradition stellt, scheint mir unbestreitbar. Dadurch setzt er sein Martyrium mit der Befreiungstat Gottes in Beziehung und deutet es als Erlösung, nicht von ägyptischer Knechtschaft, sondern von Sünde und Tod. Die ganze Passionsgeschichte steht im Zeichen des unmittelbar bevorstehenden Passahfests und seiner Semantik der Befreiung. Bis heute gehört die Exodustradition zur Liturgie der Quadragesima, der vierzigtägigen Fastenzeit bis zur Osternacht. Dieser Zusammenhang, den Jesus – möglicherweise nicht der historische, aber jedenfalls der liturgisch und literarisch überlieferte – mit seiner Einsetzung der Eucharistie und damit des christlichen Gottesdienstes gestiftet hat, ist nie aus dem liturgischen Gedächtnis der Christenheit verschwunden.

Zum Abschluss der Verkündung der Berufung der Kinder Israels in den Bund mit JHWH und den Gesetzen, auf deren Grundlage der Bund geschlossen werden soll (Ex 19–23), teilt Mose dem Volk alle auf dem Berg empfangenen Rechtsvorschriften mit, und das Volk stimmt zu. Der Bundesschluss wird in mehreren Schritten rituell vollzogen:

1. Mose sagte dem Volk alle Worte JHWHs und alle Rechtsbestimmungen, und das Volk stimmte zu.
2. Mose baute einen Altar und ließ Opfertiere schlachten.
3. «Mose nahm die Hälfte des Blutes und tat es in Schalen, die [andere] Hälfte des Blutes aber sprengte er an den Altar.» (24,6)
4. «Und er nahm das Buch des Bundes und las es vor den Ohren des Volkes. Und sie sagten: Alles, was JHWH geredet hat, wollen wir tun und gehorchen.» (24,7)

5. «Darauf nahm Mose das Blut, besprengte damit das Volk und sagte: Siehe, das Blut des Bundes, den JHWH auf all diese Worte mit euch geschlossen hat!» (24,8)

Diese «Blutkommunion», in der die Israeliten sich nicht nur mit JHWH, sondern auch untereinander verbinden, wird im Christentum mit dem Trinken des Weins vollzogen, den Jesus zum «Blut des neuen Bundes» erklärt:

> Trinket alle daraus; das ist mein Blut des (neuen) Bundes, das vergossen wird für viele zur Vergebung der Sünden. (Mt 26,27f. und Parallelen)

Der nachpaulinische Hebräerbrief zieht explizit die Parallelen zwischen den Blutriten des Alten und dem Blut des Neuen Bundes. Dabei wird die durch Besprengen mit Tierblut vollzogene alttestamentliche «Blutkommunion» im Neuen Testament durch das Trinken von (wenn auch symbolischem) Menschen- bzw. Gottesblut überboten, eine im Kontext der alttestamentlichen Semantik völlig undenkbare Vorstellung. Christus ist

> nicht mit Blut von Böcken und Kälbern, sondern mit seinem eigenen Blut ein für alle Mal in das Heiligtum hineingegangen und hat eine ewige Erlösung erfunden. Denn wenn das Blut von Böcken und Stieren und die Asche einer jungen Kuh, auf die Unreinen gesprengt, zur Reinheit des Fleisches heiligt, wie viel mehr wird das Blut des Christus, der sich selbst durch den ewigen Geist [als Opfer] ohne Fehler Gott dargebracht hat, euer Gewissen reinigen von toten Werken, damit ihr dem lebendigen Gott dient! (Hebr 9,12–14)

> Denn als jedes Gebot nach dem Gesetz von Mose dem ganzen Volk mitgeteilt war, nahm er das Blut der Kälber und Böcke mit Wasser und Purpurwolle und Ysop und besprengte sowohl das Buch selbst als auch das ganze Volk und sprach: «Dies ist das Blut des Bundes, den Gott für euch geboten hat.» (Hebr 9,19–20)

Eines ist klar: Wenn Jesus den Wein seines Bechers, den er unter den Jüngern kreisen lässt, als «das Blut des Bundes» deutet, bezieht er sich auf den am Sinai zwischen JHWH und den Kindern Israels geschlossenen Bund, den er auf eine radikal neue Grundlage stellt. Im zehnten Kapitel seines 1. Korintherbriefs, Verse 16–18, stellt Paulus den Aspekt des Bundes *(koinonia)* heraus.

> Der Segensbecher, den wir segnen, ist er nicht die Gemeinschaft mit dem Blut Christi?
>
> Das Brot, das wir brechen, ist es nicht die Gemeinschaft mit dem Leib Christi? So wie es ein Brot ist, sind wir, da wir doch viele sind, ein Leib, denn alle haben wir Teil an dem einen Leib.
>
> Schaut auf das Israel nach dem Fleisch: sind nicht die, die Opferspeisen essen, Tischgenossen des Altars?

Was heißt «Bund» in diesem Zusammenhang? Der hebräische Begriff *b'rît* heißt eindeutig «Bund», «Bündnis», «Vertrag», seine griechische Übersetzung *diatheke* heißt «Vertrag», und *testamentum*, der lateinische Begriff der Vulgata, heißt «Testament», «letzter Wille». Als gemeinsamer Nenner bietet sich der deutsche Begriff «Stiftung» an. Der Bund zwischen JHWH und Israel ist eine politische Stiftung, die an eine Reihe von Verpflichtungen im Sinne einer Verfassung gebunden ist, und die beim Abendmahl eingesetzte Eucharistie ist eine kultische Stiftung, die mit der Verheißung verbunden ist, an den durch Christi Tod erworbenen Heilsgütern (Vergebung der Sünden und ewiges Leben) teilzuhaben. Beide Male wird der Welt etwas durch göttliche Gnade «eingestiftet», was in ihr nicht angelegt ist, was neu hinzukommt und sie von Grund auf verändert. So, auf der Basis dieser Gemeinsamkeit gesehen, ist die «neue Stiftung» des Jesus von Nazareth eine Neuauflage der «alten Stiftung». In beiden Fällen geht es um die Gründung eines mit Gott verbundenen Gemeinwesens. Die christliche Stiftung versteht sich als die spiritualisierte Form der israelitischen Stiftung. Diesen Zusammenhang zwischen dem jüdischen Gottesvolk des Gemeinwesens Israel und dem christlichen Gottesvolk der Kirche hat vor allem Paulus betont.[15] In beiden Fällen geht es bei diesen Gründungen, die der Welt «eingestiftet» werden, um die Verheißung göttlicher Gegenwart. Im Alten Testament verspricht JHWH wiederholt den Israeliten, «in ihrer Mitte zu wohnen», wenn sie dem Bund treu bleiben und seine Gebote halten, und im Neuen Testament verspricht Jesus, in Brot und Wein gegenwärtig zu werden, sooft die Eucharistie zu seinem Gedächtnis gefeiert wird. Nicht Brot und Wein als solche, sondern die durch die Einsetzungsworte verwandelten Gaben von Brot und Wein bewirken diese Gegenwart. Dieser ungeheure Gedanke ist ohne die vorgehende «alte» Stiftung, die er umdeutet, gar nicht denkbar. Zugleich erhält Jesu Stiftung durch seinen Tod den Charakter einer letztwilligen Verfügung, eines Testaments.

Sünde, Vergebung und stellvertretendes Leiden

Die Urszene von Sünde und Vergebung durch das Angebot eines stellvertretenden Leidens steht in Exodus 32–34. Mose wird nach dem Bundesschluss am Sinai noch einmal allein auf den Berg gerufen, wo er sechs Tage warten muss, bis Gott ihn in die Wolke hineinruft und ihm das Modell des Heiligtums zeigt, das er bauen soll. Vierzig Tage dauert die detaillierte Erklärung. Währenddessen verliert die Menge der unten Wartenden die Hoffnung, Mose jemals wiederzusehen, und bittet Aaron, ihnen ein Goldenes Stierbild zu machen, das an Moses statt vor ihnen herziehen und sie durch die Wüste leiten soll. So geschieht es, und Gott, zornentbrannt über diesen Bruch des gerade geschlossenen Bundes – hieß es doch: du sollst dir kein Bild machen –, ist entschlossen, das ganze Volk zu vertilgen und mit Mose ein neues Volk zu gründen.

Mose aber kann Gott umstimmen, und dieser bereut seinen voreiligen Entschluss. Als aber Mose das Kalb und die tanzende Menge sieht, zerschmettert er vor Wut die Gesetzestafeln, die er gerade von Gott empfangen hat, zerstört das Kalb und lässt dreitausend Menschen umbringen. Dann steigt er wieder auf den Berg, um Gott um Vergebung zu bitten für die Sünde des Volks. Das ist die entscheidende Szene. Dabei bietet er sein stärkstes Argument auf und wagt es, Gott vor die Wahl zu stellen: Entweder du vergibst ihnen ihre Sünde, oder du streichst mich aus dem Buch, das du geschrieben hast. Das Buch, von dem Mose spricht, ist das Buch des Lebens, von dem auch andernorts in der Bibel die Rede ist. Darin stehen die Getreuen verzeichnet, die zum Gottesbund stehen, auch wenn sie dafür sterben mussten. Aus diesem Buch gestrichen zu werden ist mehr als der Tod. Und Gott lenkt tatsächlich sofort ein und will weiterhin zum Bund und zur Verheißung stehen: «So geh nur hin und führe das Volk, wohin ich dir gesagt habe.» Diese Szene ist der absolute Höhepunkt in Moses Gottesbeziehung. Sonst ist er immer nur Weisungsempfänger, gehorsames Werkzeug des Willens Gottes. Hier aber wird er zum ersten Mal initiativ, widerspricht, vermag Gott umzustimmen und eines Besseren zu belehren. «Wohl dem Schüler, dem sein Meister zustimmt», heißt es im Talmud zu dieser Stelle – und «Wohl dem Meister, der einen solchen Schüler hat!»

Die wirkungsmächtigste biblische Darstellung stellvertretenden Leidens stellen aber die vier Gottesknechtslieder im Buch Jesaja, Kap. 52–53 dar. Von dem Knecht Gottes heißt es, dass er ausgeliefert wurde, gelitten habe und gestorben sei wegen der Sünden anderer. Ich zitiere die entscheidenden Verse nach der Septuaginta, da diese Fassung dem Verständnis der Christusgemeinden und Evangelien näher steht als die hebräische:

> Dieser trägt unsere Sünden und für uns leidet er; und wir rechneten uns aus, dass er [von Gott] beladen, geschlagen und misshandelt sei. Er aber wurde verwundet wegen unserer Gesetzlosigkeit und zerschlagen wegen unserer Sünden. Die Strafe für unseren Frieden lag auf ihm und durch seine Wunden wurden wir geheilt. Wir irrten alle umher wie Schafe, jeder auf seinem Weg, und der Herr hat ihn ausgeliefert an unsere Sünden. Er aber wurde misshandelt und tat seinen Mund nicht auf wie ein Schaf, das zur Schlachtbank geführt wird, und wie ein Lamm, das vor seinen Scherern stumm bleibt, und er tat seinen Mund nicht auf. (Jes 53,4–7)[16]

Das liest sich wie ein Drehbuch der Szenen von Jesus vor Kaiphas und Pilatus. Bis heute ist der ursprüngliche Sinn der Gottesknechtslieder umstritten. Klar ist nur, dass sie in der Zeit der babylonischen Gefangenschaft entstanden sind und sich auf den Bruch des Bundes beziehen, den Gott mit Israel geschlossen hat. Als Strafe für diesen Verrat wurde das Ende des Königreichs Juda und die babylonische Gefangenschaft gedeutet. Wer aber Leiden und Tod auf sich nehmen musste wegen «unserer Sünden», bleibt unklar: der unbekannte, in der Bibelwissenchaft «Deuterojesaja» genannte Prophet selbst? Die Schar der Deportierten? König Jojachin, der letzte der Davididen? Die Generation, an der Gott die Sünden der Väter straft «bis ins dritte und vierte Glied»? Es wurde auch vermutet, dass sich diese Lieder auf Mose beziehen, der auf der endlosen Wanderung ins Gelobte Land erschlagen worden sei, wie schon Goethe und Freud meinten.[17] Die Identität des leidenden Gottesknechts bleibt ein Rätsel, aber seine nachträgliche Identifikation mit Christus durch die Jünger und urchristlichen Gemeinden ist eindeutig.

In der frühjüdischen Tradition gab es Feiern zur Erneuerung des Bundes, bei der die Gemeinde die Großtaten Gottes pries und die Sünden der Väter bekannte, die diese Taten vergessen und den Bund gebrochen hatten. Als die Liturgie einer solchen Feier lässt sich Psalm 106 deuten, der mit den Worten beginnt:

> Wir haben gesündigt samt unseren Vätern,
> haben Unrecht getan, haben gottlos gehandelt.

So viel jedenfalls scheint sicher: Schon im jüdischen Gottesdienst der ersten vorchristlichen Jahrhunderte, wie Jesus, seine Jünger und die ersten jüdischen Christusgläubigen ihn kannten, waren Bundesbruch und Sünde, Fluch und Strafe, (stellvertretendes) Leiden und Versöhnung zentrale Themen der liturgischen Tradition. Sie kommen noch im Ordinarium Missae deutlich zum Ausdruck, das mit «Erbarme dich» beginnt und endet und in dem die Anrufung Christi als «Lamm Gottes, das die Sünden der Welt trägt» zweimal, im Gloria und im Agnus Dei, begegnet.

Die Erinnerungsfiguren des Mose, der anbietet, die Strafe für die Sünde des Volks auf sich zu nehmen, und des Gottesknechts, der um «unserer» Sünden willen gelitten hat, halfen den Christusgläubigen der ersten Stunde, das furchtbare Ende des Jesus von Nazareth zu verarbeiten und sich seiner heilsgeschichtlichen Bedeutung liturgisch zu vergewissern.

4

Die Protagonisten von Abendmahl und Passion

Es lohnt sich, noch einen Blick auf die Protagonisten des Abendmahls zu werfen, auf Jesus, die Jünger und Judas Iskariot. Ich konzentriere mich dabei auf den Jesus der Evangelien und seine Rolle im Abendmahls- und Passionsgeschehen. Hans Blumenberg hat sich in seinem Buch *Matthäuspassion* aus philosophischer Perspektive und am Leitfaden der Matthäuspassion von Johann Sebastian Bach mit der Passionsgeschichte auseinandergesetzt und dabei die Gottesfrage ins Zentrum gestellt: Wie konnte Gott das Opfer seines Sohnes fordern und auch noch annehmen? Diese nur allzu berechtigte Frage blende ich hier vollkommen aus und stelle dafür die Gestalt Jesu Christi ins Zentrum, dessen testamentarischer Stiftung sich in der Erinnerung der frühen Christen die Messe verdankt und dessen liturgischer Vergegenwärtigung sie gilt.

Jesus von Nazareth

Den Evangelien zufolge hatte Jesus eine bezwingende persönliche Ausstrahlung. Ich möchte das nicht nur auf den literarischen, sondern auch auf den historischen Jesus beziehen und führe das auf seine Art zurück, im Augenblick zu leben.[1] Auch wer sich bemüht, konsequent zwischen dem historischen und dem literarischen bzw. liturgischen Jesus zu unterscheiden, kann der Versuchung nicht immer widerstehen, sich den historischen Jesus vor Augen zu stellen. Dieser Versuchung möchte ich hier einmal nachgeben. Normale Menschen leben im Fluss der Zeit, in Erinnerung und Erwartung, Erfahrung und Imagination, und entsprechend verdünnt ist für sie der Augenblick, der immer schon von vorher und nachher überschattet ist. Ganz anders bei Jesus, wie er in den Quellen erscheint. Er ist immer ganz da, ganz fokussiert, und entsprechend intensiv ist seine Ausstrahlung. Jesus – das ist geballte Gegenwart, unmittelbare Präsenz, weil er sich in jedem Augenblick in unmittelbarem Kontakt mit seinem Vater fühlte, von dem er sich gesandt wusste. Er hatte nicht ein Projekt, ein Programm zu erfüllen, so wie das die Evangelisten von ihm glaubten, die gerade im Kontext der Passionsgeschichte ständig hervorheben, dass dies und das geschehen musste, damit die Schrift erfüllt würde, sondern was es für Jesus zu erfüllen galt, war der unmittelbar empfundene Wille Gottes.

So wie sein Leben war seine Lehre. In der jüdischen Tradition galt (und gilt) man als Rabbi, wenn man die Schrift einschließlich Mischna und Talmud in- und auswendig kennt und jedes Problem, jede Frage im Licht der passenden Schriftstelle lösen und beantworten kann. Jesus beherrschte natürlich auch diese Methode.[2] Typisch für ihn ist aber, nicht aus der Schrift wie alle anderen Rabbis, sondern aus der Vollmacht zu lehren: «Ich aber sage euch …» Die Autorität, die die anderen Lehrer aus der Schrift bezogen, die bezog Jesus unmittelbar aus dem Mandat seiner Sendung. Markus sagt, dass sich das Volk «entsetzte über seine Lehre, denn er lehrte sie mit Vollmacht und nicht wie die Schriftgelehrten». «Mit Vollmacht»: das verweist auf diese unmittelbare, aus keiner Vergangenheit und keiner Zukunft ableitbare Autorität, Geltung und Wahrheit, in der bei Jesus jedes Wort gesprochen, jedes Werk getan ist.

Was Jesus auf diese bezwingende Weise Gegenwart werden ließ, war das «Reich Gottes». Auch wenn es im Vaterunser heißt, «Dein Reich komme», so war es mit ihm doch schon da, und wer ihn hörte, ihm glaubte und nachfolgte, der trat bereits ein in dieses Reich. Es sollte nicht erst am Ende der Zeiten kommen und aller irdischen Herrschaft ein Ende machen, sondern war bereits *neben* der irdischen Herrschaft in Gestalt von Jesus gekommen. Aus dieser ganz besonderen, in der jüdischen Tradition einmaligen Autorität heraus geschieht mit den Einsetzungsworten auch die Stiftung eines Kults, die zur Stiftung einer neuen Religion werden sollte. Jesus verkörperte in reinster Weise jenen «Willen zum Jetzt», der die jüdische Apokalyptik seit Daniel kennzeichnet.[3] Aus diesem «Wann, wenn nicht jetzt»[4] kommt die zwingende Kraft seiner Worte.

Judas Iskariot

Auch mit den Jüngern, der Tischgemeinschaft beim Abendmahl, hat es eine ganz besondere Bewandtnis. Jünger wurde man nicht, indem man sich Jesus anschloss, sondern indem man von ihm berufen wurde. Das macht einen enormen Unterschied. Jesus hatte gewiss Tausende von Anhängern, die sich bei seinen öffentlichen Predigten um ihn scharten und mit seiner Botschaft vom Gottesreich sympathisierten. «Die Zwölf» sind etwas ganz anderes, sie berief Jesus ganz persönlich in seinen Kreis, und die Beziehung zwischen ihm und den Zwölfen kann man sich gar nicht eng genug vorstellen.[5] Bei Johannes macht Jesus selbst diesen Unterschied klar:

> Ihr habt nicht mich erwählt, sondern ich habe euch erwählt und euch eingesetzt, dass ihr hingeht und Frucht bringt und eure Frucht bleibe, damit, was ihr den Vater bitten werdet in meinem Namen, er euch gebe. (Joh 15,16)

Zwölf ist eine heilige Zahl, deshalb herrscht hier ein strenger Numerus clausus. Zwölf ist die Zahl der Tierkreiszeichen und der Stämme Israels und bezieht sich dadurch auf die Ganzheit des Jahres (der Zeit) und des auserwählten Volkes.

Dass einer aus diesem allerengsten Kreis zum Verräter werden konnte, ist eine Ungeheuerlichkeit, die in allen vier Evangelien betont wird. Judas, Jehuda Isch-qerijot, ist der «Mann aus Kirjat». Wenn diese Deutung des Namens[6] richtig ist, wäre er der einzige Judäer unter den

Jüngern gewesen, während die anderen Galiläer waren. Sonst erfahren wir nichts über ihn, denn er kommt – anders als etwa Pilatus – nur in den Evangelien vor. Auch das in jüngster Zeit in Mittelägypten aufgetauchte Fragment eines Judasevangeliums beruht auf dieser Quelle.[7]

Zwar wird Judas im Text der Messe nicht erwähnt, aber die kanonische Formel «in der Nacht, in der er verraten ward» nimmt an der heiligsten Stelle der Liturgie, den Einsetzungsworten zur Wandlung, auf seinen Verrat Bezug. Die zentrale Bedeutung dieses Zusammenhangs lädt dazu ein, sich die Situation von Judas vor Augen zu führen. Hunderttausende Pilger sind zum Fest in Jerusalem zusammengeströmt und haben die Stadt in ein Pulverfass verwandelt. So erklärt sich der ungeheure Zulauf, den Jesus in Jerusalem von seinem Einzug an findet, und die Gefahr, die das in den Augen der Priesterschaft darstellt, die mit den Römern kollaboriert. Nichts konnte für die römische Besatzungsmacht, die die Stadt mit einer nur kleinen militärischen Garnison, vielleicht 500 Mann, regierte, unwillkommener sein als eine Störung öffentlicher Ordnung, gar ein Volksauflauf. Die geistliche Aristokratie der Sadduzäer fürchtete wiederum nichts so sehr wie den Wunderheiler aus Galiläa, der sich in seiner rätselhaften Vollmacht über alle Vorschriften hinwegsetzte, ihre Autorität nicht anerkannte und beim Volk gewaltigen Zulauf hatte. In dieser Situation habe Judas, so heißt es, mit den Sadduzäern Verbindung aufgenommen, um ihnen Jesus gegen Geld auszuliefern. Die Sadduzäer waren dringend auf einen V-Mann angewiesen, weil Jesus nicht am helllichten Tag auf offener Straße festgenommen werden konnte; das hätte einen ungeheuren Volksauflauf zur Folge gehabt. Es musste also in einer geheimen Nacht-und-Nebel-Aktion geschehen. Da kam es darauf an zu wissen, wo sich Jesus nachts aufhielt – er hatte kein Quartier in der Stadt bezogen – und woran man ihn in der Dunkelheit erkennen konnte.

Eine gespaltenere Gesellschaft als die jüdische der damaligen Zeit kann man sich kaum vorstellen. Da gab es die mit den Römern kollaborierende Priesteraristokratie der Sadduzäer und die streng Toratreuen Pharisäer, dazu radikal-puritanische Sekten wie die Essener und die Qumran-Gemeinschaft und schließlich die Zeloten, religiöse «Eiferer», die gegen die römischen Besatzer kämpften, sowie die Sikarier, «Dolchträger», die Römer und Kollaborateure umbrachten, wo sie nur konnten.[8] Seit Jahrhunderten schwelte der Streit zwischen Hellenismus und Judaismus, Assimilation und Gesetzestreue. Die Gesetzestreuen lebten im Zeichen des Messianismus, das heißt in der Erwartung eines Königs, der das Königtum Davids und damit die jüdische Souveränität wiederherstellen, die Fremdherrschaft beenden und eine Friedenszeit bringen würde. Diese Erwartung steigerte sich seit den Makkabäerkriegen im zweiten Jahrhundert v. Chr., in deren Zusammenhang auch das Buch Daniel entstand, zur Apokalyptik, das heißt zur Naherwartung eines Weltgerichts, das aller Gewalt und allem Unrecht ein Ende machen und auf Erden eine neue Zeit des Friedens und der Gottesnähe heraufführen würde. Auch Jesus und seine Jünger lebten in dieser Erwartung.

Die römische Besatzungsmacht, die das kleine Judäa zusammen mit den Sadduzäern kontrollierte, war auf Ruhe und Ordnung bedacht. Dieses Interesse wurde von Jesus bewusst und massiv gestört. Denken wir nur an die Vertreibung der Geldwechsler aus dem Tempel. Nach seinem Einzug in Jerusalem am Sonntag lehrte Jesus bis Mittwoch in breitester Öffentlichkeit,[9] wohl wissend, was für ein Affront seine Lehren vom Gottesreich für die priesterliche Elite und die Römer bedeuten mussten. Er wollte die Provokation, ja den Tod, den er wohl als notwendiges Ziel und Siegel seiner Sendung voraussah.

Die Evangelien lassen in der Passionsgeschichte auf die Schilderung des Abendmahls die Szene im Garten Gethsemane am Ölberg folgen, die zu den ergreifendsten Szenen der gesamten Bibel gehört. Hatte Jesus beim Abendmahl von den Jüngern Abschied genommen, so nimmt er hier im Gebet, von Todesangst ergriffen, vom Leben überhaupt Abschied. In Gethsemane ist Judas nicht dabei, die anderen Jünger halten etwas Abstand und kämpfen mit dem Schlaf. Hier zeigt sich am deutlichsten der Unterschied zwischen Jesus, der den Augenblick lebt, und den Jüngern, die wie alle normalen Menschen im Fluss der Zeit leben. Während sie einschlafen, der Tag war lang, das Essen reichhaltig und vermutlich hatten sie viel getrunken, gibt sich Jesus ganz einer Todesangst hin, die bei ihm zu der seltenen Erscheinung führt, dass sein Angstschweiß sich blutig färbt.[10] Auch hier ist er in unmittelbarem Kontakt mit dem Vater, macht dessen Willen zu seinem eigenen, überwindet ein für alle Mal die Todesangst und tritt allen kommenden Ereignissen, zunächst der Festnahme im Garten und dann den Verhören im Sanhedrin und durch Pilatus mit souveräner Fassung entgegen. Er hat der Erschütterung ihre Zeit gegeben, nun kann ihn nichts mehr erschüttern und von seinem Willen abbringen, den Willen Gottes, die Kreuzigung, geschehen zu lassen.

Der Szene im Garten Gethsemane, die alle vier Evangelisten in ähnlichen Worten berichten, hat Beethoven sein einziges Oratorium, *Christus am Ölberge* (op. 85), gewidmet, das in der Karwoche 1803 in Wien uraufgeführt wurde. «Die Szene», schreibt mir der Wiener Theologe Jan-Heiner Tück,

> ist auch theologisch hochbedeutsam, weil sie das dramatische Ringen des menschlichen Willens Jesu mit Gott dem Vater zeigt. Der Jesus am Ölberg ist für Beethoven möglicherweise biographisch eine Identifikationsfigur, wenn man das Oratorium – wie manche Beethoven-Forscher – in Zusammenhang bringt mit dem «Heiligenstädter Testament» von 1802, in dem der Komponist seinen Brüdern gegenüber seine Verzweiflung über seine zunehmende Ertaubung zum Ausdruck bringt. Das Libretto von Franz Xaver Huber mag ästhetisch nicht besonders befriedigen, aber es bringt doch das Flehen Jesu deutlich zum Ausdruck: «Ich leide sehr, mein Vater! O sieh! Ich leide sehr, erbarm' dich mein!» Oder «Meine Seele ist erschüttert» Oder: «Vater! Tief gebeugt und kläglich, / fleht dein Sohn hinauf zu dir: / Deiner Macht ist alles möglich, / nimm den Leidenskelch von mir!»[11]

Man kann sich vorstellen, was für eine Herausforderung die Gethsemane-Szene für die Kirchenväter bedeutet haben muss, die um das rechte Verständnis der Beziehung von Vater und Sohn rangen. Ist es denkbar, dass Jesus einen eigenen, von dem Willen des Vaters abweichenden Willen hatte? Die Vertreter des *einen*, Vater und Sohn gemeinsamen Willens (die «Monotheleten») «vertraten die These, dass Jesus nur *einen* Willen gehabt habe, nämlich den göttlichen. Sie wollten einen potentiellen Willenskonflikt zwischen göttlichem und menschlichem Willen in Christus unbedingt vermeiden, um die Sündelosigkeit Jesu zu wahren». Man einigte sich schließlich auf die von Maximus Confessor, dem Gegenspieler der Monotheleten, vorgeschlagene Lösung, «Jesus habe wie alle Menschen das menschliche Willensvermögen gehabt, aber im Vollzug dieses Willens unterscheide er sich von allen Menschen dadurch, dass er in jedem Augenblick seinen menschlichen Willen in den göttlichen Willen gelegt habe. ... Dadurch wird das innere Drama des Ringens im Ölberggarten deutlich, das für eine monotheletische Christologie unsichtbar bleibt.»[12]

Dass Beethoven sich für sein erstes und einziges Oratorium gerade diesen Stoff ausgesucht hat, wirft einiges Licht auf seine theologische Orientierung, die sich auch in der *Missa Solemnis* deutlich ausprägt. Wie viele andere Künstler und Philosophen seiner Zeit von John Milton bis Immanuel Kant war Beethoven im Grunde seines Herzens Arianer. Die Lehre des Arius vertrat einen radikalen Monotheismus und rückte Gott in seiner erhabenen, unnahbaren, transzendenten Majestät in einen unüberwindlichen Abstand zu Christus in seiner irdischen Menschlichkeit, wie sie nirgends deutlicher als in der Gethsemane-Szene hervortritt. Auf dem Konzil von Nicäa (325) wurde diese Position als Häresie verdammt.

Judas hat in der Szene von Jesu Festnahme seinen großen Auftritt. Er geht auf Jesus zu und küsst ihn: das war das vereinbarte Zeichen. Sofort packen die Häscher – die jüdische, dem Sanhedrin unterstehende Tempelpolizei – zu, während sich eine römische Abteilung im Hintergrund hält und die Szene absichert. Von da an verschwindet Judas aus der Passionsgeschichte und hat erst nachher noch einmal einen kurzen Auftritt.

Die nächste Szene spielt im Palast des Hohepriesters Kaiphas und seines Schwiegervaters Hannas. Jesus ist nun in den Händen des Sanhedrin, des jüdischen Verwaltungsgerichts, das aus ihm Material für ein Todesurteil herausfragen will. Damit könnte er den Römern überstellt werden, die sich das Recht vorbehalten haben, zum Tode zu verurteilen und die Strafe zu vollstrecken. Die Priester sind in einer schwierigen Situation. Einerseits sind die Gründe, weshalb sie Jesus loswerden wollen, rein religiöser Natur. Sie können es nicht dulden, dass sich da einer mit einer angeblich göttlichen Bevollmächtigung über ihre Autorität und über Tradition und Schrift hinwegsetzt, andererseits aber müssen sie einen Grund finden, der in den Augen der Römer als Kapitalverbrechen gelten kann. Schließlich fragt Kaiphas Jesus geradeheraus: Bist du der Messias, der Sohn Gottes? Und Jesus antwortet im griechischen Text der Evangelien «sy legeis», was heißen kann «Du sagst es» oder auch «Das sagst *du*», zitiert aber dann den Propheten Daniel: «Von nun an werdet ihr sehen den Menschensohn sitzen zur Rechten der Kraft und kommen auf den Wolken des Himmels.»[13] Das war genug für den Sanhedrin. Nach jüdischem Recht konnten sie Jesus als Gotteslästerer verurteilen, und den Römern konnten sie ihn als Aufrührer hinstellen, der sich als König der Juden ausgibt. Mit seinem Bekenntnis als Messias und seinem Danielzitat entlarvte sich Jesus in den Augen des Sanhedrins als Apokalyptiker, der den totalen Umsturz der bestehenden Verhältnisse herbeisehnte und beförderte.

Nach der Verurteilung durch den Sanhedrin hat Judas im Matthäusevangelium einen letzten Auftritt. Er bereut seine Tat, wirft den Hohepriestern die dreißig Silberlinge vor die Füße, geht davon und erhängt sich. Die Hohepriester nehmen die dreißig Schekel und kaufen dafür einen Acker, in genauer Befolgung einer Stelle bei den Propheten Jeremia und Sacharja (Sach 11,12–14). Vollkommen eindeutig wurde von der frühen Gemeinde auch die Gestalt des Judas, gerade weil sie so rätselhaft und sperrig in der Passionsgeschichte stand, als Schrifterfüllung gedeutet und ihr dadurch der Stachel gezogen. Doch die Figur des Judas bleibt sperrig. Er kommt weder aus der Tradition, noch kann er als literarische Ausschmückung erklärt werden, sondern er gehört einfach zu der Geschichte, so wie sie sich ungefähr zugetragen haben mag, so wie auch Pontius Pilatus und Jesus selbst zu den historischen Figuren der Passionsgeschichte gehören, so rätselhaft auch immer er bleibt.

Eigenartig berührt auch die Gegenüberstellung von Judas und Petrus beim Abendmahl. Judas wird als Verräter identifiziert, verlässt den

Raum, begeht seinen Verrat, erhält seinen Lohn, bereut und hängt sich auf. Petrus wird von Jesus geweissagt, dass er ihn noch in dieser Nacht, bevor der Hahn kräht, dreimal verleugnen wird. Petrus folgt dem gefangen genommenen Jesus bis in den Hof des Sanhedrins, wird erkannt und behauptet in seiner Angst dreimal, nichts von Jesus zu wissen. Der Hahn kräht, Petrus geht hinaus, bereut, weint bitterlich und setzt gleichwohl sein Leben fort als der Fels, auf den Jesus seine Kirche gebaut hat.

Pilatus

Als vom Sanhedrin zum Tode verurteilter Delinquent wird Jesus am frühen Freitagmorgen dem römischen Präfekten überstellt. Damit kommt Pilatus ins Spiel, der im Credo des Messtexts erwähnt wird. Pontius Pilatus, der Gouverneur der Provinz Judäa unter Kaiser Tiberius von etwa 26 bis 36 ist eine historische Figur, über die man eine ganze Menge weiß und über die noch viel mehr in späteren Legenden verbreitet wurde. Ich beschränke mich hier auf das Verhör, dem Pilatus den Verurteilten unterziehen will und das sich durch die Ausstrahlung, die Jesus auch auf den Römer ausübt, sehr schnell zu einem philosophischen Gespräch entwickelt. Johannes gibt dieses Gespräch am eindrucksvollsten wieder. Natürlich kann es hier nicht um die Frage gehen, was da wirklich gesagt wurde, sondern nur darum, welche Darstellung sich dem kulturellen Gedächtnis des Christentums am tiefsten eingebrannt hat.

Pilatus verhört den der Blasphemie und der Rebellion angeklagten Jesus von Nazareth und fragt ihn: «Bist du der Juden König?» Jesus – eine Ungeheuerlichkeit – fragt zurück: «Sagst du das von dir aus, oder haben es dir andere über mich gesagt?», und Pilatus gibt zu, dass so die Anklage lautet, mit der Jesus ihm von jüdischer Seite überstellt wurde. Darauf antwortet Jesus: «Mein Reich ist nicht von dieser Welt.» Pilatus hakt nach: «So bist du gleichwohl ein König?» Jesus: «Das sagst *du*, dass ich ein König bin. Ich bin geboren und in die Welt gekommen, um die Wahrheit zu bezeugen. Wer aus der Wahrheit ist, hört meine Stimme.» (Joh 18,37) Da stellt Pilatus – und man kann es ihm nicht verdenken – seine berühmte Frage: «Was ist Wahrheit?» Carl Schmitt wollte in dieser Frage den Ausdruck überlegener Toleranz, eines müden Skeptizismus und nach allen Seiten offenen Agnostizismus sehen.[14] Nichts von alledem trifft den Punkt. Pilatus hat genau verstanden, dass hier von einer ganz neuen, unerhörten Wahrheit die Rede ist.

Zeugenschaft und Martyrium

Jesus spricht von einer Wahrheit, die nicht von dieser Welt ist und daher nicht erforscht, erkannt, bewiesen und gewusst, sondern nur geglaubt und bezeugt werden kann, im Grenzfall dadurch, dass man für sie stirbt. Hier hat das griechische Wort *martyreo*, «bezeugen», die Bedeutung «bekennen». Jesus bezeugt die Wahrheit des Gottesreichs, und Johannes bezeugt die Wahrheit von Jesu Zeugenschaft: «Dies ist der Jünger, der darüber Zeugnis ablegt *(martyron)* und dies geschrieben hat. Und wir wissen, dass sein Zeugnis *(martyria)* wahr ist.» (Joh 21,24)

Im Zusammenhang mit *martyrein*, «bezeugen», geht es in allererster Linie um Wahrheit. Die Aufgabe des Zeugen ist es, die Wahrheit zu bezeugen. Offenbar gibt es aber zwei Arten von Wahrheit. Die Wahrheit, die Johannes bezeugt, besteht in Ereignissen, die sich in dieser Welt abgespielt haben, die auch von anderen bezeugt und durch Nachforschungen herausgefunden werden können, so wunderbar manche dieser Ereignisse auch anmuten. Die Wahrheit dagegen, von der Jesus spricht, ist ebenso wenig von dieser Welt wie sein Königreich. Er ist eigens in die Welt gekommen, um diese Wahrheit zu bezeugen, das heißt, das Reich Gottes zu vergegenwärtigen. Der Tod ist nur die extremste Form solcher Vergegenwärtigung, aber nicht die Grundbedingung jenseitsbezogener Zeugenschaft.

Diese Form von Zeugenschaft ist etwas Neues – Pilatus hat nie davon gehört –, aber dennoch in der jüdischen Tradition verwurzelt. Sie gehört von Haus aus zum Begriff des auserwählten Volkes und des zwischen ihm und JHWH geschlossenen Bundes. Das Volk ist in den Bund berufen, um sich durch die Befolgung der Tora von allen Völkern zu unterscheiden und dadurch Zeugnis abzulegen von der Einzigkeit seines Gottes. So heißt es schon bei Deuterojesaja:

> Ihr seid meine Zeugen *(martyres)*, spricht der Herr, und (ihr seid) mein Knecht, den ich erwählt habe, damit ihr wisst und glaubt und erkennt, dass ich es bin. Vor mir war kein Gott, und so wird auch kein anderer nach mir sein. (Jes 43,10, vgl. Jes 44,8)

Es gibt nur *einen* Gott, und das ist der Gott Israels. Das ist eine Wahrheit, die nicht von dieser Welt ist, die Israel nur durch einen Akt der Offenbarung zugänglich wurde und an die Gott sein Volk durch die Propheten, die er ihm schickt, erinnern muss, weil sie nach den Kausalgesetzen dieser Welt nicht erforschbar und beweisbar ist. In dieser Tradition sieht sich auch Jesus von Nazareth. Man kann die Einheit und Einzigkeit Gottes lehren. Das tun die Rabbiner und Theologen. Und man kann sie bezeugen: Das tun die Märtyrer.

Auch der im engeren Sinne martyrologische Begriff der religiösen Zeugenschaft ist in der jüdischen Tradition verwurzelt, auch wenn diese Wurzeln nicht so weit zurückreichen wie zu Deuterojesaja. Sie finden sich erstmals in der Zeit der Makkabäer, als die Juden unter schwerer Unterdrückung und Verfolgung durch die Besatzungsmacht der Seleukiden zu leiden hatten. Das Buch Daniel, das mit der Geschichte der drei Männer im Feuerofen den frühesten Märtyrerbericht enthält, entstand in dieser Zeit und nimmt auf Ereignisse des Jahres 165 v. Chr. Bezug, den Höhepunkt der Verfolgung. Die drei Männer im Feuerofen gehören natürlich in das Reich der frommen Legende, in der sich aber doch Erfahrungen der Seleukidenherrschaft verdichten. Das erste und zweite Buch der Makkabäer, die aus späterer Zeit stammen, beschreiben die Vorgänge dieser Jahre. Man kann davon ausgehen, dass in dieser Verfolgungszeit Juden zu Tode gebracht wurden, weil sie trotz der Verbote der Besatzungsmacht an der Tora festhielten. Daniel und die Makkabäerbücher schmücken diese Fälle legendenhaft aus, um den Verfolgten Trost und Orientierung zu bieten.

Diese aber bestehen in der Verheißung ewigen Lebens. Auch diese Ideen von Weltgericht, Auferstehung und Erlösung kommen in der Makkabäerzeit auf, und auch hierfür ist das Danielbuch der früheste Beleg. In der Situation der Verfolgung wird der jüdische Messianismus, die Erwartung eines Heilskönigs am Ende der Geschichte, zu Apokalyptik. Das Ende der Welt ist nah, lautet die Botschaft der Apokalyptiker, bereitet euch vor auf die kommende Welt. Dahin führen zwei Wege, der geduldige Weg des Gesetzes und der sofortige Weg des Martyriums. Der Märtyrer wird unmittelbar in die kommende Welt erlöst. Darin liegt die große Versuchung des Martyriums.

Märtyrer sind Zeloten und Apokalyptiker.[15] Unter dem Leidensdruck in «dieser Welt» setzen sie alles auf die «kommende Welt». Seitdem bildet Apokalyptik eine typische Religionsform unterdrückter Schichten und Völker.[16] Auch im Christentum gehören Verfolgung, Martyrium und Apokalyptik bzw. «Naherwartung» zusammen. Das Gleiche gilt für die heutige islamistische Ausprägung dieser Verbindung. Das macht zum Beispiel der großartige Film mit dem treffenden Titel *Paradise Now!* deutlich.

Die Aussicht auf unmittelbare Erlösung ins Paradies, die kommende Welt, war ein ungeheurer Anreiz, ja geradezu eine Verführung zum Martyrium, das in den Zeiten der Christenverfolgung zahlreiche Christen auf sich nahmen. Ebenso stand es mit den Juden, die vor allem unter Hadrian im Zusammenhang mit dem Bar-Kochba-Aufstand aufs Grausamste verfolgt wurden. Von dem Prominentesten unter ihnen, Rabbi Akiba, wird berichtet, dass er mit dem Vers «Höre, Israel, Adonai, unser Gott, Adonai ist einzig!» auf den Lippen sein Leben ausgehaucht habe. Rabbi Akiba stirbt als Zeuge der Wahrheit, dass es nur einen Gott gibt, einer Wahrheit, die sich nur bezeugen, aber nicht beweisen lässt. Daher sind in manchen modernen hebräischen Bibeln, besonders aber im Siddur, dem Gebetbuch der Juden, das Ayin, der letzte Buchstabe des Wortes *schema‘* («Höre»), und das Daleth, der letzte Buchstabe des Wortes *ächad* («einzig»), durch eine größere Schrifttype hervorgehoben. Beide zusammen ergeben das Wort *’ed*, «Zeuge».

שְׁמַע יִשְׂרָאֵל יְהוָה אֱלֹהֵינוּ יְהוָה | אֶחָד׃

בלחש בָּרוּךְ שֵׁם כְּבוֹד מַלְכוּתוֹ לְעוֹלָם וָעֶד׃

Höre, Israel, JHWH, unser Gott, JHWH ist Einer!
Gelobt sei der Name der Herrlichkeit seines Reichs immer und ewig.[17]

Der hebräische Ausdruck für Martyrium, *qiddush ha-shem*, bedeutet wörtlich «die Heiligung des Namens». Das Gegenteil ist *chillul ha-shem*, «Entweihung des Namens».[18] Die Wahrheit, von der Jesus zu Pilatus spricht und die Rabbi Akiba im Sterben bekannte, bezeugt man nicht nur im Sterben, sondern vor allem im Leben: in der Befolgung der Regeln, Gebote und Verbote, auf denen der Gottesbund beruht – also durch «bezeugende Lebensführung», wie man im Anschluss an Max Webers Begriff der «methodischen Lebensführung» sagen könnte.

Die Entschlossenheit zum Martyrium ist die Signatur der Jahrhunderte um Christi Geburt. In diesem «Willen zum Jetzt» liegt ein anomisches Element. Das Martyrium befreit vom langen Weg des Gesetzes und der Geschichte. Der zentrale Mythos dieser martyrologischen Einstellung ist die Opferung Isaaks. «Nach unmittelbarer Rettung zu greifen», schreibt der Judaist Aharon Agus in seinem großartigen Buch *The Binding of Isaac and Messiah* (1988), «kann nur bedeuten, den Weg des Gesetzes aufzugeben.»[19] Der Märtyrer erfüllt die Zeit in einem Augenblick. Eben dies ist die Erfahrung, die den paulinischen Begriff der «Jetztzeit» prägt. Seit den Makkabäerkriegen gibt es im Judentum einen Trieb zum Martyrium, zum heroischen Augenblick, zur finalen, ultimativen Vollkommenheit: einen Willen zum Jetzt, den Christentum und Islam übernehmen. Der Märtyrer ist das Gegenteil des *homo sacer:* Er ist in seiner Sphäre, mit Carl Schmitt gesprochen, der «Souverän, der über den Ausnahmezustand entscheidet».[20]

Der «Wille zum Jetzt» ist eine apokalyptische, keine messianische Kategorie; er entspringt nicht der Hoffnung, sondern der Gewissheit – oder, wie man im Blick auf die Zeloten unserer Tage, die islamistischen Selbstmordattentäter, hinzusetzen muss: der Verzweiflung. Das apokalyptische Denken hat etwas Destruktives: In der Gewissheit der kommenden Welt kann, ja muss die gegenwärtige Welt zugrunde gehen, je eher, desto besser.[21]

Die Motive des bezeugenden Bekennens und der Erwartung des Weltendes haben sich in den Worten des Paulus bis in die Liturgie des christlichen Gottesdienstes erhalten: «Ihr verkündet den Tod des Herrn, bis dass er kommt.» Im Credo des Ordinarium verbinden sie sich: «Ich bekenne …, ich erwarte …» Beide gehören zusammen, beide bilden sich in den schweren Verfolgungen heraus, die erst das Judentum in der Seleukiden- und Römerzeit und dann das Christentum in der Kaiserzeit bis zur konstantinischen Wende betroffen haben und in denen sich die «aufgeklärte» hellenistisch-heidnische Welt gegen die Verbreitung der Offenbarungsreligion wehrte.

Paulus

Obwohl Paulus nicht zu den Protagonisten von Abendmahl und Passion gehört, ist er doch einer der wichtigsten Protagonisten der Erinnerung. Die frühesten Berichte vom Jesuskult der Urgemeinden verdanken wir den Briefen des Apostels. Zwar waren weder er noch die Autoren der Evangelien bei der «Einsetzung» des Abendmahls dabei, aber es spricht alles dafür, dass sich die Jünger und Christusgläubigen nach dem Tode Jesu zu rituellen Mahlfeiern versammelten, die den historischen Hintergrund der Evangelienberichte bilden. Mahlfeiern waren in der damaligen Welt gang und gäbe, vor allem in religiösen Gemeinschaften jenseits des offiziellen Tempelkults. Als eine solche haben wir auch die Jesusbewegung zu verstehen, und mit Sicherheit hat Jesus mit seinen Jüngern und weiteren Anhängern solche Mahlfeiern gehalten. Viele Formen davon müssen in Anhängerkreisen fortgelebt haben und es wird einige Jahrzehnte gedauert haben, bis sich eine einigermaßen kanonische Form durchgesetzt hat. Daran hat Paulus einen entscheidenden Anteil. In den Pastoralbriefen an die von ihm gegründeten Gemeinden bezieht er sich immer wieder auf Sinn und

Form solcher Mahl- und Gedächtnisfeiern, die er als «Herrenmahl» *(kyriakon deipnon)* bezeichnet.

Die paulinische Form verbindet die Funktionen von gemeinsamer Mahlzeit und Gottesdienst. Der sakramentale Charakter der Eucharistie erzwang hier eine Zweiteilung: zuerst das Sättigungsmahl, dann die Eucharistie für den inneren Kreis der dazu Befugten, wodurch die Mahlfeier den Charakter eines Gottesdienstes annimmt. Die Apostelgeschichte bezeichnet diese Feiern als «Brotbrechen». Sie fanden am ersten Tag der Woche statt (Apg 20,7; 1 Kor 16,2), der daher «Herrentag» heißt. Die Versammlung der Feiernden nennt Paulus *ekklesia*. Damit übernimmt er das griechische Wort für «Volksversammlung», mit dem schon die Septuaginta das hebräische *kahal* (Versammlung) übersetzt. Was die Teilnahme am Sakrament der Eucharistie bewirkt, ist eine besondere Form von Gemeinschaft, die Paulus *koinonía* nennt, lateinisch *communio:*

> Der Kelch der Segnung, den wir segnen, ist er nicht [die] Gemeinschaft des Blutes des Christus? Das Brot, das wir brechen, ist es nicht [die] Gemeinschaft des Leibes des Christus? Denn ein Brot, ein Leib sind wir, die vielen, denn wir alle nehmen teil an dem einen Brot.[22]

Bei diesen Feiern wurden Lieder, Psalmen und Hymnen gesungen. So heißt es im nachpaulinischen Pastoralbrief an die Kolosser:

> Das Wort des Christus wohne reichlich in euch; in aller Weisheit lehrt und ermahnt euch gegenseitig! Mit Psalmen, Lobliedern und geistlichen Liedern singt Gott in euren Herzen in Gnade! (oder: Ermahnt euch gegenseitig mit Psalmen, Lobliedern und geistlichen Liedern, singt Gott!) (Kol 3,16)

Und im gleichfalls nachpaulinischen Epheserbrief lesen wir:

> Und berauscht euch nicht mit Wein, worin Ausschweifung ist, sondern werdet voller Geist, indem ihr zueinander in Psalmen und Lobliedern und geistlichen Liedern redet und dem Herrn mit eurem Herzen singt und spielt! (Eph 5,18f.)

Das Entscheidende aber ist der öffentliche und eschatologische Charakter dieser gottesdienstlichen Zusammenkünfte. Paulus lebt und schreibt bekanntlich noch ganz in der Naherwartung, dass die Generation der jetzt Lebenden die Ankunft des Herrn und damit das Ende der Zeit erleben wird. Drei Stellen sind hier wichtig. Im 1. Thessalonicherbrief 4,15–17 geht es um die Frage, was mit denen wird, die bereits vor der Wiederkehr des Herrn gestorben sind:

> Denn dies sagen wir euch in einem Wort des Herrn, dass wir, die Lebenden, die übrigbleiben bis zur Ankunft des Herrn, den Entschlafenen keineswegs zuvorkommen werden. Denn der Herr selbst wird beim Befehlsruf, bei der Stimme eines Erzengels und bei [dem Schall] der Posaune Gottes herabkommen vom Himmel, und die Toten in Christus werden zuerst auferstehen; danach werden wir, die Lebenden, die übrigbleiben, zugleich mit ihnen entrückt werden in Wolken dem Herrn entgegen in die Luft; und so werden wir allezeit beim Herrn sein.

«Bis zur Ankunft des Herrn», *eis parousian tou kyriou*, heißt wörtlich übersetzt: «auf die Gegenwärtigkeit des Herrn hin». Diese Worte beschreiben das Zeitgefühl und Weltverhältnis der ersten Christen, in deren Kreisen sich der christliche Gottesdienst herausbildete. Die andere Stelle steht im 1. Korintherbrief 15,22–26:

> Denn wie in Adam alle sterben, so werden auch in Christus alle lebendig gemacht werden. Jeder aber in seiner eigenen Ordnung: der Erstling, Christus; sodann die, welche Christus gehören bei seiner Ankunft; dann das Ende, wenn er das Reich dem Gott und Vater übergibt; wenn er alle Herrschaft und alle Gewalt und Macht weggetan hat. Denn er muss herrschen, bis er alle Feinde unter seine Füße gelegt hat. Als letzter Feind wird der Tod weggetan.

Hier wird deutlich auf den Sinn der Verzögerung Bezug genommen. Jesus muss herrschen, «bis er alle Feinde unter seine Füße gelegt hat». Das ist ein Zitat aus Psalm 110: «Der Herr sprach zu meinem Herrn: Setz dich zu meiner Rechten, bis ich deine Feinde zum Schemel deiner Füße gemacht habe.» «Bis» wird hier in eindeutig zeitlichem Sinne ausgedrückt. Dieselbe Konjunktion *(achri hou)* kommt auch in der Einsetzung des Abendmahls vor. Dort heißt es: «Denn sooft ihr dieses Brot esst und den Kelch trinkt, verkündigt ihr den Tod des Herrn, bis er kommt.» (1 Kor 11,26)

Aus diesen Stellen ergibt sich: (1) Die (oder viele der) jetzt Lebenden werden die Parusie erleben. (2) Sie kommt, wenn der Messias seine Feinde besiegt haben wird. (3) Bis dahin feiern wir die Eucharistie, das heißt formieren wir uns als Kirche. (4) Diese Feiern aber haben den Sinn der Verkündigung, wollen also in die Öffentlichkeit und in die Zeit wirken.

Im paulinischen Verständnis ist die Kirche und ihr Gottesdienst eine interimistische Institution auf Zeit, und sein Wort für diese Zeit ist «der gegenwärtige Augenblick», *ho nyn kairos*. *Kairos* steht in Gegensatz zu *chronos*, das die Zeit als kontinuierliche Ausdehnung meint. *Kairos* ist der Augenblick der Gelegenheit, die man beim Schopf ergreifen muss. So wird er als geflügelter vorbeieilender Knabe dargestellt, dem vorn eine Locke in die Stirn fällt, während der Hinterkopf kahlköpfig ist. *Kairos* ist Zeit im Zustand extremer Kontraktion zwischen jüngster Vergangenheit und naher Zukunft. Paulus nennt die Zeitform des gegenwärtigen Augenblicks «zusammengedrängt» (*synestalmenos*, 1 Kor 7,29). Das Wort kommt in dieser Form nur hier vor. Wunderbar kommentiert der Dichter Christian Lehnert dieses Wort:

> synestalmenos, ein Partizip des griechischen Verbs systellein. Es bezeichnet eine Bewegung, die sich nach innen wendet, die etwas auf sich selbst zurückführt – verdichten, einschrumpfen, eindampfen, zusammenfalten, zusammenziehen – Ein Segel kann gemeint sein, das eingezogen wird, oder ein Raubtier, das sich duckt vor dem Sprung, die zitternde Spannung der zusammengezogenen Muskulatur. Das Vergangene ist eingeholt, und alle Aufmerksamkeit ist auf das gerichtet, was kommt. Die Zeit – implodiert. Eine Katze duckt sich – gleich schnellt sie in die Nacht. Eine Klarheit durchdringt alles, was besteht, die Klarheit der Zukunft im Augenblick.[23]

Der *kairós* ist eingespannt zwischen «dieser Zeit» und der «kommenden Zeit», zwischen der Zeit dieser Welt (*kosmos touto*, lat. *saeculum*) und der kommenden Ewigkeit *(aion mellon, saeculum venturum)*. Es handelt sich also um eine Zwischenzeit, aber nicht um eine Zeit stillen Abwartens, sondern eine Gelegenheit zum Handeln und Gestalten, Entscheiden und Wirken, die ergriffen werden muss. Der gegenwärtige Augenblick ist eine absehbare Zeit, eine Zeit der Entscheidung und des Kampfes, in der wir uns als Kirche einrichten im feiernden Gedenken der Passion. Kirche und Gottesdienst sind interimistische Platzhalter der Wiederkunft Christi, der Parusie, die mit der Ankunft des Herrn ebenso verschwinden wie «diese Welt».

Im 1. Brief an die Thessalonicher (5,1–11) schreibt Paulus:

> Was aber die Zeiten und Zeitpunkte betrifft, Brüder, so habt ihr nicht nötig, dass euch geschrieben wird. Denn ihr selbst wisst genau, dass der Tag des Herrn so kommt wie ein Dieb in der Nacht. Wenn sie sagen: Friede und Sicherheit! dann kommt ein plötzliches Verderben über sie, wie die Geburtswehen über die Schwangere; und sie werden nicht entfliehen. Ihr aber, Brüder, seid nicht in Finsternis, dass euch der Tag wie ein Dieb ergreife; denn ihr alle seid Söhne des Lichtes und Söhne des Tages; wir gehören nicht der Nacht noch der Finsternis.
>
> Also lasst uns nun nicht schlafen wie die übrigen, sondern wachen und nüchtern sein. Denn die da schlafen, schlafen bei Nacht, und die da betrunken sind, sind bei Nacht betrunken. Wir aber, die dem Tag gehören, wollen nüchtern sein, angetan mit dem Brustpanzer des Glaubens und der Liebe und als Helm mit der Hoffnung des Heils. Denn Gott hat uns nicht zum Zorn bestimmt, sondern zum Erlangen des Heils durch unseren Herrn Jesus Christus, der für uns gestorben ist, damit wir, ob wir wachen oder schlafen, zusammen mit ihm leben. Deshalb ermahnt einander und erbaut einer den anderen, wie ihr auch tut.

Paulus lebt und lehrt im Zeitregime der Apokalyptik. Er argumentiert ganz im Zeichen der Naherwartung des Weltendes und der kommenden «Parusie». Da lohnt sich keine Revolution. Abwarten und stille halten. Die Kirche ist nur Platzhalter der kommenden Parusie, eine Einrichtung unter eschatologischem Vorbehalt. Das Zeitregime[24] der apokalyptischen Antike begann sich im zweiten Jahrhundert v. Chr., als das Buch Daniel entstand, von Israel ausgehend in der ganzen damaligen Welt bis hin nach China auszubreiten und verblasste im Westen in dem Maße, wie die Kirche ihren nur interimistischen Charakter vergaß und sich als Staatskirche im Römischen Reich etablierte.

Paulus ist aber kein radikaler Apokalyptiker. Er predigt nicht Weltuntergang und Weltgericht, sondern die Ordnungen des christlichen Lebens in der verbleibenden Zeit, die er trotz all ihrer Zusammengedrängtheit und ihres nahen Endes durchsetzen will, auch wenn sie nur gelten «bis dass er kommt». Was dieses «bis» bestimmt und befristet, ist der oder das *katechon*, wörtlich «der oder das zurückhält», wovon Paulus im 2. Brief an die Thessalonicher 2,6–7 schreibt:

> Und jetzt wisst ihr, was zurückhält *(to katechon)*, damit er (der Gesetzlose) zu seiner Zeit geoffenbart wird. Denn schon ist das Geheimnis der Gesetzlosigkeit wirksam; nur [offenbart es sich nicht], bis der, welcher jetzt zurückhält *(ho katechôn)* aus dem Weg ist.

Es gibt also etwas oder einen, der den «Gesetzlosen» (Antichrist) und das Weltende aufhält. Eine antike, bereits bei Tertullian belegte Tradition setzt diese Macht, die das Ende der Zeiten verzögert oder zurückhält, mit dem Römischen Reich gleich, das in diesem Sinn eine positive historische Funktion hätte. Daher kann Tertullian sagen, dass «wir für das Bleiben der Welt beten, für den Frieden der Dinge, für die Verzögerung des Endes». Das ist das neue Zeitregime der Kirche, die sich in dieser Welt eingerichtet hat. Paulus aber lebt noch ganz in der gedrängten Zeit des apokalyptischen oder messianischen Zeitregimes. Aus dieser Lage zieht Paulus drei Forderungen: «Freut euch allezeit! Betet unablässig! Sagt in allem Dank! Denn dies ist der Wille Gottes in Christus Jesus für euch.» (1 Thess 5,16–18) Das sind die Imperative, die dem christlichen Gottesdienst zugrunde liegen.

Exkurs: Liturgische Zeit

Die messianische, «zusammengedrängte» Zeit, die Paulus verkündet, ist nicht geistliche, sondern weltliche Zeit, nicht die Zeit des Gottesdienstes, sondern die allgemeine Zeit nach dem messianischen Ereignis und vor dem Weltende, aus der die geistliche Zeit des Gottesdienstes als eine ganz andere Zeit herausgeschnitten ist. Der christliche Gottesdienst ist Gedächtniszeit. Hier wird ein vergangenes Geschehen «in der Nacht, da er verraten ward» durch begehenden Nachvollzug in die Gegenwart hereingeholt. Das Judentum war mit der Feier des Passahfests vorausgegangen und hatte das Vorbild geliefert. Daneben wird aber auch die gesamte Geschichte von der Erschaffung der Welt bis zu Moses Tod an den Sabbat- und Festtagen liturgisch vergegenwärtigt und mit Sinn und Bedeutung aufgeladen, indem sich die jüdische Gemeinde im Kreislauf des Jahres anhand ausgewählter Abschnitte durch die ganze Tora und dazu passende Passagen aus den Prophetenbüchern hindurchliest. Diese heilige Geschichte wird im Jahreslauf liturgisch rekapituliert und aus den Prophetenbüchern hermeneutisch beleuchtet. Der Sabbat verbindet also die zyklische und die lineare Zeiterfahrung. Das Zyklische liegt in der Wiederholung des formalen Ablaufs, das Lineare im lesenden und deutenden Nachvollzug der heiligen Geschichte. Das Christentum hat dieses Verfahren im Ritus des Kirchenjahrs übernommen und im Verlauf seiner Geschichte enorm erweitert und ausgestaltet.

Das Kirchenjahr gliedert sich in zwei Hälften, die in der katholischen Kirche als «Halbjahr des Herrn» und «Halbjahr der Kirche» bezeichnet werden. Die erste Hälfte von Advent bis Pfingsten rekapituliert das Leben Jesu von der Geburt bis zur Himmelfahrt und der Ausgießung des Heiligen Geistes, die als Gründung der Kirche gilt, geht also genau wie die jüdische Durcharbeitung der Heilsgeschichte linear-chronologisch vor. Die zweite Hälfte von Trinitatis bis zum – je nach Ostertermin – 26. oder maximal 27. Sonntag nach Trinitatis greift einzelne Themen aus den Evangelien auf. An die Stelle von Tora und Propheten treten bei den Christen Evangelien und Episteln, dazu aber immer auch thematisch passende Abschnitte aus dem Alten Testament, sowie Lieder, Gebete und Predigt, die das Thema in weitere Zusammenhänge stellen. Dadurch wird die Zeit, die im christlichen Kirchenjahr rituell vergegenwärtigt wird, dreischichtig: die wichtigste Zeitschicht, das Leben Jesu, auf das sich die Evangelien- und Epistellesungen beziehen, liegt in der Mitte zwischen der Tiefenschicht der bis zur Schöpfung zurückreichenden alttestamentlichen Heilsgeschichte und der Gegenwart der Gemeinde, wie sie in den Liedern, Gebeten und Predigten anklingt.

Ein Ereignis der Vergangenheit aber wird jeden Sonntag wieder kultische Gegenwart: das Abendmahl und mit ihm die Passionsgeschichte. Im Christentum fallen das Gedächtnismahl, das Sonntag für Sonntag an die Passion erinnert und den Stiftungsakt vergegenwärtigt, und die dazu quer stehende sukzessive Vergegenwärtigung der Heilsgeschichte in einem einzigen Akt zusammen. Der Wiener Theologe Jan-Heiner Tück spricht von «eucharistischer Zeit» und leitet sie ebenfalls von der Exodustradition und dem jüdischen Seder her:

> Die Eucharistie, in der sich die Dimensionen der Zeit verschränken, setzt nun die Fähigkeit, gegenwärtig zu sein, nicht nur voraus, sondern hilft auch, das menschliche Zeitbewusstsein auszubalancieren, ja es liegen in ihr therapeutische Potentiale, die eine pathologische Isolierung einer der drei Zeitdimensionen verhindern können. Nach Thomas von Aquin ist die Eucharistie zunächst ein signum rememorativum. Sie erinnert an ein bestimmtes Ereignis der Vergangenheit: die bis in den Tod hinein gehende Selbstgabe Jesu Christi für uns, sein Opfer (sacrificium).
>
> Schon für die religiöse Identität des Judentums ist die Erinnerung an das Exodus-Ereignis, die Gabe der Tora und die Sinai-Offenbarung konstitutiv. Dabei ist entscheidend, dass es sich nicht nur um ein subjektives Sich-Erinnern handelt, sondern auch und vor allem um ein von Gott selbst gestiftetes Gedächtnis an seine Heilstaten, die wirksam in die Gegenwart hineinragen. «In jeder Generation ist der Mensch verpflichtet, sich selbst so anzusehen, als wenn er selbst aus Ägypten gezogen wäre, denn es heißt: Wegen dessen, was der Herr mir angetan hat, als ich aus Ägypten zog (Ex 13,8).» In der christlichen Feier des Paschamysteriums geht es entsprechend um das Realgedächtnis des Todes und der Auferstehung Jesu Christi, in das die Gläubigen sich hineinnehmen lassen.[25]

Das Judentum verbindet die einmal jährlich (im Passahfest) und jede Woche (in der häuslichen Sabbat-Liturgie) gefeierte Erinnerung an den Auszug aus Ägypten, wo es im Kiddusch vom Sabbat heißt: «Er ist der erste der heiligen Tage, eine Erinnerung an den Auszug aus Ägypten.» Der Sabbat feiert den siebten Schöpfungstag (die Ruhe des Schöpfers nach Erschaffung der Welt) und den Auszug aus Ägypten (die Stiftung des Bundes).

Die liturgische Zeit ist ein Chronotop, ein »Zeitort» eigener Ordnung, der Vergangenes gegenwärtig macht und sich dadurch sowohl zur Vergangenheit als auch zur Gegenwart «anachron» verhält: zur Vergangenheit, weil sie im rituellen Vollzug wieder Gegenwart wird, und zur Gegenwart, weil hier Vergangenes gegenwärtig wird. Nichts anderes heißt Erinnerung. Das gilt für den jüdischen Seder und den Sabbat ebenso wie für den christlichen katholischen Gottesdienst, auch wenn dieser Gefahr läuft, durch die Aufgabe des Latein und andere Anpassungen an die Gegenwart nach dem Zweiten Vaticanum seinen anachronen Charakter zu verlieren.

In der liturgischen Zeit handelt es sich erstens um etwas, das ich «verwandelnde Erinnerung» nennen möchte, so wie es die oben zitierte Annonce aus der *New York Times* in Bezug auf den jüdischen Seder formuliert hat: Beim Seder geht es darum, «den Exodus nicht nur (zu) erinnern sondern buchstäblich (zu) erleben und seine verwandelnde Kraft in unserem eigenen Leben zur Geltung (zu) bringen». Das lässt sich auf die Feier der Eucharistie übertragen, die in der christlichen Welt dem jüdischen Seder entspricht, also eine Art christlichen Seder darstellt. In diese Richtung weist die in den Evangelien so deutlich herausgestellte Nähe des Abendmahls zum Passahfest. Was könnte besser die Intensität dieses Nacherlebens steigern und seine verwandelnde Kraft freisetzen, als die Musik? In der *Missa Solemnis* steigert Beethoven diese Intensität bis zu einem Grad, wo sie den gottesdienstlichen Rahmen sprengt.

Zweitens geht es beim Herrenmahl, wie Paulus schreibt, um Emotionen: Gebet, Freude und Dankbarkeit. *Eucharisteia*, von *eucharisteo*, «ich danke», heißt nichts anderes als Danksagung. Das Gebet erscheint im christlichen Gottesdienst in verschiedenen Formen, es eröffnet und beschließt das Ordinarium. Das eröffnende Kyrie ist ein Gebet, und ebenso das abschließende Agnus Dei. Freude ist die Grundstimmung des Gloria, das hat kein Komponist musikalisch klarer und überwältigender zum Ausdruck gebracht als Beethoven in der *Missa Solemnis*. Im christlichen Gottesdienst geht es um Emotionen, die von allem Anfang an nach musikalischem Ausdruck verlangt haben. In der *Missa Solemnis* kulminiert dieses Verlangen. Kyrie und Sanctus gestalten «Andacht» dynamisch, als Gemüts*bewegung*. Das Gloria ist ein einziger jubelnder Aufschwung, durchsetzt mit Momenten plötzlichen Innewerdens der eigenen irdischen Tiefe und Niedrigkeit. Der Jubel kehrt im Osanna (Hosianna) zurück, das abschließende Agnus Dei aber wiederholt das Miserere nobis des Anfangs, das Beethoven so wichtig ist, dass er es gegen alle Konvention vor dem «Dona nobis pacem» dreimal statt zweimal bringt. Rudolf Otto hat in seinem Buch *Das Heilige* die Empfindung des Numinosen auf die Zweiheit von Mysterium tremendum und Mysterium fascinans gebracht: ehrfürchtiges Erschauern und hingerissene Zuneigung. Diesem Begriffspaar hat Beethoven in seiner *Missa* überwältigenden Ausdruck gegeben.

5

Das Ordinarium Missae, das «Libretto» der Messe

Unter dem Ordinarium versteht man die gesungenen Abschnitte im Messgottesdienst, die gewöhnlich *(ordinarium)* zu jeder Messfeier gesungen werden, im Gegensatz zum Proprium mit den Texten der Liturgie, die im Laufe des Kirchenjahrs wechseln oder auf besondere Anlässe bezogen sind. Ein solcher Anlass wäre die Einsetzung Erzherzog Rudolphs zum Erzbischof von Olmütz gewesen, für den Beethoven die *Missa Solemnis* komponierte, aber er scheint hierfür keine Proprium-Stücke geplant zu haben. Eine Missa Solemnis meinte seit dem Mittelalter eine «feierliche Messe» mit Bischof oder Abt (das Pontifikalamt) oder das «Levitenamt» mit Priester, Diakon und Subdiakon. Seit dem siebzehnten Jahrhundert bezieht sich der Begriff auf die besondere Vertonung der Messe. Für das Ordinarium der gewöhnlichen Messe ist im Wien des Barock und der Klassik das «Kirchentrio» (zwei Violinen und Basso continuo) vorgesehen, während eine Missa Solemnis zusätzlich von Bläsern und Pauken begleitet wird.

Von Anfang an wurde in christlichen Gottesdiensten gesungen. Schon im israelitisch-jüdischen Kult hatte die Musik, vokal und instrumental, einen festen Platz. Bernd Janowski hat die Gattungsbezeichnungen der Psalmen zusammengestellt. Sehr viele davon beziehen sich auf musikalischen Vortrag. *mizmor*, «Lied», (mit Instrumentalbegleitung) kommt 57-mal vor, *mizmor le-David*, «Psalm Davids», 34-mal, *šîr*, «Gesang», 34-mal. Im Buch der Chronik ist ständig von Musik die Rede, fast immer von Zimbeln, Harfen und Zithern, auch Pauken und

Tamburinen. Psalm 150 fügt zu Harfen und Zithern noch das traditionell als «Posaune» übersetzte Horn *(schofar)* hinzu.[1]

Im frühen Christentum scheint der Gesang eine ganz besondere Rolle gespielt zu haben (vgl. Kol 3,16 und Eph 5,18f., oben, S. 77). Plinius der Jüngere berichtet als Statthalter von Bithynien am Ende des ersten Jahrhunderts von den Christen: «Sie sind gewohnt, sich an einem bestimmten Tag vor der Dämmerung zu treffen und wechselweise miteinander Christus als einem Gott Lieder zu singen.»[2] In den ersten Jahrhunderten wurde in Privathäusern gesungen und gebetet. Erst mit der Konstantinischen Wende entwickelte sich aus diesen Traditionen der öffentliche Gottesdienst. Damit begann das Zeitalter einer professionellen Kirchenmusik. «Der gemeinsame Gesang, der lange Zeit der schönste Ausdruck einer Gemeinde untereinander und mit ihrem Bischof gewesen war, wurde zurückgedrängt. Stattdessen traten die liturgischen Gesänge professioneller Priester-Musiker in den Vordergrund.»[3] Instrumentalmusik aber war aus den Kirchen verbannt. Zu einem Zentrum frühchristlicher Gesangskultur entwickelte sich Mailand unter Bischof Ambrosius. Augustinus erzählt von dem Eindruck, den dieser Gesang bei einem Besuch in Mailand auf ihn gemacht hat:

> Wie weinte ich bei den Hymnen und Gesängen auf Dich [o Gott], mächtig bewegt vom Wohllaut dieser Lieder Deiner Kirche! Die Weisen drangen an mein Ohr, und die Wahrheit flößte sich in mein Herz, und frommes Gefühl wallte über, die Tränen flossen und mir war wohl bei ihnen.[4]

Ambrosius wird unter anderem das *Te Deum* zugeschrieben sowie das Adventslied «Nun komm, der Heiden Heiland».

Der gregorianische Gesang entwickelte aus der Tradition der Kantillation (psalmodierender Vortrag, liturgisches Rezitativ) biblischer Texte erst ab dem zehnten Jahrhundert autonome Melodien und schuf im frühen Mittelalter ein authentisches Repertoire von Hunderten von Messgesängen.[5]

Das Ordinarium Missae ist von Anfang an nie etwas anderes als Musik gewesen. Es waren Gesänge wie die Psalmen, die Cantica und die ambrosianischen Gesänge, die hier im Laufe der Jahrhunderte in kanonischer Auswahl und Form in den Gottesdienst, die Messe, aufgenommen wurden. Das Ordinarium umfasst die ursprünglich von der Gemeinde gesungenen Anteile an der Liturgie, die dann später zum «Libretto» kunstvoller Vertonungen und professionellen Musikern übertragen wurden.

Kyrie

Das Kyrie stammt aus der frühen Ostkirche und bildete ursprünglich den Refrain zu Litaneien mit Fürbitten. *Kyrios*, «Herr», steht in der Septuaginta, der griechischen Übersetzung der Hebräischen Bibel an Stelle des Tetragramms JHWH, das in der jüdischen Tradition *Adonai*, «Herr», ausgesprochen wird. Im Christentum wird der Titel auf Christus übertragen, in dessen Gestalt Gott seinen Bund und seine Herrschaft unter den Menschen ausübt. Die ursprüngliche östliche Fassung besteht in der einfachen Bitte *Kyrie eleison*, «Herr, erbarme dich»; hier bezieht sich *kyrios* eindeutig auf Christus. Die dreifache Anrufung entstand im dritten oder vierten Jahrhundert in der römischen Kirche. In dieser Fassung bezieht sich *kyrios* zuerst auf Gott-Vater, beim zweiten Mal vermutlich auf den Heiligen Geist und dann auf Christus, die ganze Anrufung also auf die Trinität. Die bis heute gesungene Form mit dreifachem *Kyrie eleison*, dreifachem *Christe eleison* («Christus, erbarme dich») und wiederum dreifachem *Kyrie eleison* (ohne vorausgehende Bitten) entstand erst im achten Jahrhundert.

«Erbarme dich» ist eine Anrufung *de profundis*, «aus tiefer Not». Zu Beginn des Gottesdienstes handelt es sich um eine Akklamation des Herrschers, der sich seiner Gemeinde annehmen, sich ihrer erbarmen soll. Die Bitte um Erbarmen kommt im Ordinarium dreimal vor: einmal auf Griechisch im Kyrie und zweimal auf Lateinisch in der Anrufung des Lammes, im Gloria und im Agnus Dei.

Nachdem im Kyrie der Kontakt zwischen Christus und Gemeinde hergestellt ist, von ganz unten nach ganz oben, zwischen dieser und jener Welt, kann der Lobpreis folgen.

Gloria

Das Gloria ist ein Hymnus aus der Frühzeit des Christentums, der schriftlich zuerst in den «Apostolischen Constitutionen» (um 380) und im Codex Alexandrinus aus dem fünften Jahrhundert in griechischer, in der nestorianischen Liturgie in syrischer und erst im Antiphonar von Bangor (um 690) in lateinischer Sprache vorliegt. Es war in der lateinischen Kirche von Anfang an für die Messe bestimmt,[6] durfte aber nur an hohen Festen und nur vom Bischof angestimmt werden. Später konnte es auch der Presbyter anstimmen, aber nur in der Osternacht. Erst gegen Ende des elften Jahrhunderts setzt sich die Regel durch, dass das Gloria vom Priester angestimmt und in jeder Messe gesungen wird, «die irgendwie festlichen Charakter hat», doch wer immer es anstimmen durfte, es war «von Anfang an ein Gesang der Gemeinde, nicht einer besonderen Sängerschaft».[7]

Gloria in excelsis Deo.	Ehre sei Gott in der Höhe
Et in terra pax hominibus	und Friede auf Erden den Menschen
bonae voluntatis.	seiner Gnade!
Laudamus te.	Wir loben dich,
Benedicimus te.	wir preisen dich,
Adoramus te.	wir beten dich an,
Glorificamus te.	wir rühmen dich.
Gratias agimus tibi propter	Wir danken dir,
magnam gloriam tuam.	denn groß ist deine Herrlichkeit:
Domine Deus, Rex coelestis,	Herr und Gott, König des Himmels,
Deus Pater omnipotens.	Gott und allmächtiger Vater!
Domine Fili unigenite,	Herr, eingeborener Sohn,
Jesu Christe.	Jesus Christus.
Domine Deus, Agnus Dei,	Herr und Gott, Lamm Gottes,
Filius Patris.	Sohn des Vaters,
Qui tollis peccata mundi,	der du trägst hinweg die Sünde der Welt:
miserere nobis.	erbarme dich unser;
Qui tollis peccata mundi,	der du trägst die Sünde der Welt:
suscipe deprecationem nostram.	nimm an unser Gebet;

Qui sedes ad dexteram Patris, miserere nobis.	der du sitzest zur Rechten des Vaters: erbarme dich unser.
Quoniam tu solus Sanctus, Tu solus Dominus. Tu solus Altissimus, Jesu Christe. Cum Sancto Spiritu in gloria[8] Dei Patris. Amen.	Denn du allein bist der Heilige, du allein der Herr, du allein der Höchste, Jesus Christus, mit dem Heiligen Geist, zur Ehre Gottes des Vaters. Amen.

Der Hymnus folgt in seiner sprachlichen Gestalt dem Vorbild der biblischen Cantica und Psalmen, so wie man es damals in Unkenntnis der Verfahren hebräischer Poesie[9] verstand, und verzichtet auf Rhythmus und Versmaß. Daher spreche ich im Folgenden auch nicht von «Versen», sondern von «Zeilen», aber dennoch von «Strophen».

Der Hymnus ist zweigeteilt. Die erste Strophe von zehn Zeilen wendet sich an Gott-Vater und gliedert sich in zwei Zeilen Engelshymnus, sechs Zeilen mit hymnischen «Wir»-Aussagen und zwei Zeilen Namensanrede an Gott. Die zweite Strophe umfasst vierzehn Zeilen und wendet sich an Gott-Sohn. Sie beginnt mit zwei Zeilen Anrede, sechs Zeilen einer Gebetslitanei, vier Zeilen Lobpreis und zweizeiliger Schlussdoxologie, die auch den Heiligen Geist in den Lobpreis aufnimmt und Gott zur Trinität vollendet.[10]

Die ersten Verse des Gloria stammen aus der Weihnachtsgeschichte (Luk 2,14) und beziehen sich auf den Lobgesang der «himmlischen Heerscharen», als der Engel den Hirten die Geburt des Heilands verkündete. In Luthers Übersetzung:

> Ehre sei Gott in der Höhe
> Und Friede auf Erden
> Und den Menschen ein Wohlgefallen.

Die Übersetzung von «hominibus bonae voluntatis» mit «den Menschen ein Wohlgefallen» ist heute umstritten; der revidierte Luthertext von 2017 übersetzt mit «… und Friede auf Erden bei den Menschen seines Wohlgefallens».[11]

Die Gemeinde stimmt mit ihrem Lobpreis also, das ist die Idee dieser Zitation, in den Lobpreis der Engel *(hymnus angelicus)* ein, nach dem Prinzip der «unio liturgica» von himmlischer und irdischer Gemeinde, das Peter Schäfer für den jüdischen Gottesdienst herausgearbeitet hat.[12] Dasselbe Prinzip gilt für das Sanctus, den Lobpreis der Engel in der Vision des Jesaja.

Die drei Strophen des anschließenden Lobgesangs beziehen sich auf Gott-Vater (sieben Zeilen), Christus (acht Zeilen) und das abschließende, ebenfalls auf Christus bezogene, aber Gott-Vater und den Heiligen Geist einschließende Quoniam, das den Lobpreis begründet.

Gott wird hier und im Credo in doppeltem Bezug als «Vater» angerufen, einmal als «Allvater» mit dem Epitheton «allmächtig» *(omnipotens)* und einmal als Vater Jesu Christi, wenn dieser «Sohn des Vaters» genannt wird. Wir müssen zwischen der «kosmologischen» und der «christologischen» Vaterschaft Gottes unterscheiden. Als Allvater ist Gott *Rex coelestis*, «himmlischer König», fern, transzendent und nur Engeln und dem Sohn erreichbar. Als Jesu Vater aber ist er der Welt mit ihrer Sünde und Erlösungsbedürftigkeit zugewandt. Die Eigenschaft als Allvater teilt der christliche Gott mit anderen Göttern, allen voran Jupiter, der den Vatertitel schon im Namen trägt. Die Jesus-Vaterschaft aber ist nur dem christlichen Gott eigen.

Die erste Strophe ist ein Hymnus in der 1. Person Plural. In den Psalmen kommt diese Form so gut wie nicht vor. Nur sehr selten ist in ihnen von «wir» und «uns» die Rede, fast immer in Bitten (Ps 44; 46; 80; 85; 90; 123f.; 126), in denen das «wir» nicht als Subjekt des Gotteslobs, sondern als Objekt von Not und Bedrohung auftritt. Jungmann gibt eine sehr treffende Beschreibung des Gloria-Hymnus:

> Dann folgt in allen Fassungen der Lobpreis Gottes, und zwar in der schlichten Form einer Häufung sowohl von Ausdrücken für unser preisendes Tun wie von göttlichen Namen. Dieser Abschnitt hat in den ältesten Zeugen der in Rede stehenden Fassung dadurch eine besondere Geschlossenheit und eine gewisse Selbständigkeit erhalten, daß er ausklingt in die Anrede an die drei göttlichen Personen. Im Bestreben, Gott bei seinen großen Namen zu nennen, lag es ja auch nahe, aufzusteigen bis zu

diesem letzten Geheimnis. Wir haben dafür eine genaue Parallele im Te Deum, dessen Lobpreisungen Gottes in die trinitarische Anrede ausklingen: *Patrem immensae maiestatis, venerandum tuum verum et unicum Filium, Sanctum quoque Paraclitum Spiritum.*

Und ganz wie im Te Deum folgt nun auch in der heutigen Textform, deutlich abgehoben, der christologische Abschnitt: *Domine, Fili unigenite.* Gott und Christus — das ist nicht eine willkürliche Addition, ist auch nicht eine unvollendete Aufreihung der göttlichen Personen, wie es manche Erklärer des Gloria zu empfinden scheinen, wenn sie den Hymnus gewissermaßen entschuldigen, weil des Heiligen Geistes nur noch in der Schlußwendung wie im Vorübergehen gedacht wird. Gott und Christus sind die Grundpfeiler der christlichen Weltordnung: Gott, der Anfang und das Ende aller Dinge, dem alles religiöse Suchen und alles Beten letztlich zustrebt, in der christlichen Ordnung dann aber Christus als der Weg, auf dem all unser Gottsuchen sich sammeln muß. Darum steht ja auch die Zweiheit Gott und Christus in den Briefen des hl. Paulus oft schon in der einleitenden Grußformel und kehrt dann unzählige Male wieder, und wenn sie zur Dreiheit vollendet wird, so geschieht dies weniger, um ein Bekenntnis zu den drei göttlichen Personen abzulegen, wie sie in sich sind, als vielmehr, um die Struktur der christlichen Heilsordnung noch genauer zu zeichnen, die uns den Aufstieg zu Gott gewährt durch Christus im Heiligen Geiste. Dem entspricht der Aufbau des Gloria auch in der heutigen Fassung in vorzüglicher Weise, mögen davon die musikalischen Kompositionen desselben auch kaum jemals berührt sein. Zudem läßt sich sagen, daß die beiden Hauptteile des Hymnus irgendwie den beiden Gliedern des vorangestellten biblischen Mottos zugeordnet sind.[13]

Das entspricht der römischen Konzeption, wie sie im Glaubensbekenntnis von Nicäa-Konstantinopel im umstrittenen Zusatz *filioque* zum Ausdruck kommt: Der Heilige Geist geht aus dem Vater *und dem Sohn* hervor, ist also beiden nachgeordnet. In den Kompositionen des Messetexts wird aber gerade diese abschließende Erwähnung des Heiligen Geistes oft zu einer großen Fuge ausgestaltet, wie in Bachs h-Moll-Messe, wo das *Cum sancto Spiritu* eine eigene Nummer (12) von 128 Takten Länge einnimmt. In Mozarts c-Moll-Messe umfasst die *Cum-sancto-Spiritu*-Fuge fast 200 Takte. Beethoven dagegen rückt die Gewichte ganz in Jungmanns Sinne zurecht: die Formel *cum sancto*

Spiritu amen beschließt in gerade einmal neun Takten das Quoniam, die anschließende Fuge von 165 Takten preist allein den Vater: *in gloria Dei patris amen.*

Dass es «Wir»-Hymnen in der hebräischen Kultlyrik so gut wie gar nicht gibt, während sie in der christlichen Kultlyrik dagegen ungemein beliebt sind, hängt wohl mit der großen Neuerung des Christentums, der Sozialform der «Gemeinde» (G. Stroumsa), zusammen, die sowohl im architektonischen wie im sozialen Sinne als «Kirche» verstanden wird.[14]

Credo

Das Credo, das Glaubensbekenntnis, ist ein ganz anderer Sprechakt als die übrigen vier Teile der Missa, die Hymnen (Gloria, Sanctus) und Gebete (Kyrie, Agnus Dei) darstellen. Hier spricht sich ein Ich aus ohne Anrede eines Du, aber in der Öffentlichkeit der Gemeinde. Das Credo gehört in den öffentlichen Teil des Gottesdienstes. Es ist Bekenntnis, Katechismus und Apologie in einem. Die Getauften sollen es sprechen, die Katechumenen sollen es hören und lernen, die Häretiker sollen sich ihres Irrtums bewusst werden.

Das Credo entstand in Jerusalem als Taufbekenntnis, als noch Erwachsene, nicht Säuglinge, getauft wurden. Daher der Singular «Ich glaube». In der griechischen Fassung des Glaubensbekenntnisses der späteren Konzilien, die es als Gemeindebekenntnis in den allgemeinen Gottesdienst übernommen haben, ist der Text in der 1. Person Plural abgefasst wie der Hymnus des Gloria (*Wir* glauben an *einen* Gott). Die lateinische Fassung, die sich im westkirchlichen Gottesdienst durchgesetzt hat, hat dagegen die 1. Person Singular beibehalten. In die Messe wurde das Credo in Ostrom im sechsten Jahrhundert und im Westen, das heißt im Frankenreich, erst unter Karl dem Großen (792) aufgenommen. In Rom wurde noch im elften Jahrhundert die Messe ohne Credo gefeiert. Es spielte nur an Festtagen eine Rolle, «an denen das Glaubensbekenntnis erwähnt wurde». Das sogenannte Nicäno-Konstantinopolitanum lautet in der deutschen Fassung so:

Ich glaube an den einen Gott,
den Vater, den Allmächtigen,
der alles geschaffen hat, Himmel und Erde,
die sichtbare und die unsichtbare Welt.

Und an den einen Herrn Jesus Christus,
Gottes eingeborenen Sohn,
aus dem Vater geboren vor aller Zeit:

Gott von Gott, Licht vom Licht,
wahrer Gott vom wahren Gott,
gezeugt, nicht geschaffen,
eines Wesens mit dem Vater:
durch ihn ist alles geschaffen.
Für uns Menschen und zu unserem Heil
ist er vom Himmel gekommen,
hat Fleisch angenommen
durch den Heiligen Geist
von der Jungfrau Maria
und ist Mensch geworden.
Er wurde für uns gekreuzigt
unter Pontius Pilatus,
hat gelitten und ist begraben worden,
ist am dritten Tage auferstanden
nach der Schrift
und aufgefahren in den Himmel.
Er sitzt zur Rechten des Vaters
und wird wiederkommen in Herrlichkeit,
zu richten die Lebenden und die Toten;
seiner Herrschaft wird kein Ende sein.

Und an den Heiligen Geist,
der Herr ist und lebendig macht,
der aus dem Vater und dem Sohn hervorgeht,
der mit dem Vater und dem Sohn
angebetet und verherrlicht wird,
der gesprochen hat durch die Propheten.

Und die eine, heilige, katholische und apostolische Kirche.

Ich bekenne die eine Taufe zur Vergebung der Sünden
und erwarte die Auferstehung der Toten
und das Leben der kommenden Welt.
Amen.

Das Glaubensbekenntnis ist aus der Arbeit an einem Maßstab der Rechtgläubigkeit[15] durch die frühen Kirchenväter des zweiten und dritten Jahrhunderts hervorgegangen, der die verbindliche, apostolisch bezeugte Form des Christusglaubens definieren und gegen häretische und gnostische Bewegungen abgrenzen sollte. Es dient also nicht nur der bekenntnishaften Selbstvergewisserung wie das «Höre Israel» im Judentum und die Schahada im Islam («Es gibt keinen Gott außer Gott, und Mohammed ist der Gesandte Gottes»), sondern ist als lehrhafte Definition der Rechtgläubigkeit aus einem jahrhundertelangen Klärungsprozess hervorgegangen, den es so in anderen Religionen nicht gab. Den entscheidenden Anstoß zu solchen Klärungen stellte die einflussreiche Lehre des Arius dar, der die Wesensgleichheit von Vater und Sohn leugnete und den Sohn dem Vater unterordnete, um die monotheistische Idee zu retten.

Das Nicänische Glaubensbekenntnis von 325 ist von der Sorge um den rechten Glauben, die Orthodoxie, geprägt und diese Orthodoxie hat vor allem ausschließenden Charakter. In erster Linie geht es um den Kampf gegen den Arianismus, der besonders durch vier Einschübe zurückgewiesen wurde.[16]

Vor allem galt es, die Bedeutung der Trinität aus Vater, Sohn und heiligem Geist, die Bedeutung der Kirche und den Glauben an die Vergebung der Sünden, die Auferstehung und das ewige Leben als zentrale und unverzichtbare Elemente des christlichen Glaubens herauszustellen. Der lateinische Text des Nicänum verwendet nur eine einzige Zeile auf den Heiligen Geist, hängt aber noch sechs Zeilen einer Verfluchung gegen Irrlehren an, die die Präexistenz von Sohn und Heiligem Geist leugnen.

Schon die ersten beiden Worte des nicäno-konstantinopolitanischen Glaubensbekenntnisses, *credo in*, «ich glaube an» (griechisch *pisteuomen eis*, «wir glauben an»), erfordern einen Kommentar. Im klassischen Griechisch und Latein werden *pisteuein* und *credere* mit dem Dativ («jemandem glauben») konstruiert.[17] Bei der neuen Konstruktion *in* bzw. *eis* handelt es sich um einen spezifisch christlichen Sprachgebrauch, der zuerst bei Paulus und den Evangelien begegnet und sich auf den neuartigen Begriff von Glauben bezieht, der dem christlichen Messianismus zugrunde liegt.[18] Am Glauben an den Messias Jesus entscheidet sich alles. Die neue Konstruktion *credere in* bezieht sich nur auf Personen. Man glaubt an den Einen Gott, den eingeborenen Sohn und den Heiligen Geist, aber nicht an die Kirche und das Ewige Leben. Vor «unam sanctam catholicam et apostolicam Ecclesiam» fehlt daher das «in»: man glaubt, dass es sie gibt, aber man glaubt nicht «an» sie.[19] Die *eine* Taufe aber ist nicht Gegenstand des Glaubens, sondern des Bekenntnisses. Man glaubt nicht an sie, sondern bekennt sich zu ihr. Aber auch der neuartige Glaube will bezeugt und bekannt sein. Dieses Bekenntnis findet im Credo seinen Ausdruck.

Der früher Paulus zugeschriebene Hebräerbrief definiert «glauben» *(pisteuein)* als «eine feste Zuversicht auf das, was man hofft, und ein Nichtzweifeln an dem, was man nicht sieht» (Hebr 11,1). Glaube setzt also eine Verheißung voraus (Zuversicht auf das, was man hofft) und das Für-wahr-Halten auch des Unsichtbaren, denn, wie Paulus sagt, «wir wandeln im Glauben, nicht im Schauen» (2 Kor 5,7).

Wie im Gloria wird auch im Credo Gott mit dem Epitheton «allmächtig» als Allvater bezeichnet und dieser Bezug durch sein allumfassendes, noch weit über das traditionelle «Himmel und Erde» hinausgehendes Schöpfertum verdeutlicht. Im Credo geht es aber vor allem um den Sohn und Gottes christologische Vaterschaft. Das geht schon aus den Proportionen ganz klar hervor. Drei Zeilen Gott Allvater und Weltschöpfer, fünfzehn Zeilen Gottvater und Gott-Sohn. Diese Vaterbeziehung ist das große Problem, das der Text in verschiedenen Formeln zu fassen und zu klären sucht. Hier sei nur eine Formulierung herausgegriffen.

Die Formel vom «Sitzen zur Rechten des Vaters» (auch Apg 2,33; 34) bezieht sich wahrscheinlich auf Weltende und Weltgericht, die im Credo unmittelbar folgen. Hinter dieser Formel steht vermutlich der berühmte, oft vertonte Psalm 110, *Dixit Dominus:* «Der Herr sprach zu meinem Herrn: Setze dich zu meiner Rechten, bis ich deine Feinde zum Schemel deiner Füße mache.» Entscheidend ist das Wörtchen »bis», denn es impliziert die Vorstellung, dass es sich um eine zeitweilige Lösung handelt, die so lange gelten soll, «bis» die Feinde unter die Füße des Königs gelegt sind. Auf diese Stelle nimmt Paulus im 1. Korintherbrief Bezug:

> Dann das Ende, wenn er das Reich dem Gott und Vater übergibt; wenn er alle Herrschaft und alle Gewalt und Macht weggetan hat.
>
> Denn er muss herrschen, bis er alle Feinde unter seine Füße gelegt hat. Als letzter Feind wird der Tod weggetan. (15,24–26)

Diese Form der Herrschaft gilt für die Zeit zwischen der Auferstehung Christi und seiner Wiederkehr am Ende der Zeit als Richter der Lebenden und der Toten. Daran ist natürlich in Psalm 110 nicht gedacht. In beiden Texten geht es aber um eine Zeit der Krise, der Auseinandersetzung mit Feinden. Im Psalm verspricht JHWH dem König, ihm die Feinde zu unterwerfen, während bei Paulus der Messias Jesus sie sich unterwirft, um nach Weltende und Weltgericht das Reich und alle Herrschaft, Macht und Gewalt Gott zu übergeben. Die Verbindung des Bildes vom «Sitzen zur Rechten des Vaters» mit der Vorstellung vom Weltgericht hat Jesus den Evangelien zufolge mit seinem Zitat aus dem Propheten Daniel im Verhör vor Kaiphas hergestellt, das zu seiner Verurteilung führte: «von nun an werdet ihr sehen den Menschensohn sitzen zur Rechten der Kraft und kommen auf den Wolken des Himmels» (Dan 7,13; Mt 26,64; Lk 22,67–70).

Dass Christus nach Tod, Auferstehung und Himmelfahrt zur Rechten des Vaters sitzt, hat Paulus oft betont (Kol 3,1; Hebr 1,3; 8,1; 10,12; 12,2) und nach ihm die Evangelien (Mt 26,64; Mk 14,62; Lk 22,69). Das wird in das Glaubensbekenntnis aufgenommen, um die Gegenwart zwischen Vergangenheit (Jesu Leben und Sterben) und Zukunft (Jesu Wiederkehr am Ende der Zeiten) darzustellen.

Das Bild des zur Rechten des Vaters sitzenden Christus begegnet auch im Gloria als dritte der Anrufungen Christi als *agnus Dei*, als Lamm Gottes, und steht dort in klarem Gegensatz zu den vorhergehenden beiden Sätzen «du nimmst hinweg die Sünden der Welt». Rufen diese Christus als Erlöser an, der für die Sünden der Welt leidet, so gilt die dritte Bitte um Erbarmen Christus als dem herrscherlich thronenden Weltenrichter. Diesen Gegensatz hat Beethoven stärker als seine Vorläufer herausgearbeitet. Schubert hat ganz im Gegensatz zu Beethoven in seinen letzten drei Messen den Relativsatz *qui sedes ad dexteram patris* («du sitzest zur Rechten des Vaters») gestrichen.

Der Artikel des Glaubensbekenntnisses, der sich auf die Kirche bezieht, erhält im Mittelalter noch einmal eine ganz besondere Bedeutung. Die Bulle *Unam sanctam* von Papst Bonifaz VIII. aus dem Jahre 1302 hat die Trennung von geistlicher und weltlicher Macht auf den Punkt gebracht, jene Trennung, von der Jacob Taubes meinte, dass uns ohne sie «der abendländische Atem» ausginge. In dieser Bulle greift Bonifaz die über 800 Jahre früher von Papst Gelasius I. eingeführte Unterscheidung zwischen dem geistlichen und dem weltlichen Schwert auf. Die geistliche Herrschaft wird *von* der Kirche, die weltliche *für* die Kirche ausgeübt.[20] Dieser Anspruch des Vorrangs der geistlichen vor der weltlichen Herrschaft klingt in der Zeile «Und die eine, heilige, katholische und apostolische Kirche» *(unam sanctam catholicam et apostolicam ecclesiam)* mit, zumindest im Mittelalter, als die beiden Gewalten sich diesen Vorrang streitig machten. Natürlich meint «catholicam» nicht die «katholische» Kirche im heutigen Sinne, sondern die «allgemeine» Kirche, die allen internen Richtungen und Spaltungen übergeordnet ist. Sie ist «apostolisch», da sie in gerader Linie auf die Apostel und deren Beauftragung durch Jesus Christus zurückgeht. In dem *unam sanctam* steckt ein hegemonialer, ja totalitärer Anspruch, gegen den sich der Staat durchsetzen musste und der in dem restaurativen Zeitgeist, in dem Schubert und Beethoven ihre Messen schrieben, erneut als Bedrohung der Freiheit empfunden wurde.

Eigenartig ist die Verbindung des Verbs *confiteri*, «bekennen, beichten, eingestehen», mit der *einen* Taufe. Hier geht es um das Bekenntnis zur Taufe, und zwar der einmaligen, unwiederholbaren Taufe. An die Taufe kann man nicht «glauben», man kann sich nur zu ihr bekennen, das heißt, sie in ihrer Bedeutung anerkennen.[21]

Schließlich ist die Formulierung «und das Leben der kommenden Welt» *(et vitam venturi saeculi)* auffällig. Wörtlich übersetzt heißt es «des kommenden Zeitalters». Gemeint ist natürlich das Leben *in* der kommenden Welt, also das ewige Leben, wie es denen verheißen ist, die im Weltgericht bestehen.

Kürzer ist das heute in der katholischen und evangelischen Kirche gebetete apostolische Glaubensbekenntnis, das der Legende nach auf die zwölf Apostel zurückgeht (daher werden zwölf Glaubensartikel durchgezählt und je einem Apostel zugeschrieben),[22] aber wohl erst im fünften Jahrhundert entstand. Diese Kurzfassung als Dodekalog, als «Zwölf Gebote», die im Ganzen eine Vereinfachung darstellt und auf die in den Glaubenskontroversen der ersten Jahrhunderte eingeführten polemischen Formeln verzichtet, enthält immerhin gegenüber dem Nicäno-Konstantinopolitanum zwei wichtige Zusätze: Erstens wurde der Satz ergänzt: *et descendit ad inferna*, der früher mit «niedergefahren zur Hölle», seit der Reform von 1971 mit «hinabgestiegen in das Reich des Todes» wiedergegeben wird. Dass Jesu Nekyia, seine Höllenfahrt (nach Apg 2,31), erst spät ins Credo aufgenommen wurde und in der griechischen Fassung überhaupt fehlt, ist bemerkenswert.[23] Zweitens wurde die *carnis resurrectionem*, die «Auferstehung des Fleisches», seit 1971 «Auferstehung der Toten», hinzugefügt. Statt des komplizierten «und das Leben der kommenden Welt» *(et vitam venturi saeculi)* heißt es im Apostolischen Glaubensbekenntnis schlicht «und das ewige Leben» *(et vitam aeternam)*.

Sanctus und Benedictus

Sanctus und Benedictus gehören zusammen. Sie bilden zwar immer zwei getrennte Nummern, weil sie den heiligsten Akt des Gottesdienstes, die Wandlung, einrahmen, treten aber in der Messe nur gemeinsam als zwei Strophen *eines* Textes auf und bilden zugleich den einzigen Hymnus der Messe, der ausschließlich aus Bibelzitaten besteht. Die erste Strophe bezieht sich auf Gott-Vater und den himmlischen Lobpreis der Engel, die zweite auf den Sohn Jesus Christus und die irdische Akklamation bei seinem Einzug in Jerusalem.

> Heilig, heilig, heilig (ist) der Herr Gott, der Heerscharen.
> Erfüllt sind Himmel und Erde von deiner Herrlichkeit.
>
> Hosanna in der Höhe.
> Hochgelobt sei, der da kommt im Namen des Herrn.
> Hosanna in der Höhe.
>
> Sanctus, Sanctus, Sanctus Dominus Deus Sabaoth.
> Pleni sunt coeli et terra gloria tua.
>
> Hosanna in excelsis.
> Benedictus qui venit in nomine Domini.
> Hosanna in excelsis.

Das Sanctus ist im Osten schon im dritten oder vierten Jahrhundert nachweisbar, in der römischen Tradition dagegen ist es erst ab dem fünften Jahrhundert bezeugt.[24] Das Sanctus bezieht sich zwar auf Jesaja 6,3, ist aber nicht unmittelbar aus der Bibel übernommen, sondern aus dem jüdischen Morgengebet und hat in der Keduscha eine liturgische Vorgeschichte. Die jüdische Keduscha verknüpft ebenso wie das christliche Sanctus das dreifache «heilig» aus Jesaja 6,3 mit einer anderen Bibelstelle, dem «Gepriesen» *(barûch = benedictus)* aus Ezechiel 3,12:

> Heilig, heilig, heilig ist der Ewige Zebaoth,
> voll ist die ganze Erde seiner Herrlichkeit! (Jes 6,3)
>
> Die Ophannim und heiligen Chajoth erheben sich mit lautem Getöse gegenüber den Seraphim, ihnen gegenüber rühmen sie und sprechen:
> Gelobt sei die Herrlichkeit des Ewigen von ihrer Stätte aus. (Ez 3,12)[25]

Die dem Thron am nächsten stehenden Seraphim singen das Sanctus, die übrigen Engel respondieren mit dem Benedictus aus Ezechiel. Hier findet also alles im Himmel statt. Auch die frühen ostkirchlichen Zeugnisse enthalten diese Form des Sanctus und beweisen damit seine Herkunft aus dem jüdischen Morgengebet.[26]

Wie schon die ersten Zeilen des Gloria, ist auch das Sanctus ein angelischer Hymnus, ein himmlischer Lobpreis, in den die Gemeinde einstimmt.[27] Die erste Strophe steht bei Jesaja, der in seiner großen Vision Gott auf dem himmlischen Thron erblickt und die Engel das Sanctus singen hört. Dem Innsbrucker Liturgiewissenschaftler Lumma Liborius zufolge wird das Sanctus «als ein Einstimmen in den Hymnus der Seraphim angekündigt»,[28] da es im Eucharistischen Hochgebet unmittelbar vor dem Sanctus heißt: «Und daher singen wir mit den Engeln und Erzengeln, mit den Thronen und Herrschaften und mit der ganzen Armee des himmlischen Heeres den Hymnus deiner Ehre, ohne Ende sagend: Heilig, heilig, heilig …» («Et ideo cum Angelis et Archangelis, cum Thronis et Dominationibus, cumque omni militia caelestis exercitus, hymnum gloriae tuae canimus, sine fine dicentes: Sanctus, sanctus, sanctus …»)

Auch das Benedictus hat eine liturgische Vorgeschichte im antiken Judentum. Es bildet den Abschluss des sogenannten «ägyptischen Hallel» (Ps 113–118), das mit dem Passahfest verbunden ist (Ps 118, 25–26). Es ist eine Liturgie zum Einzug in den Tempel. Immer wieder wird in dieser Psalmengruppe auf die Exodustradition, die Befreiung Israels aus ägyptischer Knechtschaft, angespielt, am klarsten in Psalm 114.[29] In die Messe ist das Benedictus aber nicht aus dem Alten, sondern aus dem Neuen Testament gekommen. Markus (11,9) und Matthäus (21,9) zitieren den Psalmvers zu Jesu Einzug in Jerusalem am Palmsonntag als Akklamation der zum kommenden Passahfest versammelten Volksmenge. In dieser Form, die das Benedictus mit doppeltem Hosanna umrahmt, übernimmt die Messe den Text als zweite Strophe in das Sanctus.

Der Hymnus verbindet also in kunstvoller Weise Altes und Neues Testament, himmlischen und irdischen Lobpreis, Engel und Menschen. Die erste Strophe gilt Gott-Vater und stimmt in den immerwährenden Lobpreis der Engel am höchsten Thron ein, die zweite gilt dem

Sohn, in dem sich Gott auf Erden offenbart hat, und nimmt den Willkommensruf der Jerusalemer Volksmenge auf. Diese bedeutungsvolle Textzusammenstellung ist erst im Westen und, wie Jungmann betont, erst «auf gallischem Boden» entstanden.[30] Von Anfang an wird ausdrücklich hervorgehoben, dass das Sanctus «vom ganzen Volk» gesungen wird, wie denn auch seine beiden Strophen, die erste von den Engeln im Himmel, die zweite von der Volksmenge in Jerusalem gesungen werden.

Schauen wir uns den Hymnus genauer an. Bei Jesaja lautet er in der Übersetzung der Vulgata:

> Et clamabant alter ad alterum et dicebant:
> Sanctus sanctus sanctus Dominus exercituum.
> Plena est omnis terra gloria eius.

> Sie riefen einander zu:
> Heilig, heilig, heilig ist der Herr der Heere.
> Von seiner Herrlichkeit ist die ganze Erde erfüllt.
> (Einheitsübersetzung)

Der Text der Messe nimmt hieran drei Änderungen vor: Er setzt zu Dominus (die Übersetzung des hebräischen *adonay*, «Herr», das für den Gottesnamen JHWH gelesen wird) noch «Deus» hinzu, ergänzt *terra* (Erde) durch *coeli* (Himmel) und ersetzt «seiner» durch «deiner», wendet den Text also von der Verkündigung zur hymnischen Anrede Gottes. Während der alttestamentliche Text Himmel und Erde gegenüberstellt – Lobpreis der Engel im Himmel, die Gloria des Herrn auf Erden, ähnlich wie die Weihnachtsgeschichte (Gloria im Himmel, Friede auf Erden) –, wurde dies im liturgischen Hymnus nicht mehr verstanden: Hier sind «Himmel und Erde» voll «deiner Herrlichkeit». *Kabôd* ist das hebräische Wort, das die Vulgata mit *gloria* übersetzt und das die Form bezeichnet, in der Gott in seiner überweltlichen Heiligkeit auf Erden – auf dem Sinai und in dem von Mose bzw. Bezalel errichteten Zeltheiligtum – anwesend ist. Dass die ganze Erde voll seiner *kabôd* ist, bezeichnet eigentlich den Idealzustand der messianischen Endzeit.

Durch die Zusätze ergeben sich im Messtext drei Zeilen mit jeweils drei Akzenten und eine kurze vierte Zeile.

Sánctus, Sánctus, Sánctus
Dóminus Déus Sábaoth.
Pléni sunt coéli et térra
gloria tua.

Die zweite Strophe des Messtextes lautet in Psalm 118,25–26:

Ach, Herr,
hilf doch, Herr,
lass wohl gelingen!
Gesegnet sei, der da kommt im Namen des Herrn.

Daraus wird im Messtext, der dem Matthäusevangelium (Mt 21,9 = Mk 11,9) folgt:

Hosanna in der Höhe!
Gesegnet sei er, der kommt im Namen des Herrn.
Hosanna in der Höhe!

Hosanna in excelsis.
Benedictus, qui venit
in nomine Domini.
Hosanna in excelsis.

Der Ruf «Hosanna» geht auf die nicht mehr verstandenen hebräischen Formeln *hôšî’a*^{h} *nna’ ’anna’* («Hilf doch!») und *haṣlîḥâ nna’* («Lass wohl gelingen») zurück.

Wie wir gesehen haben, wird das Benedictus, im Gegensatz zum biblischen Sanctus, das von den Engeln im Himmel gesungen wird, von Menschen auf der Erde angestimmt. Das Sanctus gilt Gott auf dem höchsten Thron, das Benedictus Jesus, der zum Passahfest, wie von Sacharja geweissagt, auf einem Esel in Jerusalem einzieht. Psalm 118, der im neutestamentlichen Benedictus zitiert wird, ist ein Einzugslied, das beim Passahfest zum Einzug der Pilger in den Tempel gesungen wird.

«Gesegnet sei, der da kommt»[31] bezieht sich hier also nicht auf Gott, sondern auf jeden der einziehenden Pilger. *Barûkh habba* ist noch heute im Hebräischen der übliche Willkommensgruß. *Hosianna* heißt »rette doch», was in neutestamentlicher Zeit nicht mehr verstanden und als Huldigungsruf gedeutet wurde. *In excelsis* ist ein Zusatz des Messtexts, der weder im Psalm noch in den Evangelien steht. Dort geht es um den Einzug Jesu in Jerusalem, der wie ein Einzug des Königs in seine Stadt inszeniert wird, mit dem einen entscheidenden Unterschied, dass Jesus nicht auf einem Pferd, sondern einem jungen Esel reitet. So hat es der Prophet Sacharja (9,9) prophezeit:

> Juble laut, Tochter Zion, jauchze, Tochter Jerusalem!
> Siehe, dein König kommt zu dir:
> Gerecht und siegreich ist er, demütig und auf einem Esel reitend,
> (und zwar) auf einem Fohlen, einem Jungen der Eselin.

Aus dem Einzug der Menge in den Vorhof des Tempels beim Wallfahrtsfest macht Sacharja den Einzug des Heilskönigs in seine Stadt. Matthäus hat den Parallelismus von «auf einem Esel, einem Füllen der Eselin» fälschlich als «auf einem Esel und einem Fohlen der Eselin» gedeutet. Bei ihm sagt Jesus:

> Geht hin in das Dorf, das euch gegenüberliegt; und sogleich werdet ihr eine Eselin angebunden finden und ein Fohlen bei ihr. Bindet sie los und führt sie zu mir! (21,2)

Markus, Lukas und Johannes haben dagegen die Prophezeiung des Sacharja richtig verstanden. Sie sprechen nur von einem Fohlen und begründen die Wahl dieses Tieres damit, dass noch nie ein Mensch auf ihm geritten ist.

Kadosch, kadosch, kadosch – «diese erhabensten Worte, die je von Menschenlippen gekommen sind, immer greifen sie in die tiefsten Gründe der Seele, aufregend und rührend mit mächtigem Schauer das Geheimnis des Überweltlichen, das dort unten schläft», schrieb Rudolf Otto, der Analytiker des Heiligen, in einem kleinen Aufsatz 1911.[32] Auch Beethoven scheint diese Worte so verstanden zu haben, denn er vertont sie als Ausdruck tiefster, ergriffenster Andacht, viel eher menschlich als angelisch. Sie sind das Prädikat eines Nominalsatzes, der fortfährt *JHWH ṣ^e^ba'ôt* «ist JHWH der Heerscharen» und der dann hinzusetzt, «voll ist die ganze Erde seiner Ehre». Erst mit diesem Satz lässt Beethoven hymnischen Jubel ausbrechen. Ganz anders fasst Bach in seiner h-Moll-Messe das Sanctus auf. Bei ihm sind es eindeutig die Engel, die sich im 12/8-Takt in einen geradezu ekstatischen Taumel hineintanzen. Beethoven bringt den 12/8-Takt, der auch bei ihm mit der Vorstellung des Überirdischen verbunden ist, im Benedictus und in deutlich langsamerem, pastoralem Tempo. Hier sind es nicht die tanzenden Engel, sondern das Herabschweben des Herrn aus höchsten Himmelshöhen, das die Solovioline mit ihrer berückenden Melodik darstellt. Dieses Kommen des Gesegneten hat wohl kein Komponist so ergreifend deutlich gemacht wie Beethoven in der *Missa Solemnis.*

Im Messgottesdienst gehören Sanctus und Benedictus in den Zusammenhang von Präfation und Hochgebet. Die Präfation ist die Vorrede zur Eucharistie. Mit der Aufforderung «Hoch die Herzen» fordert sie die Gläubigen zur inneren Sammlung für das nun folgende allerheiligste und, recht verstanden, ungeheuerliche Geschehen auf, dass Christus in der Gabe von Brot und Wein gegenwärtig sein wird:

Zelebrant: Dominus vobiscum. (Der Herr sei mit euch!)
Gemeinde: Et cum spiritu tuo. (Und mit deinem Geist.)
Zelebrant: Sursum corda. (Erhebet die Herzen!)
Gemeinde: Habemus ad Dominum. (Wir haben sie beim Herrn.)
Zelebrant: Gratias agamus Domino, Deo nostro. (Lasset uns danken dem Herrn, unserem Gott)
Gemeinde: Dignum et justum est. (Das ist würdig und gerecht.)

Der folgende Abschnitt bildet das Herz, ja die Herzmitte, das innerste Geheimnis der Messe. Im Missale Romanum[33] ist er seit alters als «Canon Missae» überschrieben. «Canon» bezeichnet in diesem Zusammenhang die Höchstverbindlichkeit und Unveränderbarkeit der Worte und Handlungen. Er wird auch «Canon actionis» genannt, heilige Handlung. Hier geht es um die drei Elemente der Mysterien: *drome-*

non, deiknymenon und *legomenon*, das Getane, das Gezeigte und das Gesagte. Die priesterlichen Handlungen sind bis in alle Einzelheiten festgelegt: die Kniebeugungen, das Küssen des Altars, das sich Bekreuzigen, das Hantieren mit den *res sacrae*, Hostie und Kelch, die, wenn sie vom Priester hochgehoben und der Menge gezeigt werden, das *deiknymenon* darstellen. Von ganz besonders herausgehobener Bedeutung ist aber das *legomenon*, das Hochgebet, und innerhalb dessen noch einmal die Einsetzungsworte, die in diesem Rahmen die Kraft haben, Brot und Wein zu «wandeln» und den Herrn zu vergegenwärtigen.

Das Hochgebet beginnt mit den Worten *Te igitur, clementissime Pater …* («Du also, allergnädigster Vater …»), einem Gebet um gnädige Annahme des Opfers. Der Priester fasst die Hostie «mit beiden Händen zwischen Zeigefinger und Daumen» und spricht über ihr die Worte der Weihung «heimlich, deutlich und aufmerksam». (Die Heimlichkeit – das stille Lesen – wurde nach dem Zweiten Vaticanum jedoch abgeschafft, seit 1970 wird das Hochgebet laut für alle hörbar gesprochen:[34] *Hoc est enim corpus meum*, «Das ist mein Leib».) Die geweihte Hostie wird nach kniefälliger Anbetung der Menge gezeigt und sorgfältig abgesetzt. Dann nimmt der Priester den Kelch, hebt ihn hoch und spricht «aufmerksam, zusammenhängend und heimlich»: auf Lateinisch: «Dies ist der Kelch meines Blutes, des neuen und ewigen Bundes: Geheimnis des Glaubens, welches vergossen wird für euch und für viele zur Vergebung der Sünden.» *(Hic est enim Calix Sánguinis mei, novi et aeterni testamenti: mysterium fidei, qui pro vobis et pro multis effundétur in remissiónem peccatórum.)* Zum Niedersetzen des Kelches spricht er *secrete*, «heimlich»: «Wann immer ihr solches tun werdet, tut es zu meinem Gedächtnis.» *(Haec quotiescúmque fecéritis, in mei memóriam faciétis.)* Weitere Gebete folgen und werden mit dem Vaterunser abgeschlossen. Die Einsetzungsworte, der Kern der Eucharistie, aus dem im Lauf der Jahrhunderte das ganze heilige Spiel des christlichen Gottesdienstes erwachsen ist, die Einsetzungsworte also sind (bzw. waren bis 1970) *secrete*, heimlich, unhörbar für andere, und dabei doch sorgfältig, deutlich und zusammenhängend zu sprechen.

Mit dem Tabu der Hörbarkeit für Umstehende haben Luther und das Zweite Vaticanum 1970 gebrochen und den Verkündigungs- und Verheißungscharakter dieser Worte als Heilszusage betont. Im katholischen Verständnis «wandeln», das heißt konsekrieren sie Brot und Wein und bewirken dadurch die kultische Realpräsenz. Diese Auffassung hat auch Luther verteidigt. Im reformierten Verständnis sind Brot und Wein *Zeichen*, und die Einsetzungsworte *deuten* sie auf Christi Leib und Blut und damit seine Hingabe am Kreuz, aber in beiden Fällen geht es um Vergegenwärtigung, um das Gegenwärtigwerden des Herrn «wenn zwei oder drei versammelt sind in meinem Namen».

Exkurs: Präsentifikation, die Herstellung von Gegenwart

In der Verbindung von Sanctus und Benedictus, zwischen denen der heiligste Moment der Messe, die Wandlung, geschieht, ereignet sich das Gegenwärtigwerden Jesu Christi. Das lässt sich auch mit Blick auf den Zelebranten als Gegenwärtig*machen* verstehen, als «Gegenwärtigmachen des Unsichtbaren» im Sinne Jean Paul Vernants.[35] Fast möchte man bei diesem geheimnisvollen Geschehen an Theurgie denken. Mit diesem Begriff bezeichnete der Neuplatoniker Jamblichos, ein Schüler des Plotin, das Verfahren des ägyptischen Kults, die Gegenwart einer Gottheit durch Beschwörung und Anbetung liturgisch zu erzeugen; das griechische Wort *the-ourgia* bedeutet wörtlich «Gott-Bewirken».[36] Beide preisenden Anrufungen, *sanctus* und *benedictus*, reagieren auf die sich einstellende «Realpräsenz» Christi in Brot und Wein, Leib und Blut. Im Sanctus, das die Engel im Angesicht des thronenden Gottes singen, wird Gott als gegenwärtig vorausgesetzt. Im Benedictus wird das Gegenwärtigwerden Gottes auch auf Erden gefeiert. Bernhard Lang zitiert das Lied «Gott ist gegenwärtig» von Gerhard Tersteegen (1729), das dieses Bewusstsein wunderbar zum Ausdruck bringt:[37]

Gott ist gegenwärtig. Lasset uns anbeten
Und in Ehrfurcht vor ihn treten.
Gott ist in der Mitten. Alles in uns schweige
Und sich innigst vor ihm beuge.

Wer ihn kennt,
wer ihn nennt,
schlag die Augen nieder.
Kommt, ergebt euch wieder.

Gott ist gegenwärtig, dem die Cherubinen
Tag und Nacht gebücket dienen.
Heilig! Heilig! singen alle Engelchöre,
Wenn sie dieses Wesen ehren.

Herr vernimm
unsre Stimm,
da auch wir Geringen
unsre Opfer bringen.

Das Gegenwärtigmachen des Heiligen ist ein Grundmotiv vermutlich jeden Kults. Wir sind ihm bereits im altägyptischen Opferritual begegnet, im Ritus «dem Gott sein Herz bringen», worunter die Beseelung der Statue verstanden wird. Dieser Vorgang vollzieht sich unsichtbar, hinter verschlossenen Schreintüren. In der Ägyptologie bezeichnet man dies als «Einwohnung». Der Gott oder auch der Tote wird beschworen, seinem Kultbild einzuwohnen. «Einwohnung» entspricht keinem ägyptischen Wort, sondern dem hebräischen Begriff *schechinah*, von *schachan*, «wohnen» (eigentlich «zelten», verwandt mit griechisch *skene*). Im Judentum hat die Vorstellung von Gottes irdischer Einwohnung die Gestalt einer Hypostase, der Personifikation einer göttlichen Eigenschaft angenommen. In Form seiner Schechinah ist Gott uns bei all seiner unsichtbaren Jenseitigkeit nahe. Eine andere Personifikation von Gottesnähe ist die Schabbat-Braut, die zum Erew Schabbat, dem abendlichen Anbruch des Sabbats, mit Liedern begrüßt wird: *Lekha Dodi likrat kallah*, «Komm, mein Freund, die Braut zu begrüßen». Eine zentrale Idee des ägyptischen Kults ist die «Herabkunft».

Kultbilder sind dieser Theorie zufolge «beseelt», und zwar von göttlichem «Geist und Pneuma», der im Rahmen des Kults vom Himmel auf die Erde «übertragen» und «herabgeholt» wird. Kult ist «Übertragung» *(translatio)* und «Herabkunft» *(descensio)* von himmlischen Kräften auf die Erde. Die auf Erden, in den Tempeln, vollzogenen Riten sorgen dafür, dass die himmlischen Götter auf die Erde hinuntersteigen und ihre Bilder beseelen, so dass, im Falle eines unablässig vollzogenen Kults, die Götter in Ägypten eine Art ständigen Wohnsitz nehmen und Ägypten auf diese Weise zum «Tempel der ganzen Welt» machen.[38]

Auch im christlichen Gottesdienst, genauer in der Eucharistie, geht es um das Kommen und Gegenwärtigwerden des Herrn in Kelch und Brot.[39] Das Benedictus preist explizit «den, der da kommt». Es gibt wohl keine Messkomposition, die dieses Kommen als Herabkunft aus Himmelshöhen deutlicher und bezwingender zum Ausdruck bringt, als das Benedictus in Beethovens *Missa Solemnis*. Die betörende Lieblichkeit der Melodie taucht das geheimnisvolle Geschehen in das sanfte Licht des *mysterium fascinans*. Das ist nicht das Kommen Jesu als Krippenkind (*Süßer Trost, mein Jesus kömmt*, BWV 151) und auch nicht das zweite Kommen als Weltenrichter «auf den Wolken des Himmels» (Dan 12,1–3), sondern «die Gabe der Gegenwart» in Brot und Wein der Eucharistie.[40] «Das Kommen Christi in der Eucharistie konstituiert eine Gegenwart in der Gegenwart, die nicht zurückgenommen wird.»[41]

Die Musik ist die Kunst, die wie keine andere Gegenwart konstituiert. «Die Musik», schreibt Strawinsky in seinen *Erinnerungen* (1936), «ist der einzige Bereich, in dem der Mensch die Gegenwart realisiert. Durch die Unvollkommenheit unserer Natur unterliegen wir dem Ablauf der Zeit, den Kategorien der Zukunft und der Vergangenheit, ohne jemals die Gegenwart «wirklich» machen zu können, also die Zeit stillstehen zu lassen.»[42]

Agnus Dei

Das Agnus Dei wurde erst spät in das Ordinarium Missae aufgenommen. Als die II. Trullanische Synode von 691 unter Kaiser Justinian II. ihre Resolution (das «Quinisextum») verabschiedet hatte, worin unter anderem verboten wurde, Christus anders denn als Mensch, also etwa als Lamm Gottes darzustellen, verweigerte Papst Sergius I. (687–701) seine Unterschrift und nahm demonstrativ das Agnus Dei in die Messliturgie auf. Im christlichen Osten wurde das eucharistische Brot, lateinisch *hostia*, «Opfergabe», seit je als «Lamm» bezeichnet. Im lateinischen Westen wurde aus dem «Lamm» das «Lamm Gottes», worauf unten näher eingegangen wird. Das Agnus Dei bezieht sich also von Anfang an auf das eucharistische Brot und wird zur Brechung des Brotes gesungen.

Agnus Dei, qui tollis peccata mundi: miserere nobis.	Lamm Gottes, der du die Sünden der Welt trägst, erbarme dich unser!
Agnus Dei, qui tollis peccata mundi: miserere nobis.	Lamm Gottes, der du die Sünden der Welt trägst, erbarme dich unser!
Agnus Dei, qui tollis peccata mundi: dona nobis pacem.	Lamm Gottes, der du die Sünden der Welt trägst, gib uns Frieden!

Vom Lamm ist in der Bibel oft die Rede.[43] Die Bezeichnung «Lamm Gottes» aber kommt nur im Johannesevangelium vor. Seine Erzählung von Jesu Taufe im Jordan lässt Johannes den Täufer ausrufen, als er Jesus erblickt: «Siehe, das ist Gottes Lamm, das der Welt Sünde trägt.» (1,29). Dabei denkt er an das vierte Gottesknechtslied bei Jesaja, in dem es heißt:

> Jedoch unsere Leiden — er hat [sie] getragen, und unsere Schmerzen — er hat sie auf sich geladen. Wir aber, wir hielten ihn für bestraft, von Gott geschlagen und niedergebeugt. Doch er war durchbohrt um unserer Vergehen willen, zerschlagen um unserer Sünden willen. Die Strafe lag auf ihm zu unserm Frieden, und durch seine Striemen ist uns Heilung geworden. [...] Als er gemartert ward, litt er doch willig und tat seinen Mund

> nicht auf wie ein Lamm, das zur Schlachtbank geführt wird; und wie ein Schaf, das verstummt vor seinem Scherer, tat er seinen Mund nicht auf.» (Jes 53,4–5.7)

Dies ist genau die Stelle, von der die Apostelgeschichte erzählt, der Jünger Philippus habe sie den Kämmerer aus Äthiopien rezitieren hören, als dieser auf dem Wagen aus Jerusalem zurückkehrte:

> Philippus aber lief hinzu und hörte ihn den Propheten Jesaja lesen und sprach: Verstehst du auch, was du liest? Er aber sprach: Wie könnte ich denn, wenn nicht jemand mich anleitet? Und er bat den Philippus, dass er aufsteige und sich zu ihm setze. Die Stelle der Schrift aber, die er las, war diese: »Er wurde wie ein Schaf zur Schlachtung geführt, und wie ein Lamm stumm ist vor seinem Scherer, so tut er seinen Mund nicht auf. In seiner Erniedrigung wurde sein Gericht weggenommen. Wer aber wird sein Geschlecht beschreiben? Denn sein Leben wird von der Erde weggenommen. Der Kämmerer aber antwortete dem Philippus und sprach: Ich bitte dich, von wem sagt der Prophet dies? Von sich selbst oder von einem anderen? Philippus aber tat seinen Mund auf und fing mit dieser Schrift an und verkündigte ihm das Evangelium von Jesus. (Apg 8,30–35)

Vom «Lamm Gottes, das die Sünden der Welt trägt» ist das Passahlamm zu unterscheiden, das Jesus nach Darstellung der Synoptiker seine Jünger beschaffen lässt, um es am Abend mit ihnen zu verzehren. Damit erinnert die Abendmahlzeit, die das Passahfest eröffnet, an das Lamm, das in der Nacht vor dem Auszug aus Ägypten verzehrt wurde und mit dessen Blut die Türbalken bestrichen wurden als Zeichen für den «Würgeengel», an diesem Haus vorüberzugehen. Es ist also ein Symbol der Verschonung. Beim Abendmahl spielt das Passahlamm allenfalls als Mahlzeit eine Rolle. Die religiöse Symbolik als Erinnerungszeichen der Erlösung aber ist auf Brot und Kelch übergegangen. Wenn aber beim Brechen des als Christi Leib gedeuteten und konsekrierten Brotes das Agnus Dei gesungen wird, dann wird das Brot und damit Christi Leib mit dem geschlachteten Passahlamm gleichgesetzt. Dem entspricht auch der katholische Osterbrauch, aus Biskuitteig ein kleines Lamm zu backen und ihm ein Fähnchen als Zeichen seines Sieges beizugeben.

Der Ritus des Brotbrechens, zu dem im Ordinarium Missae das Agnus Dei gesungen wird, ist der älteste christliche Ritus überhaupt, der pars pro toto für die ganze Gemeindefeier steht:

> Sie verharrten aber in der Lehre der Apostel und in der Gemeinschaft, im Brechen des Brotes und in den Gebeten. Es kam aber über jede Seele Furcht, und es geschahen viele Wunder und Zeichen durch die Apostel. Alle Gläubiggewordenen aber waren beisammen und hatten alles gemeinsam; und sie verkauften die Güter und die Habe und verteilten sie an alle, je nachdem einer bedürftig war. Täglich verharrten sie einmütig im Tempel und brachen zu Hause das Brot, nahmen Speise mit Frohlocken und Schlichtheit des Herzens, lobten Gott und hatten Gunst beim ganzen Volk. Der Herr aber tat täglich hinzu, die gerettet werden sollten. (Apg 2,42–47)

Heute wird das Brechen des Brotes mit dem Zerbrechen der Oblate nur noch angedeutet. Dadurch wird noch einmal die Gleichsetzung des gebrochenen Brotes mit dem Leib des gekreuzigten Christus bekräftigt.

Oft wird bei dem Satz «der die Sünden der Welt trägt» auch an den Sündenbock-Ritus gedacht sein, wie er in 3. Buch Mose 16,20–22 vorgeschrieben wird:

> Und hat er die Sühnung des Heiligtums und des Zeltes der Begegnung und des Altars vollendet, dann soll er den lebenden Ziegenbock herbeibringen. Und Aaron lege seine beiden Hände auf den Kopf des lebenden Ziegenbocks und bekenne auf ihn alle Schuld der Söhne Israel und all ihre Vergehen nach allen ihren Sünden. Und er lege sie auf den Kopf des Ziegenbocks und schicke ihn durch einen bereitstehenden Mann fort in die Wüste, damit der Ziegenbock all ihre Schuld auf sich trägt in ein ödes Land; und er schicke den Ziegenbock in die Wüste.

Hier ist ganz wörtlich an ein Hinwegtragen der Sünden gedacht – eine zu naheliegende Assoziation, um sie ganz ausschließen zu dürfen. Wir müssen aber bedenken, dass der «Sündenbock» gerade nicht geschlachtet wird und sein Blut in dem Ritual keine Rolle spielt. Geschlachtet und geopfert wird ein anderer Bock, der aber keine Sünden hinwegträgt. Viel klarer ist demgegenüber die Bezugnahme auf

Jesaja 53. Sie ist eindeutig maßgeblich für das Verständnis der Bezeichnung Jesu als *agnus Dei.*

Eine andere Frage ist, ob bei der Anrufung des Lamms Gottes auch der Gedanke an das Lamm der Apokalypse mitschwingt. Dieses Lamm hat seinen Auftritt im 5. Kapitel der Offenbarung des Johannes. Es sieht aus «wie geschlachtet» und ist als einziges Wesen würdig, das siebenfach versiegelte Buch zu öffnen, das «Der auf dem Thron» in der Rechten hält. Die vierundzwanzig Ältesten vor dem Thron fallen vor dem Lamm nieder und singen «ein neues Lied»:

> Du bist würdig, zu nehmen das Buch und aufzutun seine Siegel; denn du bist geschlachtet und hast mit deinem Blut Menschen für Gott erkauft aus allen Stämmen und Sprachen und Völkern und Nationen und hast sie unserm Gott zu Königen und Priestern gemacht, und sie werden herrschen auf Erden. (Offb 5,9–10)

Dass hier auf den Kreuzestod Christi angespielt und dieser Akt der äußersten Lebenshingabe als erlösendes Sühnopfer für die Menschheit gedeutet wird, steht außer Frage, auch wenn das apokalyptische Lamm hier *arnion* genannt wird und nicht *amnos*, wie sonst in der Bibel. Das Lamm, der auferstandene Christus, erbricht die sieben Siegel, und die Apokalypse nimmt in einer Flut von Bildern der Vernichtung, Verwüstung, Zerstörung ihren Lauf. Die Offenbarung des Johannes und das apokalyptische Lamm spielen eine so zentrale Rolle im kulturellen Gedächtnis des Christentums, dass diese Assoziation auf keinen Fall ausgeblendet werden kann, wenn es um das Agnus Dei der Messe geht. Die Apokalypse handelt vom Dies irae, dem «großen Tag, an dem ihr (Gottes und des Lamms) Zorn losbricht» (6,17). Das Erbarmen, um das im Agnus Dei das Lamm angefleht wird, und der Frieden, den es schenken soll, lassen sich nicht von den Vernichtungsszenarien der Apokalypse trennen.

Das Ordinarium im Kontext des Gottesdienstes

Abschließend möchte ich noch einen Blick auf die Orte werfen, die die Teile des Ordinarium Missae im Ganzen eines Messgottesdienstes einnehmen, wie er seit dem dreizehnten Jahrhundert feststeht. Es handelt sich ja beim Ordinarium nicht um den Gottesdienst selbst, sondern um musikalische Teile seiner Liturgie. Die im späten vierten Jahrhundert entstandenen Apostolischen Konstitutionen – eine Kompilation älterer Kirchenordnungen, die angeblich das Werk der zwölf Apostel ist – sehen folgende Gottesdienstordnung vor:[44]

Bereitstellen der Gaben *(prosphora)*. Bringen ungesäuerter Brote *(azyma)*
1 a) Psalmsingen, Versammeln
1 b) Lesungen. Salutatio und Ansprachen des Bischofs.

2 a) Fürbitten diverser Gruppen, Kyrie
Gebet des Bischofs. Ermahnungen der Diakone
(«keiner gegen den anderen»)
2 b) Friedensgruß des Bischofs
Friedenskuss, Handwaschung. Ruf: «Türen achten!»

3 a) Gabendarbringung *(oblatio)* zum Bischof, Salutationen
Präfatio («Sursum corda … gratiam agamus … Trishagion»)
Dankgebet über den Gaben
Epiklese mit Fürbitten
3 b) Kommunion, eingeleitet mit »Das Heilige dem Heiligen»
Gemeinde: «Einer ist heilig, einer ist der Herr Jesus» (Psalm 34)
Überbringen der Gaben an Abwesende

Schon hier wird eine Zweiteilung in einen öffentlichen Teil mit Introitus und Wortgottesdienst und einen nichtöffentlichen Teil mit der Eucharistie deutlich, die sich in veränderter Form bis heute erhalten hat.[45] In den Apostolischen Konstitutionen trennt der Ruf «Türen achten!» den öffentlichen vom nichtöffentlichen Teil des Gottesdienstes. Mit diesem Ruf wurden die «Katechumenen» hinausgeschickt, die sich um Aufnahme in die Kirche bewarben und noch nicht dazugehörten. Sie durften die Lobgesänge, Lesungen und die Predigt anhören, mussten aber vor der Eucharistie den Raum verlassen.[46]

Eine ähnliche Unterscheidung zwischen Einzuweihenden und Eingeweihten wurde auch in den eleusinischen Mysterien gemacht, wo zwischen den «kleineren» und den «größeren Mysterien» unterschieden wurde. Vor dem Übergang zu den größeren Mysterien verkündete der Hierophant: «Macht die Türen von außen zu, ihr Uneingeweihten!» Vergil zitiert diesen Warnruf im 6. Gesang der *Aeneis*, als Aeneas mit dem goldenen Zweig ausgerüstet das Tor zur Unterwelt passieren will und Hekate ihm mit dem Ruf entgegentritt: «Fern, o fern bleibt, ihr Uneingeweihten!»[47] In der Antike, als die Apostolischen Konstitutionen entstanden, war diese Unterscheidung zwischen innen und außen noch präsent.

Die kanonische Form des Gottesdienstes brauchte ein Jahrtausend, um sich im Westen herauszubilden. In diese Form wurden die fünf Teile der Messliturgie eingefügt. Zunächst aber noch eine Bemerkung zum Wort «Messe», lateinisch *missa*. Es kommt von der Entlassungsformel am Schluss: *ite, missa est!*, was so viel heißt wie: «Geht, (die Versammlung) ist geschlossen!» Dass dieses Wort zur Bezeichnung des ganzen Gottesdienstes werden konnte, setzt wohl voraus, dass seine Bedeutung nicht mehr verstanden wurde. Wer wird die wichtigste gottesdienstliche Begehung «(sie) ist geschlossen» nennen?! Im Osten sind ganz andere Bezeichnungen üblich, im Koptischen zum Beispiel mit einem griechischen Lehnwort *Hagiasmos*, im Äthiopischen mit einem semitischen Lehnwort *qeddas* und im Arabischen *qouddas* (von hebräisch *qôdeš*, «heilig»), jeweils mit der Bedeutung «Heiligung, Konsekration».[48]

Im heutigen katholischen Messgottesdienst, der auf Deutsch stattfindet, werden, wo das möglich ist, die musikalischen Teile (durch Kursivierung hervorgehoben) an folgenden Stellen in den Ablauf eingefügt:

Öffentlicher Teil

Zum Einzug von Priester, Diakonen und Ministranten singt die Gemeinde ein Eingangslied. Dann besprengt der Priester die Gemeinde mit geweihtem Wasser (heute nur noch beim sonntäglichen Taufgedächtnis zwischen Ostern und Pfingsten). Dazu stimmt die Schola gregorianische Gesänge an:

> Asperges me, Domine, hyssopo, et mundabor: lavabis me, et super nivem Miserere mei, Deus, secundum magnam misericordiam tuam.
>
> Besprenge mich mit Ysop, dann werde ich rein; wasche mich, und ich werde weißer als Schnee. (Ps 51,9) Gott, sei mir gnädig nach deiner Huld, tilge meine Frevel nach deinem reichen Erbarmen. (Ps 51,3)
>
> Vidi aquam egredientem de templo, a latere dextro, alleluja:
> et omnes ad quos pervenit aqua ista, salvi facti sunt,
> et dicent: alleluja, alleluja.
>
> Ich sah Wasser fließen aus der rechten Seite des Tempels, Halleluja,
> und alle, zu denen es kam, wurden heil,
> und sie werden sagen: Halleluja, Halleluja. (Ez 47,2)

Der Priester küsst den Altartisch und begrüßt die Gemeinde: «Der Herr sei mit euch», die respondiert «und mit deinem Geist». Die Gemeinde bekennt ihre Schuld, und der Priester sagt zum Abschluss: «Der allmächtige Gott erbarme sich unser. Er lasse uns die Sünden nach und führe uns zum ewigen Leben.»

Darauf erklingen das *Kyrie* (1) und das *Gloria* (2) (außer Advent und Fastenzeit). Das Tagesgebet des Priesters schließt sich an. Der «Wortgottesdienst» besteht aus Lesungen aus Episteln und Evangelium vom Ambo (Stehpult) und der Predigt von der Kanzel. Dann folgt das *Credo* (3). Mit Fürbitten schließt der öffentliche Teil.

Nichtöffentlicher Teil

Die folgende Beschreibung zitiert den *Messfahrplan* von Margret Nußbaum:

> Die Messdiener bringen einen goldenen Teller mit einer großen Hostie und den Weinkelch zum Altar. Vertreter des Kirchenvorstands sammeln die Kollekte ein. Die Gemeinde spendet Geld für Projekte der Kirche und notleidende Menschen. Bei der Gabenbereitung hebt der Priester die Schale mit der Hostie hoch und betet: «Gepriesen bist du, Herr, unser Gott, Schöpfer der Welt. Du schenkst uns das Brot, die Frucht der Erde und der menschlichen Arbeit. Wir bringen dieses Brot vor dein Angesicht, damit es uns das Brot des Lebens werde.» Dann gießt er Wein und Wasser in den Kelch und betet: «Gepriesen bist du, Herr, unser Gott, Schöpfer der Welt. Du schenkst uns den Wein, die Frucht des Weinstocks und der menschlichen Arbeit. Wir bringen diesen Kelch vor dein Angesicht, damit er uns der Kelch des Heiles werde.[49]

Die Eucharistiefeier beginnt mit der Präfation, wie oben im Abschnitt Sanctus beschrieben. Darauf folgt das *Sanctus* (4a). Das eucharistische Hochgebet mit Elevatio und Wandlung (Canon missae) wurde vor dem Zweiten Vatikanischen Konzil vom Priester zwar deutlich, aber still gebetet. So konnte es von Gesang und Orgelspiel (einer improvisierten «Elevationstoccata») begleitet werden. Hier erklingt dann nach der Wandlung auch die zweite Strophe, das *Benedictus* (4b), das den herabkommenden, in Kelch und Hostie auf geheimnisvolle Weise gegenwärtigen Herrn begrüßt.

Die Kommunion, die Teilhabe der Gemeinde an der Hostie, wird mit dem Vaterunser eröffnet, das seit Tertullian das Tischgebet vor der Mahlzeit darstellt. Darauf folgt das Friedensgebet. Die Teilnehmer reichen sich, wie es heute noch in vielen Familien vor der Hauptmahlzeit üblich ist, die Hand zum Zeichen der Versöhnung und Verbundenheit.

Nun folgt das Brotbrechen, das in den ältesten Quellen pars pro toto für die ganze Mahlfeier stand. Dazu wird das *Agnus Dei* (5) gesungen. Das zerbrochene und an die Teilnehmer verteilte Brot steht für den gekreuzigten Leib Christi, der sich zum Heil der Menschheit geopfert hat. Der Priester segnet die Gemeinde und entlässt sie, vor 1970, mit der lateinischen Formel *ite, missa est.*

Wenn man das Ordinarium aus dem Ganzen des Gottesdienstes ausgliedert, zeigt sich ein symmetrischer Aufbau:

GEBET: Kyrie
HYMNUS: Gloria
BEKENNTNIS: Credo
HYMNUS: Sanctus + Benedictus
GEBET: Agnus Dei

Dieser Struktur liegt wohl kaum eine bewusste Planung zugrunde; sie hat sich im Lauf der Jahrhunderte so ergeben. Ihre zyklische Form mag aber mit ein Anreiz gewesen sein für die musikalische Ausgestaltung der Messe und deren Aufstieg zum musikalischen Kunstwerk. In Beethovens *Missa Solemnis* kommt sie klarer als in den vorhergehenden Messen zur Geltung, weil Beethoven jeden der fünf Teile durchkomponiert und den Gebetcharakter der Rahmenteile deutlich hervorhebt, zum Beispiel, indem er das Agnus Dei nicht mit einer großartigen Fuge oder triumphalen Coda abschließt wie Gloria und Credo, sondern schlicht ausklingen lässt.

6

Die «Kunstwerdung» der Messe

Die Geburt der abendländischen Musik

Die abendländische Musik ist nicht die einzige Kunst, die sich im Schoß der Kirche entwickelt hat. Für Architektur, Skulptur und Malerei lässt sich Gleiches behaupten. In der Ausbildung von ästhetischer Sichtbarkeit und Hörbarkeit, von sinnlicher Präsenz in den drei Medien der Architektur, bildenden Kunst und Musik ist wohl keine Religion weiter gegangen als die christliche. Die Frage liegt nahe, ob dieser ästhetische Sonderweg in irgendeiner Weise im Wesen dieser Religion, genauer: ihres *Kultes* angelegt sein könnte. Das Christentum ist eine Religion der Vergeistigung und Verinnerlichung. Das hat vor allem der Religionswissenschaftler Guy Stroumsa in seinem Buch *Das Ende des Opferkults* in fünf Aspekten dargestellt: erstens die Verinnerlichung der Religion und die damit verbundene «Sorge um sich selbst» (das eigene Seelenheil); zweitens die Wende von der Kult- zur Buchreligion;[1] drittens das Ende des Opferkults und die Wandlungen des Rituals, viertens die Entstehung der «kommunitären Religion», das heißt die Wende von der politischen zur religiösen Gemeinschaft, zur «Kirche» als einer Organisationsform sui generis; und fünftens die Heraufkunft des geistlichen Führers, eines Typs, den die heidnische Antike nicht kannte. Alle diese Aspekte haben einen Vorlauf in der jüdischen Religion des Zweiten Tempels, aber erst das Christentum hat sie im Sinne der paulinischen Unterscheidung von «Geist» und «Fleisch» systematisiert und ausgebaut. Obwohl die Abkehr vom blutigen Opferkult den Juden durch die Zerstörung des Zweiten Tempels von außen aufgezwungen wurde, entspricht sie doch einem in der ganzen Alten Welt verbreiteten Wandel der religiösen Sensibilität, der mit einer Sehnsucht nach Geistigkeit oder Vergeistigung verbunden ist. Auch im kaiserzeitlichen Heidentum verbreitet sich die Idee des «geistigen Opfers» *(thysia logike)* durch Gebet und Hymnus als die kostbarste Gabe, die der Mensch darbringen kann. Im Christentum aber ist dieser Gedanke des «geistigen Opfers» zentral.[2]

«Glaube» ist das entscheidende Kriterium der Zugehörigkeit zum Gottesvolk der Kirche, im Gegensatz zu äußeren Zeichen wie körperliche Einschreibungen (Beschneidung), Kleidung und Rituale der Alltagspraxis. Die äußeren «Werke» werden verworfen zugunsten des «inneren Menschen». So könnte man vermuten, dass es darum ging, diese Unscheinbarkeit alltäglicher christlicher Lebensführung zu kompensieren durch eine umso intensivere, vielfältigere und machtvollere Manifestation der Religion in ihrem festlichen gottesdienstlichen Vollzug. Je mehr der Glutkern der Religion ins Innere, Geistige verlegt wurde, desto stärker drängte er nach äußerer, ästhetischer Manifestation, in der sich das Christentum seiner Identität und seiner Macht versicherte. Jedenfalls wurde das Christentum zum mächtigsten Generator der Künste. Bevor sich die Künste im «Zeitalter der Kunst» (Hans Belting) von ihrer Dienstbarkeit im Rahmen von Kult und Kirche befreiten und sich nach eigenen Zielen und Gesetzen entfalteten, hatten sie sich im Dienst der Kirche ausgebildet. Das gilt auch und ganz besonders für die Musik. «Ihrem innern eigentümlichen Wesen nach ist daher die Musik religiöser Kultus und ihr Ursprung einzig und allein in der Religion, in der Kirche zu suchen und zu finden.»[3]

Im Kult, davon darf man wohl ausgehen, wurde zu allen Zeiten und in allen Religionen gesungen.[4] Aber nur im Christentum entwickelte sich aus dieser universalen Praxis eine Kunstform, die auch außerhalb ihres kultischen Rahmens aufgeführt wurde, ja zuletzt gar nicht mehr für diesen Rahmen bestimmt war, wie zuerst vermutlich im Fall von Beethovens *Missa Solemnis*.

Einerseits teilt die Musik diese Karriere mit der bildenden Kunst, wie vor allem Hans Belting in seiner «Geschichte des Bildes vor dem Zeitalter der Kunst» gezeigt hat. Andererseits scheint es aber auch eine besondere Beziehung des christlichen Gottesdienstgedankens gerade zur Musik zu geben. Wenn für den christlichen Gottesdienst die paulinischen Formeln vom «gegenwärtigen Augenblick» *(ho nyn kairos)*, der «zusammengedrängten Zeit» *(synestalmenos)* und einer nicht für immer, sondern bis zur Ankunft des Herrn gültigen Stiftung gelten, dann ist keine Kunst so geeignet, Gegenwart erlebbar zu machen, wie die Musik. Das hat wohl niemand so klar betont wie Strawinsky. Deshalb möchte ich seine schon oben (S. 110) zitierte Feststellung hier noch einmal anführen: «Die Musik ist der einzige Bereich, in dem der Mensch die Gegenwart realisiert. Durch die Unvollkommenheit unserer Natur unterliegen wir dem Ablauf der Zeit, den Kategorien der Zukunft und der Vergangenheit, ohne jemals die Gegenwart ‹wirklich› machen zu können, also die Zeit stillstehen zu lassen.»[5]

Alle Religionen streben danach, das Heilige vom Profanen, das Feierliche vom Alltäglichen abzusetzen. Was die Sprache angeht, geschieht diese Abgrenzung vorzugsweise durch Gesang. Je feierlicher ein Text, desto eher wird er gesungen und nicht gesprochen. Dabei gibt es verschiedene Abstufungen, vom Sprechgesang, der Kantillation oder dem Psalmodieren, bis zu Liedern und melismatischen Ausgestaltungen. Die Musik vollzog den Schritt in die Kunst früher als das Bild.[6] Ermöglicht wurde er mit der Erfindung der Notenschrift und der Mensuralnotation, die auch die Länge der Töne wiedergibt. Endgültig vollzogen aber wurde er mit dem Übergang von der improvisierten zur komponierten Mehrstimmigkeit und vom musikalisch unausgebildeten Gesang von Gemeinde und Klerikern zu professionellen Sängern. «Dadurch verlagerte sich das Gewicht der Handlung wesentlich nach der musikalischen Seite hin. Von jetzt ab darf man die Messe auch als musikalisches Kunstwerk verstehen», schreibt Thrasybulos Georgiades.[7]

Um 1200 nahmen die mehrstimmigen Messvertonungen einen beispiellosen Aufschwung, der in den folgenden 250 Jahren kulminierte und einmalige, unübertreffliche Kunstwerke der Vokalpolyphonie hervorbrachte, gleichzeitig mit dem vergleichbaren Aufschwung der Kirchenbaukunst, die in den gotischen Kathedralen gipfelte. Die Anfänge liegen in Notre-Dame de Paris. Hier entstanden die frühesten mehrstimmigen liturgischen Gesänge von Leonin (1135–1201) und Perotin (1160–1225), und hier entstand ab etwa 1320 die «ars nova», deren Hauptvertreter Guillaume de Machaut um 1350 die früheste mehrstimmige Messe komponierte. Von England (John Dunstable) ausgehend entwickelte sich im vierzehnten Jahrhundert die Tradition der frankoflämischen Vokalpolyphonie mit ihrem Höhepunkt im fünfzehnten Jahrhundert in den Messen von Guillaume Dufay und Josquin Desprez. Damit hob die Musik ab und schwang sich zum ersten Mal (da sie ja im Gegensatz zu den anderen Künsten keine «klassische» Antike als Vorbild vor Augen hatte) in den Rang der großen Künste auf. «Der eigentliche Quantensprung der Kunst im christlichen Zeitalter», schreibt Hans Maier, «liegt in der Musik – genauer in der Mehrstimmigkeit und in der Entwicklung des instrumentalen Musizierens.»[8] Das leitende Kompositionsprinzip ist nach Thrasybulos Georgiades die Imitation, «der sukzessive Eintritt der Stimmen mit derselben musikalischen Wendung», und im Rahmen dieser Technik entwickelte sich erstmals «der Begriff des musikalischen Themas. Er ist – dieses Zeichen seiner Geburt sollte man nicht übersehen – mit dem Einprägen eines Sprachgebildes verknüpft.»[9] Erst mit dem Schritt zur Zyklusmesse, bei der ein Komponist anstatt einzelner Sätze oder Satzpaare alle fünf Teile des Ordinarium vertonte, kann von der Messe als musikalischem Kunstwerk die Rede sein. «Um 1450 war die zyklische Ordinariumskomposition als Werk von höchstem Anspruch und als Komposition für besondere Anlässe voll entwickelt. Dufays Messe ‹Se la face ay pale› ist ihr bedeutendster Prototyp.»[10]

Im sechzehnten Jahrhundert verbreitete sich diese Kunst in ganz Europa und brachte zum Beispiel mit Christobal de Morales und Tomás Luis de Victoria in Spanien, Thomas Tallis, Thomas Weelkes und William Byrd in England, Heinrich Isaac, Orlando di Lasso und Hans Leo Haßler in Deutschland wunderbarste Kunstwerke hervor. Aber erst die Messen von Giovanni Pierluigi da Palestrina gewannen einen zeitlos-kanonischen Rang als Vorbild kontrapunktischer Komposition, auf das spätere Komponisten bis in unsere Tage zurückgegriffen haben. Palestrina ist der Inbegriff des *Stile antico*, der im ausgehenden achtzehnten Jahrhundert zum Markenzeichen eines ausgeprägten Kirchenstils wurde.[11] Die Vokalpolyphonie der Renaissance gilt allen späteren Epochen als ein zeitlos gültiger, nie übertroffener Höhepunkt. Die Musik ging von da an eigene Wege; auf diesem Weg aber ließ sich über diesen Höhepunkt nicht hinauskommen.

So unaufhaltsam sich die Messe auch zu einer musikalischen Gattung, ja zur vornehmsten musikalischen Gattung entwickelte, so blieb sie doch stets auf die liturgische Funktion im Rahmen des Gottesdienstes beschränkt, für den sie komponiert war. Das gilt selbst für Bachs h-Moll-Messe, deren Aufführung fast zwei Stunden in Anspruch nimmt (siehe hierzu S. 151). Bach schrieb 1733 für den Dresdner Hof eine «Missa», bestehend aus Kyrie und Gloria, um für sich selbst den Titel als königlich-polnischer und kurfürstlich-sächsischer Hofkompositeur und für seinen Sohn Wilhelm Friedemann die Berufung auf eine vakant gewordene Organistenstelle zu erlangen. Friedemann erhielt die Stelle und Bach drei Jahre später den angestrebten Titel.

Messen bestehend aus Kyrie und Gloria und sogar von fünfundvierzigminütiger Spieldauer waren in Dresden keine Seltenheit.[12] 1748 und 1749, in den beiden letzten Jahren seines Lebens, baute Bach die Missa von 1733 zu einer Missa tota aus und ergänzte sie unter Wiederverwendung früherer Werke um die Teile Credo, Sanctus und Agnus Dei. Bei diesem alle Maßstäbe – mit Ausnahme vielleicht der Dresdner – sprengenden Projekt schwebte ihm wohl keine Gesamtaufführung in gottesdienstlichem Rahmen mehr vor. Aus diesem Grunde fehlt vermutlich auch auf seinem Autograph ein zusammenfassendes Titelblatt (siehe S. 151). Es ist aber ganz unwahrscheinlich, dass er bei dieser Komposition, seinem letzten Werk, an die Möglichkeit einer «konzertanten» Aufführung gedacht hat. Dass die h-Moll-Messe in ihrer Rezeptionsgeschichte dann eine «Loslösung der Messe von ihrem funktionalen Ort und die Integration … in den Kanon bürgerlicher Bildungsreligion» (Martin Zenck[13]) erfahren hat, steht auf einem ganz anderen Blatt.

Mozarts fünfzehn Salzburger Messen waren für den dortigen Gottesdienst geschrieben. Eine Ausnahme macht jedoch die legendenumwobene, Fragment gebliebene c-Moll-Messe aus dem Jahr 1783, die stilistisch gegenüber den früher entstandenen Messen etwas ganz Neues darstellt. In einem Brief vom 12. April 1783 bittet Mozart seinen Vater, «unter dem dache zu suchen, und uns etwas von ihrer kirchenMusik zu schicken». Der Gusto, der sich immer ändere, habe auch die Kirchenmusik erfasst, «welches aber nicht seyn sollte – woher es dann auch kömmt, daß man die wahre kirchenMusik – unter dem Dache – und fast von Würmern zerfressen findet». In der Partitur der c-Moll-Messe KV 427 (417a) verwirklichte Mozart, was ihm als wahrer Kirchenstil vorschwebte. Händels Einfluss ist unverkennbar, in den fugierten Chorsätzen schrieb Mozart Barockmusik, während die Soli im empfindsamen Stil der Zeit gehalten sind.

Beethoven hat Mozarts c-Moll-Messe nicht gekannt, aber er war wohl mit dem Requiem KV 626 vertraut, in dem Mozart dem Vorbild Händels noch konsequenter folgte. Für den ersten Satz (Requiem) ließ er sich unverkennbar von Händels *Funeral Anthem* für Königin Caroline (1737, HWV 264) anregen, und dem zweiten Satz (Kyrie) liegt der fünfte Satz «We will rejoice» aus dem *Dettingen Anthem* (HWV 265) zugrunde. Von diesem Kyrie aus Mozarts Requiem schrieb sich Beethoven «sämtliche Einsätze mit den zugehörigen Kontrasubjekten ab und notierte analytische Kommentare dazu».[14] Beethoven hat vermutlich gerade dieses Detail interessiert, der Kontrast des in halben und ganzen Noten feierlich schreitenden Themas auf «alleluja, alleluja» und des in beschwingten Sechzehntelläufen aufsteigenden Kontrasubjekts auf «We will rejoice». Er ahnte nicht, dass er hier Händel vor sich hatte (ebenso wenig wie offenbar Churgin).[15] Mozart, der Händels Vorlage von D-Dur nach d-Moll umdeutete, benutzte das feierliche Thema für «Kyrie eleison» und das beschwingte für «Christe eleison». Mozart und Beethoven greifen also auf der Suche nach einem «wahren Kirchenstil» vorzugsweise auf Händel zurück. Für Bachs, Mozarts, Haydns Messen war der Gottesdienst der Rahmen, in den sie sich einfügten und der so fest und selbstverständlich war, dass sich innerhalb dieses Rahmens die

Musik alle, auch «weltlichen» Freiheiten nehmen konnte und doch sakrale Musik blieb.

Man muss zwischen «geistlicher» und liturgischer Musik unterscheiden. Geistliche Musik bereichert den Gottesdienst, so wie Kantaten im deutschen und Anthems im anglikanischen Gottesdienst, wobei Anthems, die nur den biblischen Psalmentext vertonen und auf alle Zutaten christlicher Dichtung wie Choräle, Arien, Rezitative usw. verzichten, strenger an die Kirche gebunden sind als Kantaten und Oratorien. Händels Anthems wurden stets in der Kirche, seine Oratorien dagegen im Theater aufgeführt, auch wenn sie wie *Messiah* und *Israel in Egypt* auf reinem Bibeltext beruhen. Liturgische Musik dagegen bereichert nicht den Gottesdienst, sondern ist konstituierendes Element des Gottesdienstes selbst. Deshalb war es zu Beethovens Zeit in Österreich verboten, liturgische Musik in nichtgottesdienstlichem Rahmen und in diesem Sinne konzertant aufzuführen. Für Beethovens *Missa Solemnis* aber war der Gottesdienst nicht mehr Rahmen, sondern innere Form. Diese Musik hat den Rahmen verinnerlicht, in sich hineingenommen, so dass sie nun selbst auf ihre unabhängige Weise Gottesdienst ist. «Sie ordnete sich nicht dem Dienst der Kirche unter, sondern nahm die Kirche selbst in sich auf», wie Max Kalbeck 1874 schrieb.[16]

Von der religiösen Kunst zur Kunstreligion

Die beiden «Tunnel», um dieses Bild noch einmal aufzugreifen, die wir ausgehend vom Abendmahl in Jerusalem um das Jahr 33 einerseits und von Beethovens *Missa Solemnis*, entstanden in Wien in den Jahren 1819 bis 1824 andererseits durch den Berg der abendländischen Musik- und Kirchengeschichte graben, treffen im dreizehnten Jahrhundert aufeinander. Das wird kaum Zufall sein. In dieser Zeit gewann mit dem Vierten Laterankonzil von 1215 der römisch-katholische Gottesdienst seine kanonische Form und nahmen die Ordinariumsgesänge ihren ungeheuren Aufschwung in die Ränge der ganz großen, zeitlos gültigen Kunst. Die Messgesänge nahmen einen Kunstcharakter an, der mit der frühen Schriftlichkeit und Mehrstimmigkeit der Musik zusammenhängt, die nun nicht mehr von der Gemeinde oder unausgebildeten Laien ausgeführt werden konnte, sondern eine Gruppe ausgebildeter Sänger, die «Schola», erforderte.

Es sind die Epochen der Musik-, nicht der Kirchengeschichte, die die Geschichte der Messe als musikalisches Kunstwerk durch entscheidende Neuerungen und unübertroffene Höhepunkte skandieren. Die «Kunstwerdung» der Messe, die um 1200 begann, vollzog sich in drei Schritten: Die erste entscheidende Neuerung war die Erfindung der Mensuralnotation und die dadurch mögliche frühe Mehrstimmigkeit der «ars nova», die ihren ersten Höhepunkt in den Messen der Schule von Notre Dame, besonders von Guillaume de Machaut erreichte, ein Schritt, mit dem sich die abendländische Musik aus allen Musiktraditionen der Welt heraushob und einen Sonderweg beschritt. Den zweiten entscheidenden Schritt vollzog die neue Kunst mit ihrer Verbreitung in Europa und Impulsen, die vor allem von England ausgingen (John Dunstable), ihren Höhepunkt im fünfzehnten Jahrhundert mit der Vokalpolyphonie der frankoflämischen Schule (Johannes Ockeghem, Guillaume Dufay, Josquin Desprez) erreichte und in den Messen und Madrigalen der italienischen Renaissance kulminierte. Mit Giovanni Pierluigi da Palestrina gewann die Musik einen «Klassiker» in dem Sinne, dass spätere Komponisten und Lehrer sich bis heute an seinen Messen als zeitlos gültigen Vorbildern reinen polyphonen Satzes nach den Regeln des Kontrapunkts orientieren.

Die dritte Neuerung, die revolutionierenden Charakter hatte, war die «seconda prattica», die Erfindung der generalbassbegleiteten Monodie, die sich als Wiedergewinnung der antiken Tragödie verstand, mit ihrem Höhepunkt in den Opern von Claudio Monteverdi und Francesco Cavalli. Die «seconda prattica» mit der Privilegierung des Textes, des deklamatorischen Gesangs und seiner instrumentalen Begleitung, der Unterscheidung zwischen Chor und Soli führte in der Geschichte der Messe zur *Missa concertata* mit verschiedenartiger Instrumentalbegleitung. Hieraus entwickelte sich nun wieder einigermaßen kontinuierlich als vierte Neuerung die Form der barocken Nummernmesse mit ihrem Höhepunkt in Bachs h-Moll-Messe. Die fünfte Neuerung, die sich in den 1770er Jahren nördlich der Alpen zu entwickeln beginnt, war die Ablösung der Nummernmesse und der italienischen Kantatenmesse durch den Typus der «symphonischen Messe», der «Meßteile nicht mehr in eine Vielzahl kleinerer Chorsätze und Soli unterteilt, sondern zu großen Formen zusammenfaßt, deren Teilabschnitte attacca aufeinander folgen oder ineinander übergehen».[17] Den Idealtyp der vor allem von Joseph Haydn in seinen späten Messen entwickelten Form hat Ludwig Finscher in einer Übersicht zusammengefasst,[18] der ich in der rechten Spalte die Teile von Beethovens *Missa Solemnis* gegenüberstelle:

HAYDN	BEETHOVEN
Kyrie – Kurze langsame Einleitung mit mehreren Anrufungen – Allegro, dem Text entsprechend dreiteilig – Das «Christe eleison» oft als Solo oder für Solisten-Ensemble	*Kyrie* – Eher umfangreiche langsame Einleitung, assai sostenuto – «Christe eleison» Andante assai ben marcato; Sarabande. Solisten-ensemble – Zweites Kyrie. Tempo I
Gloria Ebenfalls, der Textgliederung entsprechend, dreiteilig: – Allegro (oder ähnlich) – Adagio (oder ähnlich), beginnend mit «Gratias agimus» oder, häufiger, mit «Qui tollis peccata mundi» – Allegro, beginnend mit «Quoniam tu solus sanctus», ganz als Chorfuge oder in eine «Amen»-Fuge mündend	*Gloria* Sechsteilig, attacca (ohne Pause): – Allegro vivace, D-Dur: «gloria in excelsis» – Meno Allegro, B-Dur: «gratias agimus» – Tempo I, B: «Domine Deus», – Larghetto, F-Dur, D-Dur: «qui tollis» – Allegro maestoso, D-Dur: «Quoniam» – Chorfuge: Allegro ma non troppo e ben marcato: «in gloria Patris amen»

Credo Dreiteilig: – Allegro – Adagio, beginnend mit «Et incarnatus est» – Allegro, beginnend mit «Et resurrexit», mündend in eine Chorfuge über «Et vitam venturi», die auch ein selbständiger vierter Formteil sein kann	*Credo* – Allegro ma non troppo: «credo in unum Deum» – Adagio: «et incarnatus est» – Andante: «et homo factus est» – Adagio espressivo: «crucifixus» – Allegro: «et resurrexit» – Allegro molto: «et ascendit» – Allegro ma non troppo un poco maestoso: «credo in spiritum sanctum» – Allegretto ma non troppo: Chorfuge: «et vitam venturi saeculi amen»
Sanctus Ähnlich dem Kyrie: – Adagio für die Anrufungen – Attacca oder übergehend – Allegro «Pleni sunt coeli» und «Osanna in excelsis»	*Sanctus* – Adagio für die Anrufungen – Allegro pesante «Pleni sunt coeli» (Fuge) und Presto «Osanna in excelsis» – Praeludium
Benedictus – Andante oder Allegretto, häufig im 2/4- oder 6/8-Takt, häufig für einen oder mehrere Vokalsolisten, – Attacca gefolgt von oder übergehend in Allegro: «Osanna in excelsis» als Wiederholung des ersten «Osanna» oder neu	*Benedictus* – Andante molto cantabile e non troppo mosso: «benedictus qui venit» – Osanna: im selben Takt und Tempo in Benedictus integriert
Agnus Dei Ähnlich Kyrie und Sanctus: – Adagio: die drei liturgisch vorgeschriebenen Anrufungen vollständig oder ohne den Schluss der dritten Anrufung «dona nobis pacem» – Allegro: «Dona nobis pacem», meist als Chorfuge	*Agnus Dei* – Adagio h-Moll – Die drei liturgisch vorgeschriebenen Anrufungen ohne den Schluss der dritten Anrufung «dona nobis pacem» – «Dona nobis pacem»: Allegretto vivace. Viele Einschnitte durch Tonart- und Tempowechsel – Keine Schlussfuge

Es zeigt sich, dass Beethoven auf dem Typus der späten Haydn-Messen aufbaut und einerseits die Binnendifferenzierung der einzelnen Teile steigert, andererseits aber ihre Kohärenz auf vielfache Weise erhöht. Obwohl bei näherem Hinhören doch noch Welten zwischen Beethovens *Missa Solemnis* und zum Beispiel Haydns letzter Messe, der *Schöpfungsmesse* (1801/04), zu liegen scheinen, schreibt Ludwig Finscher: «Haydns Messen waren auf dem Weg aus der Liturgie in den Konzertsaal und ins Zeitalter der Kunstreligion – in dem sie freilich, wie sein ganzes Werk, nie ganz ankommen sollten, dank Beethoven und der romantischen Musikästhetik.»[19] Im Grunde klingen Haydns Messen sogar wesentlich konzertanter und weniger liturgisch als Beethovens *Missa Solemnis*. Beethoven hat die Messe durch seine Bemühungen um einen «wahren Kirchenstil» in eine ganz andere Richtung entwickelt, die gekennzeichnet ist durch eine viel größere Nähe zum Text, eine Bemühung um Schlichtheit und Expressivität, eine Vorliebe für das «Erhabene», Majestätische und im Gegensatz dazu das Intime, Kantable, subjektiv Empfundene. Eigentlich kommt Beethoven dem Liturgischen wieder näher, dessen innere Haltungen er evoziert, aber dessen Dimensionen er sprengt. Der Gottesdienst, aus dessen Rahmen die Beethoven'sche Messe sich emanzipiert hat, wird nun zum Thema der Musik, die ihn mit ihren Mitteln darstellt.

So bringt Beethoven als sechste Neuerung die romantische Messe als ein von den Vorgaben des liturgischen Gebrauchs befreites Genre geistlicher Musik hervor. Aber auch im neuen Rahmen der absoluten Kunst bleibt die Messe doch von allen musikalischen Gattungen dem Gottesdienst zumindest in der Form der Erinnerung verhaftet und bildet die geistlichste in den Gattungen geistlicher Musik.

Geistliche Musik, die nicht mehr Kirchenmusik im strengen liturgischen Sinne sein will, sondern autonom, als eine Form, in der die Kunst, nicht der Kult, es unternimmt, in einer säkularen Sphäre Gott zu preisen und anzuflehen – das legt den Begriff der «Kunstreligion» nahe, den 1799 Friedrich Schleiermacher in seinen Reden *Über die Religion* aufgebracht und den vor allem Hegel aufgegriffen hat.[20] Seit Schleiermacher die Religion als «Sinn und Geschmack fürs Unendliche» definierte, war klar, dass die traditionellen kirchlichen Formen der romantischen Religiosität nicht genügen konnten, und keine Kunst konnte der Sehnsucht nach Unendlichkeit einen überzeugenderen Ausdruck verleihen als die Musik.[21]

Man darf annehmen, dass diese Zentralbegriffe des romantischen Kunst- und vor allem Musikverständnisses in der «Gesprächskultur» der aristokratischen Salons,[22] in denen Beethoven in den ersten zwölf Jahren des neunzehnten Jahrhunderts verkehrte, solange nicht seine Taubheit diesen Verkehr unmöglich machte, eine bedeutende Rolle spielte. Beethoven musste Schleiermachers Reden nicht gelesen haben, um mit der Bestimmung der Religion als «Sinn und Geschmack fürs Unendliche» in Umrissen vertraut zu sein. Keine Kunst galt in der Romantik als so geeignet für Anmutungen des Unendlichen wie die Musik. Wenn die *Missa Solemnis* den Rahmen des Gottesdienstes transzendierte, dann in Richtung auf die heiliggesprochene Kunst.

Hatten früher Religion und Kult die Künste hervorgebracht, kehrte sich das Verhältnis in der Kunstreligion der Romantik um: Die Kunst evoziert und beflügelt die religiösen Gefühle in einer Intensität, die der Kult nicht mehr aufbringen kann. Die Kunst will nicht länger im Dienst des Kults stehen, sondern selbst heilig sein. In diesen Zusammenhang gehört die Genie-Ästhetik mit der Vergötterung außerordentlicher Komponisten. Auch hier ging Georg Friedrich Händel voran, den Beethoven für den größten Komponisten überhaupt hielt. Händel galt schon, kaum in England angekommen, als «neuer Orpheus» und «sublimes Genie».[23] Schon 1738 wurde ihm im Park von Vauxhall eine Statue aufgestellt, und spätestens seit 1784 entwickelte sich in England ein regelrechter Händel-Kult. Mozart wurde schon bald nach seinem Tod als «Apollo Mozart» bezeichnet.[24] «Bachs Heiligsprechung» setzte um 1850 ein.[25] Beethoven gehört in diese Reihe und wurde zuerst wie Händel und Mozart von Hof und Adel, dann aber zunehmend vom Bürgertum vergöttert. Höhepunkt dieser Vergötterung ist die Statue von Max Klinger von 1902 in Leipzig, an der Klinger seit den 1880er Jahren gearbeitet hatte und die Beethoven auf dem Thron des Jupiter darstellt.

Die *Missa Solemnis* und die 9. Sinfonie sind Schwesterwerke der jetzt im Bannkreis vor allem Beethoven'scher Musik entstehenden bürgerlichen Kunstreligion. Hier gilt es aber einen wichtigen Unterschied zu beachten. Die 9. Sinfonie ist ein «weltliches» Werk, das mit dem überraschenden Umschlag ins oratorische Genre im vierten Satz eine sakrale Aura entfaltet und inzwischen eine geradezu liturgische Verbindung mit dem Jahreswechsel eingegangen ist. Die *Missa Solemnis* dagegen ist ein «geistliches» Werk – und was gäbe es Sakraleres als den altgeheiligten Text des Ordinarium Missae? –, das durch die Verlegung in den weltlichen Konzertsaal eine gewisse Weltlichkeit annimmt. Eigenartigerweise aber hat sie in der weltlichen Musikkultur nie den Kultstatus erreicht, wie er der 9. Sinfonie zuteil wurde, deren regelmäßige Aufführung und Ausstrahlung zu Neujahr einen quasiliturgischen Charakter angenommen hat, wie ähnlich nur Händels *Messiah* sowie Bachs Passionen und sein Weihnachtsoratorium.

Auch bei der Verweltlichung des Sakralen ist Händel vorausgegangen. Seine Oratorien verarbeiteten biblische Stoffe, wurden aber im Theater, wenn auch konzertant, aufgeführt. Das war so lange kein Problem, als Händel keine biblischen Texte als «Libretto» verwendete, erforderte aber im Fall von *Israel in Egypt* und besonders des *Messiah*, die reinen Bibeltext vertonen, erhebliche diplomatische Bemühungen, um diesen Bann zu brechen. Beethoven kompensiert diesen Akt einer Verweltlichung durch die Intensität der religiösen Spannung und Atmosphäre seiner musikalischen Ausdeutung und Ausleuchtung des Messtexts, die von religiösen Gefühlen getragen «sowohl bey den Singenden als bey den Zuhörenden Religiöse Gefühle zu erwecken und dauernd zu machen» sucht.[26] Das Phänomen Kunstreligion hat also zwei Aspekte. Einmal geht es um die Sakralisierung weltlicher Kunst, das andere Mal um die Autonomisierung sakraler Kunst. Für den ersten Aspekt kann Richard Wagners Bühnenweihfestspiel als klassisches Beispiel dienen, für den zweiten Beethovens *Missa Solemnis*.

7

Beethoven und die Missa Solemnis

Hadern mit dem Schicksal und Ergebung

Beethovens musikalisches Schaffen hat sich wie sein Schöpfer selbst im Laufe seines Lebens stärker verändert, als das wohl bei jedem anderen großen Komponisten der Fall ist. Beethovens Werke sind gar nicht anders zu verstehen als im Kontext seiner scharf ausgeprägten Lebens- und Schaffensperioden.[1] So verrufen auch heute die im neunzehnten Jahrhundert beliebte biographische Methode ist – bei Beethoven kommt man nicht darum herum, sich wenigstens in aller Kürze den biographischen Kontext seiner Musik vor Augen zu führen.[2] Gewöhnlich unterscheidet man, abgesehen von der Bonner Frühzeit (von ca. 1782 bis 1792), drei Schaffensperioden: *erstens* die ersten Wiener Jahre von 1792 bis 1802, *zweitens* die «heroische» Phase von 1802 bis 1812 und *drittens*, nach einer längeren Krise, das «Spätwerk» von 1816 bis 1827. Die Einschnitte wurden durch ernste Lebenskrisen bestimmt. Dazu gehörten vor allem die Ertaubung, die sich spätestens 1802 als unheilbar und unaufhaltsam erwies, sowie eine um 1812 einsetzende jahrelange Krise, die man mit dem im Nachlass gefundenen, möglicherweise nie abgeschickten Brief an die «unsterbliche Geliebte» zusammenbringt. «Leiden und Größe der Meister», dieser schöne Titel Thomas Manns für seine Sammlung von Essays über die für ihn wichtigsten Künstler, Musiker und Dichter passt wohl auf keinen Meister so genau wie auf Beethoven. Bei ihm hat man geradezu den Eindruck, dass sich beides bedingt. Ohne die besondere, schicksalhafte Schwere seines Leidens wäre er vielleicht auch nicht zu einer so überragenden Größe aufgestiegen. Und ohne Beethovens Größe – nicht nur seiner Begabung, sondern auch seiner Aufgabe –, die ihm seit spätestens 1800 selbst bewusst war (Haydn nannte ihn «den Großmogul»), hätte auch das Leiden keine so schicksalhafte Bedeutung für ihn gewonnen.[3]

Die erste Krise findet in dem ebenfalls im Nachlass aufgetauchten «Heiligenstädter Testament» ihren Ausdruck:

> Heiglnstadt am 10ten *oktober* 1802 – so nehme ich den Abschied von dir – und zwar traurig – ja dir geliebte Hofnung – die ich mit hieher nahm, wenigstens bis zu einem gewissen Punkte geheilet zu seyn – sie muß mich nun gänzlich verlassen, wie die blätter des Herbstes herabfallen, gewelkt sind, so ist – auch sie für mich dürr geworden, fast wie ich hieher kamm – gehe ich fort – selbst der Hohe Muth – der mich oft in den Schönen Sommertägen beseelte – er ist verschwunden – o Vorsehung – laß einmal einen reinen Tag der Freude mir erscheinen – so lange schon ist der wahren Freude inniger widerhall mir fremd – o wann – o Wann o Gottheit – kann ich im Tempel der Natur und der Menschen ihn wider fühlen – Nie? – nein – o es wäre zu hart.[4]

So resignativ das klingt, bei Beethoven führte diese Verzweiflung ganz im Gegenteil zu dem Entschluss, den Kampf gegen das Schicksal der unaufhaltsamen und unheilbaren Ertaubung aufzunehmen und alle ihm zur Verfügung stehenden Register seiner Kunst gegen Depression und Resignation aufzubieten. Der trotzige Kampf gegen dieses Schicksal prägte die Werke der «heroischen Periode» und auch Beethovens charakteristische Physiognomie. In diesen Jahren zwischen 1802 und 1812 stieg Beethovens Stern zum führenden europäischen Komponisten auf und das in mehrfacher Hinsicht. Seine Werke wurden in ganz Europa aufgeführt, seine Noten in ganz Europa verkauft. Vor allem aber löste er durch die unerhörte Neuheit und Komplexität seiner Sinfonien, Klaviersonaten, Sreichquartette und anderer Kammermusikwerke einen kritischen musikalischen Diskurs aus, wie es ihn bis dahin in Europa nicht gegeben hatte. Darauf hat vor allem Hans Joachim Hinrichsen hingewiesen, der zeigen konnte, dass die Gesprächskultur der aristokratischen Salons, in denen Beethoven in jenen Jahren verkehrte und die er als implizite Hörer und Kritiker seiner Werke vor Augen hatte, auf einem viel höheren Niveau gestanden haben muss als bisher angenommen.[5] Noch wichtiger aber waren die Debatten in den jetzt überall entstehenden musikalischen Zeitschriften. Wie Hinrichsen zeigt, wirkte auch hier Beethoven auslösend, denn die maßgeblichen Kritiken von E. T. A. Hoffmann und Adolf Bernhard Marx galten seinen Werken.[6] Nicht umsonst lässt E. T. A. Hoffmann das Gespräch seiner Serapionsbrüder über «alte und neue Kirchenmusik» sich an Beethovens Messe C-Dur op. 86 entzünden.[7] «Man kann ohne Übertreibung sagen, dass die Erfahrung von Beethovens Musik an der Wiege dieser neuen Rezeptionshaltung steht»,[8] nämlich einer neuen Aufmerksamkeit für die immanente Logik der Musikgeschichte und den Beitrag des individuellen Werks zu deren Fortschritt. Noch Adorno stand vollkommen im Bann dieser von Beethovens Musik ausgehenden innovations- und fortschrittsorientierten Kritik.

Die zweite Krise, aus der Beethoven als der Schöpfer seines Spätwerks hervorging, stand im Zeichen mehrerer einschneidender Veränderungen, die alle zusammenwirkten, um Beethoven zum zeitweiligen Verstummen zu bringen. Außer den physischen Leiden, den sich verschärfenden chronischen und den heftigen akuten Krankheiten, war da das schwer belastete und belastende Verhältnis zu seinem Neffen Karl und drittens ein allgemeiner tiefgreifender Wandel des politischen und sozialen Klimas. Konnte sich Beethoven während seiner «heroischen Epoche» von 1802 bis 1812 als musikalisches Sprachrohr seiner Zeit fühlen, getragen von einer Welle europaweiter republikanischer Begeisterung, so stand er nun, als das Klima nach dem Wiener Kongress und den Metternichschen Reformen in restriktiven und autoritären Konservatismus umgeschlagen war, quer zu seiner Zeit. An der biedermeierlichen Verbürgerlichung der Kunst, die sich dem Rossini-Fieber ergab, hat er sich nicht beteiligt und musste hinnehmen, als unbequem und unverständlich zu gelten.

Bedeutete die erste Krise einen ungeheuren kreativen Schub, so führte die zweite zu den «mageren Jahren» stark verminderter Kreativität und tiefer Resignation. Zu Beginn dieser Krise begann Beethoven im Sinne einer Selbsttherapie ein Tagebuch. Die erste Eintragung lautet:

> Ergebenheit, innigste Ergebenheit in dein Schicksal, nur diese kann dir die Opfer – – – zu dem Dienstgeschäft geben – o harter Kampf! … alles mußt du – – finden was dein seligster Wunsch gewährt, so mußt du es doch abtrotzen – absolut die stete Gesinnung beobachten. […] Du darfst nicht Mensch seyn, für dich nicht, nur für andre; für dich gibt's kein Glück mehr als in dir selbst in deiner Kunst – o Gott! gib mir Kraft, mich zu besiegen, mich darf ja nichts an das Leben fesseln.[9]

In dieser Krise vollzog Beethoven eine Wendung nach innen und folgte dem Rat des Augustinus: «Noli foras ire, in te ipsum redi. In interiore homine habitat veritas. – Gehe nicht nach draußen, zieh dich in dich selbst zurück. Im inneren Menschen wohnt die Wahrheit.»[10] Statt trotziger Auflehnung gegen das Schicksal unter Aufbietung aller verfügbaren Kräfte heißt es nun «Ergebenheit, innigste Ergebenheit in dein Schicksal».

«Innigste Ergebenheit» – ob Beethoven die Formel von der «innigsten Ergebenheit in Gott» im Sinn hatte, die in Lessings *Nathan der Weise* dreimal vorkommt? «Du darfst nicht Mensch sein, für dich nicht, nur für andre» – das bedeutet den kategorischen Verzicht auf das Glück des normalen geselligen und intimen Verkehrs, den Entschluss zur Entsagung jeder anderen als der künstlerischen Erfüllung im «Dienstgeschäft», dem das Leben – und zwar das gesellige Leben und das Liebesleben im weitesten Sinne – zum «Opfer» gebracht werden muss. «Alles, was Leben heißt», schreibt Beethoven in einem Brief, «sei der Erhabenen [Kunst] geopfert und ein Heiligtum der Kunst.»[11] Es ist eigentlich unvermeidlich, diese Krise mit dem berühmten Brief an die «unsterbliche Geliebte» in Verbindung zu bringen, aus dem die gleiche Stimmung einer tiefen Resignation spricht. Beethovens Sekretär und erster Biograph Anton Schindler hat ihn wie auch das «Heiligenstädter Testament» in der Schublade von Beethovens Schreibtisch gefunden.[12] Von diesem Brief und der dahinterstehenden schmerzlichen Erfahrung ist wiederum der 1816 entstandene herrliche Liederzyklus «An die ferne Geliebte» nicht zu trennen, den Beethoven nach Gedichten des jungen Arztes A. Jeitteles komponierte, das erste Beispiel dieses im späteren neunzehnten Jahrhundert so beliebten Typus.

Nach dem langen Anlauf von vier bis fünf Jahren einer sehr reduzierten Produktivität entstand Beethovens Spätwerk, und die Arbeit an der *Missa Solemnis* scheint an diesem Fall psychischer und kreativer Resilienz einen ganz entscheidenden Anteil gehabt zu haben. «Note hilft auch aus der Not», wie Beethoven in einem seiner launigen Kanons dichtete.[13] So wie ihm der kreative Ausbruch seiner «heroischen Phase» im Kampf gegen das Schicksal aus der Depression der ersten Krise herausgeholfen hatte, so scheint jetzt die Auseinandersetzung mit dem Text des Ordinarium Missae, einem der allerheiligsten Texte der katholischen Tradition, wie ein unausgesetztes spirituelles Exerzitium seinen schöpferischen Geist belebt zu haben.

Als Mensch und als Künstler stand Beethoven fortwährend unter Hochspannung, was sich in der ganz ungewöhnlichen Expressivität seiner Musik, ihrem Schwanken zwischen Schroffheit und Zartheit sowie in der Unausgeglichenheit seiner Noten- und Schreibschrift ausprägt. Neben dem unaufhaltsamen Prozess seiner Ertaubung bedingte diesen Druck sein unablässiges Streben nach dreifacher Vollkommenheit, im religiösen, moralischen und künstlerischen Sinne. Die Einträge in seinem Tagebuch, das Beethoven von 1812 bis 1818 führte, zeugen von seiner Suche nach, seinem Hadern mit, seiner gläubigen Zuwendung zu Gott, aber auch von seiner unerbittlichen Selbstüberforderung durch moralische Ideale. Von seinem künstlerischen Perfektionismus schließlich zeugen die unzähligen Skizzen, das unablässige Feilen an seinen zunächst oft so unscheinbaren und in ihrer Endgestalt so zwingenden melodischen Einfällen. Kein Komponist vor oder nach Beethoven hat sich so unerbittlich unter das Diktat des Fortschritts gestellt, unablässig über das Erreichte hinauszugehen. «Die Werke erscheinen als Erledigungen, die keine Wiederholung gestatten, soll nicht der zentrale Anspruch, jeweils Besonderes und Einmaliges hervorzubringen, verwirkt werden» (Peter Gülke).[14] Ganz besonders gilt das für die *Missa Solemnis*, weil es hier darum ging, nicht nur über das eigene

Werk, sondern auch über die in einer liturgischen Komposition ganz besonders starken Gattungskonventionen, Hörgewohnheiten und kirchlichen Bindungen einer altgeheiligten Tradition hinauszugehen.

Exkurs: Beethovens Glaubensbekenntnis

Ein Blatt in Beethovens Nachlass ist als «Beethovens Glaubensbekenntnis» berühmt geworden. Beethoven hat es von eigener Hand beschriftet, unter Glas rahmen lassen und sich auf den Arbeitstisch gestellt, wo er es in den Jahren der Entstehung des Spätwerks täglich vor Augen hatte. Nach seinem Tod am 26. März 1827 nahm es Anton Schindler, sein nicht unbedingt geschätzter selbsternannter Sekretär und späterer Biograph, an sich und hängte es sich seinerseits für den Rest seines Lebens über den Schreibtisch. Nach Schindlers Tod ging diese kostbare Reliquie durch viele Hände und kam erst 1998 als Dauerleihgabe der Familie Wegeler, Nachkommen von Beethovens Lebensfreund Franz Gerhard Wegeler, in das Beethoven-Haus in Bonn. Papieruntersuchungen ergaben das Entstehungsjahr 1819, als Beethoven am Credo der Messe arbeitete.[15] Auf dem Blatt hatte sich Beethoven in seiner ausladenden Handschrift drei Sätze notiert:

> «Ich bin, was da ist»
>
> «Ich bin alles, was ist,
> was war, und was seyn wird,
> kein sterblicher Mensch
> hat meinen Schleyer
> aufgehoben»
>
> «Er ist einzig von ihm selbst,
> und diesem Einzigen sind
> alle Dinge ihr Daseyn schuldig»

Schindler identifizierte die drei Sätze als ägyptische Weisheit und meinte, Beethoven habe sie sich aus dem Buch *Gemälde von Aegypten* von Jacques-Joseph Champollion Figeac (dem älteren Bruder von

François Champollion) abgeschrieben, das aber erst lange nach Beethovens Tod in deutscher Übersetzung erschien. «Vor meinem Schreibtische», schreibt Schindler, «hängt sein Porträt. Unter diesem ... hängt sein von ihm eigenhändig geschriebenes Glaubensbekenntniß, welches er auch stets an seinem Arbeitstisch hatte.» Schindler schloss daraus, dass Beethoven «dem Deismus zuneigte, insofern man die natürliche Religion darunter versteht».[16] Unter Deismus versteht man meist das genaue Gegenteil: die Idee Gottes als Uhrmacher, der die von ihm geschaffene Welt «aufzieht» und dann sich selbst überlässt. Dieser Gott würde nicht sagen «Ich bin was da ist». Aus diesen Sätzen spricht vielmehr eine Gleichsetzung von Gott und Welt, wie sie Herders und Goethes Spinozismus kennzeichnet.[17] Gott ist der Eine, aus sich selbst entstandene, aus dem alles, das heißt die Welt, entstanden ist. Im Griechischen ist das ein Hexameter: *heis est' autogenes, henos ekgonos panta tetyktai.* Autogénes, der Selbst-Entstandene, das ist Spinozas *causa sui.* Es ist aber auch eine genaue Übersetzung des üblichen ägyptischen Prädikats für den Sonnengott, der aus sich selbst entstand und aus dem alles andere entstanden ist: *cheper djesef*, «der von selbst entstand». Insofern lag Schindler mit seinem Hinweis auf Ägypten schon richtig.

Heute weiß man, dass die Sätze aus Schillers Essay *Die Sendung Moses* stammen, der zu Beethovens Lebzeiten in zahlreichen Ausgaben vorlag, darunter in der von ihm selbst besessenen vierunddreißigbändigen Grazer Taschenausgabe.[18] Sich aus einem Text einige Sätze herauszuschreiben, will nicht viel bedeuten. Das Blatt dann aber unter Glas rahmen zu lassen und bei sich aufzustellen, ist etwas völlig anderes. Man kann diese Sätze also gar nicht ernst genug nehmen, wenn man nach Beethovens Glauben fragt. Wo hat Schiller sie her und wie deutet er sie?

Schillers Essay ist nicht viel mehr als die Kurzfassung eines freimaurerischen Traktats seines Freundes und Fakultätskollegen Carl Leonhard Reinhold mit dem Titel *Die hebräischen Mysterien oder die älteste religiöse Freymaurerey*, 1787 bei Göschen in Leipzig unter Reinholds Illuminatennamen Decius erschienen.[19] Reinhold, der nach seiner Tätigkeit bei Wieland als Mitherausgeber des *Teutschen Merkur* Philosophie-Professor in Jena geworden war, hatte diese Schrift als Beitrag zu dem großen Mysterienprojekt der Wiener Loge *Zur Wahren Eintracht* verfasst, der er bis zu seiner Flucht aus Wien 1783 angehört hatte. Diese Loge, die sich als eine Art Akademie der Wissenschaften verstand, hatte sich in den Jahren 1784 bis 1787 der Erforschung der antiken Mysterien gewidmet und ihre Ergebnisse in vierzehn Beiträgen im *Journal für Freymäurer* veröffentlicht.[20] Mozart, der seit 1784 einer Schwesterloge angehörte, stand mit dieser Forschung in Verbindung, und *Die Zauberflöte* ist von ihr angeregt.[21]

Reinhold schrieb seine Beiträge von Weimar aus und hielt sie mit Recht für bedeutend genug, um sie auch als Buch herauszubringen. In diesem Buch stellt er die Inschrift auf dem verschleierten Bild zu Sais, wie sie Plutarch im 9. Kapitel seines Traktats *De Iside et Osiride* überliefert, als Inbegriff der ägyptischen Mysterien heraus: «Ich bin alles, was da ist, war und sein wird. Kein Sterblicher hat meinen Schleier gelüftet», und vergleicht sie mit der Selbstvorstellung Jahwes vor Mose am brennenden Dornbusch (Ex 3,14), die er nach der griechischen Übersetzung der Septuaginta zitiert und übersetzt: «Ich bin das wesentliche Daseyn.» In seinen Augen sagen beide Texte dasselbe. Gemeinsam sei ihnen die Identifikation der Gottheit mit dem Sein schlechthin sowie die Vorenthaltung eines Namens. Isis sagt ja nicht «Ich bin Isis», und Jahwe sagt nicht «Ich bin Jahwe», sondern sie verweisen auf alles, was ist, das «wesentliche Daseyn». Diese Gottheit hat keinen Namen. Hermes Trismegistus, den Reinhold nach Laktanz zitiert, lehrt von ihr

> Gott ist Einer, der Eine aber braucht keinen Namen, er ist der namenlos Seiende.[22]

Schiller war kein Illuminat, zeichnete aber in seinem Drama *Don Carlos* das lebendigste Porträt eines Illuminaten in Gestalt des Marquis Posa. Reinhold aber, auf dessen Buch Schillers Essay beruhte, war ein sehr prominenter Illuminat. Die Wiener Loge, für die er seine Studie über die hebräischen Mysterien schrieb, wurde von Illuminaten geführt, und die Ägyptenrezeption des späten achtzehnten Jahrhunderts war vornehmlich eine Sache der Freimaurer und Illuminaten. Beethoven selbst war zwar weder das eine noch das andere, aber sein Lehrer in Bonn, der Komponist, Kapellmeister und Organist Christian Gottlob Neefe, war ein engagierter Freimaurer und Illuminat.[23] Nach dem Verbot des Illuminatenordens gründete er in Bonn eine Lesegesellschaft, der auch der junge Beethoven angehörte. Es ist undenkbar, dass diese Lesegesellschaft nicht den illuminatischen Geist weitertrug und der junge Beethoven davon unberührt blieb. Was liegt näher als die Annahme, dass diese frühe Prägung ihn empfänglich machte für Schillers Essay und seine revolutionierenden Thesen?

Beethoven hatte eine Sammlung vorwiegend politischer Gedichte des Bonner Illuminaten Eulogius Schneider subskribiert. Der Theologe Johann Michael Sailer, dessen Erbauungsschriften Beethoven in diesen Jahren begleiteten und mit dem er korrespondierte, um seinen Neffen Karl von ihm unterrichten zu lassen, wurde 1794 wegen Verdachts des Illuminatismus seines Amtes enthoben (brachte es aber immerhin trotzdem später zum Bischof von Regensburg). Ignaz Aurelius Fessler, dessen deutsche Übersetzung des Ordinariums Beethoven verwendete, war einer der prominentesten Freimaurer seiner Zeit und stand ganz auf dem Boden des (längst verbotenen) Illuminatismus.

Beethovens Verbindung mit dieser Richtung scheint doch eng genug, um darauf kurz einzugehen. In der Tat bestand eine enge Beziehung zwischen dem Illuminatismus und den ägyptischen Mysterien, auf die Schiller und Reinhold die von Beethoven kopierten Sätze zurückführten. Adam Weishaupt, Professor für Kirchenrecht in Ingolstadt und Gründer des Illuminatenordens, legte 1776 seiner Gründung das im gleichen Jahr erschienene Buch des Göttinger Professors Christoph Meiners über die antiken Mysterien zugrunde.[24]

Im Gegensatz zu den verschiedenen Richtungen der Freimaurer, die sich in ihren Satzungen zu religiöser und politischer Enthaltsamkeit verpflichteten, strebte dieser Orden nicht weniger als eine Umgestaltung der Gesellschaft an im Sinne der Aufklärung und ihrer Werte wie Abbau von Standesschranken, Presse- und Gedankenfreiheit, Brüderlichkeit, Menschenrechte, Bildung, Gerechtigkeit und Wohltätigkeit, insbesondere Armen- und Krankenpflege. Sigrid von Moisy charakterisiert diese Ziele: «Durch die Heranbildung einer neuen Elite von Tugendhaften wurde auf evolutionärem Weg der völlige Wandel aller sozialen und politischen Strukturen, die Herbeiführung einer Weltrepublik, angestrebt.»[25] Das Ziel war zunächst wie bei allen Freimaurerorden nicht der politische Umsturz, sondern die «Veredelung» des Menschen, die beim einzelnen Menschen ansetzte, der mit Hilfe der Brüder zu einer höheren Stufe der Vollendung geführt werden sollte. Die Illuminaten gingen aber noch einen Schritt weiter. Der Illuminat sollte durch sein Wirken in öffentlichen Ämtern und womöglich nahe an oder geradezu auf Fürstenthronen die Gesellschaft im Ganzen so veredeln, dass zuletzt der Staat und seine Kontrollorgane überflüssig werden sollten. Die Nähe dieser Ideale zu den Devisen der Französischen Revolution war offensichtlich und trug dem in Bayern bereits 1784 verbotenen Orden ab 1789 auch andernorts Verfolgungen ein, die in den Jakobinerprozessen unter Kaiser Franz II. gipfelten.

In jenen Jahren gingen Aufklärung und Geheimnis eine enge Verbindung ein. Der «Ausgang des Menschen aus seiner selbstverschuldeten Unmündigkeit» (Kant) führte zunächst zu einer inneren Emigration, die in den unterirdischen Forschungen und Riten der ägyptischen Priester – die Wiener Mysterienforschung hielt die über und über beschrifteten ägyptischen Grabanlagen für Kultstätten und Laboratorien einer wissenschaftlichen Geheimreligion – ihr Vorbild sah. Noch ließ sich in den Bedingungen staatlicher und kirchlicher Zensur der Wahrheit nur im Schutzraum der Logen nachgehen. Das Ideal der Illuminaten, die Gesellschaft zu veredeln und den Staat, wenn schon nicht überflüssig zu machen, so doch in den Dienst der Gesellschaft zu stellen und nicht umgekehrt, drängte in die Öffentlichkeit, und ein wichtiges Medium solchen veredelnden öffentlichen Wirkens war die Kunst. Schiller mit seiner Idee des Theaters als moralischer Anstalt, Mozart mit der *Zauberflöte*, Beethoven mit seiner Oper *Fidelio* und der 9. Sinfonie wirkten in diesem politischen Sinne.

Wir müssen uns also vorstellen, dass Beethoven diese Kernsätze der ägyptischen Mysterien – wofür Schiller sie hält und worin ihm Beethoven sicher folgte – vor Augen hatte, als er die *Missa Solemnis* komponierte und die Spannung zwischen dem all-einen Gott der Philosophen und dem drei-einen Gott der christlichen Kirche irgendwie aushalten musste. Aber das musste Herder ja auch, der nicht nur ein Spinozist, sondern auch Generalsuperindent der Weimarer Kirchen war.

Ob sich dieses «Glaubensbekenntnis», das Beethoven bei der Arbeit an der *Missa Solemnis* vor Augen hatte, in der Komposition irgendwie ausgedrückt hat, ist schwer zu sagen. Das gilt aber unbedingt von einem anderen Credo, das sich Beethoven in einem seiner Konversationshefte aus dem Jahr 1820 notiert hat:

> Das Moralische Gesetz in unß, u. der gestirnte Himmel über unß. Kant!!![26]

Mit diesem Satz beginnt das letzte Kapitel in Kants Kritik der praktischen Vernunft:

> Zwei Dinge erfüllen das Gemüt mit immer neuer und zunehmender Bewunderung und Ehrfurcht, je öfter und anhaltender sich das Nachdenken damit beschäftigt: *Der bestirnte Himmel über mir, und das moralische Gesetz in mir.* Beides darf ich nicht als in Dunkelheiten verhüllt, oder im Überschwenglichen, außer unserem Gesichtskreise, suchen und bloß vermuten; ich sehe sie vor mir und verknüpfe sie unmittelbar mit dem Bewußtsein meiner Existenz.

Beethoven zitiert Kant nach einem Artikel des Astronomen Joseph Littrow.[27] Bei Kant kommt der bestirnte Himmel zuerst, das moralische Gesetz folgt an zweiter Stelle, Kant denkt von oben nach unten oder von außen nach innen, bei Beethoven ist es umgekehrt. Kant spricht, wie das seit Descartes' *cogito ergo sum* philosophischer Brauch ist, wenn Einsichten aus Introspektion gewonnen werden, von «mir» und «ich», Beethoven dagegen von «uns». Die Gegenüberstellung von himmlischer, göttlicher Höhe und Größe und von irdischer, menschlicher Andacht und Sehnsucht organisiert, wie Birgit Lodes und William Kinderman gezeigt haben,[28] die ganze Messe, zumindest ab Gloria und

Credo, an denen Beethoven arbeitete, als er sich an diesen Satz aus Kants Kritik der praktischen Vernunft erinnerte.[29] Zwei Details finde ich an diesem Eintrag Beethovens besonders aufschlussreich: die Unterstreichung und die drei Ausrufezeichen. Auch diese Emphase bestimmt die Komposition, genauso wie die Gegenüberstellung von oben und unten, außen und innen, Himmlischem und Irdischem. «!!!», das ist in Musik übersetzt «fff», was in der *Missa Solemnis* nicht selten vorkommt.

Schließlich sollte in diesem Zusammenhang auch eine theologische Feststellung erwähnt werden, die Beethoven in seinem Tagebuch notiert und ebenfalls, wie das Kant-Zitat, unterstrichen hat:

> Gott ist immateriell[,] deßwegen geht er über jeden Begriff; da er unsichtbar ist, so kann er keine Gestalt haben. Aber an dem, was wir von seinen Werken gewahr werden, können wir schließen, daß er ewig, allmächtig, allwissend, allgegenwärtig ist.[30]

Vielleicht hatte Beethoven sogar vor, diesen Text zu vertonen, denn er hat ihn sich noch einmal mit der Überschrift «Hymne» abgeschrieben.[31] In einer syrischen Anaphora (dem Hochgebet der Messe in ostkirchlicher Tradition) wird Gott angerufen als

> Du Anfangloser, Unsichtbarer, Unbegreiflicher, Unbeschreibbarer, Unveränderlicher

Man fühlt sich erinnert an die Worte, mit denen Mose in Schönbergs Oper *Moses und Aron* Gott anredet:

> Einziger, ewiger, allgegenwärtiger, unsichtbarer und unvorstellbarer Gott!

Später beschreibt Mose Aron gegenüber Gott:

> Unvorstellbar – weil unsichtbar – weil unüberblickbar – weil unendlich – weil ewig – weil allgegenwärtig – weil allmächtig.

Bei Schönberg endet die Kluft zwischen dem biblischen Gott der Väter, den Aron versteht und verkündet, und dem philosophischen Gott, den Mose denken, aber nicht verkünden kann, tragisch: mit Moses Verzweiflung, wenn man sich an die zweiaktige Fassung hält, und mit Arons Tod, wenn man den dritten Akt hinzunimmt, den Schönberg nicht mehr komponiert hat. Beethoven aber muss es gelungen sein, seinen eher philosophischen Gottesbegriff mit dem Gottesbegriff der Messe zu versöhnen.[32]

Vom Gottesdienst zum Oratorium

Die *Missa Solemnis* entstand in den Jahren 1819 bis 1824. Beethoven konzipierte die Messe für ein bestimmtes Ereignis, ein «proprium», in festgottesdienstlichem Rahmen, nämlich die Bischofsweihe von Erzherzog Rudolph. Rudolph Johann Joseph Rainer von Österreich (1788–1831), zwölfter und jüngster Sohn von Kaiser Leopold II., war ein musikalisches Wunderkind. Er trat in den Salons des Wiener Hochadels als brillanter Klaviervirtuose auf und wurde 1803 oder 1804, mit fünfzehn Jahren, Beethovens Schüler in Klavier und Komposition. Daraus ergab sich, aus dem vertrauten, ja herzlichen Ton der Briefe zu schließen, in denen Beethoven den Prinzen immer als I. K. H. anredet, eine echte Freundschaft. Viele bedeutende Werke sind Rudolph von Österreich gewidmet, vor allem seitdem sich Rudolph als Beethovens zuverlässigster Förderer erwies. Am 1. März 1809 setzte ihm Rudolph zusammen mit den Fürsten Kinsky und Lobkowitz eine lebenslange Pension von 4000 Gulden im Jahr aus, um ihn in Wien zu halten, nachdem er einen Ruf als Kapellmeister mit entsprechendem Gehalt an den Hof des Napoleon-Neffen König Jérome erhalten hatte.[33] Rudolph wurde bereits 1805, mit siebzehn Jahren, als Koadjutor und designierter Amtsnachfolger des Kardinal-Erzbischofs von Olmütz Anton Theodor von Colloredo bestimmt, ließ aber zunächst dem Grafen Trautmannsdorf-Weinsberg den Vortritt. Nach dessen Tod am 19. Januar 1819 fand sich Rudolph bereit, die Nachfolge anzutreten. Die Amtseinsetzung wurde auf den 9. März 1820 angesetzt. Das ist der Termin, zu dem Beethoven versprochen hatte, eine Messe zu liefern.

Anton Schindler berichtet, dass die Ernennung Erzherzog Rudolphs schon Mitte 1818 feststand und dass Beethoven «ohne irgendwelche Aufforderung» beschloss, «zu dieser Feierlichkeit eine Messe zu schreiben, sich somit nach langen Jahren wieder dem Zweige seiner Kunst zuzuwenden, zu dem er sich – wie er oft geäußert – neben der Sinfonie am meisten hingezogen fühlte».[34] Dazu passen Tagebucheinträge, aus denen hervorgeht, dass sich Beethoven schon 1818 mit Plänen «wahrer Kirchenmusik» beschäftigte. In sein Tagebuch notierte er: «Um wahre Kirchenmusik zu schreiben alle Kirchenchoräle der Mönche etc. durchgehen wo auch zu suchen wie die Absätze in richtigsten Übersetzungen nebst vollkommener Prosodie aller christkatholischen Psalmen und Gesänge überhaupt».[35] In diesen Zusammenhang gehört vielleicht auch das Skizzenblatt von 1818 zum zweiten Satz der Hammerklaviersonate op. 106 mit Notizen zu einer Sinfonie: «Adagio Cantique – Frommer Gesang in den alten Tonarten – Herr Gott dich loben wir – alleluja – entweder für sich allein oder als Einleitung in eine Fuge». Rechts daneben notierte er:

> vieleicht auf diese weise die
> ganze 2te Sinfonie charakteri-
> sirt, wo alsden im lezten
> Stück oder schon im adagio
> die singstimmen eintreten
> die orchester Violinen etc. werden beym lezten Stück verzehnfacht.
> Oder das adagio wird auf gewiße weise im lezten
> Stücke widerholt wobey alsdenn erst die singstimmen
> nach u. nach eintreten – im adagio text
> griechischer Mithos Cantique Ecllesiastique
> im Allegro Feyer des Bachus.[36]

Geistliche Musik also in einer Sinfonie! Beethoven hat diesen Plan in der 9. Sinfonie nicht verwirklicht, sondern den im vierten Satz einsetzenden Singstimmen Schillers *Ode an die Freude* unterlegt, dafür aber den langsamen Satz des Streichquartetts a-Moll op. 132 rein instrumental als «frommen Gesang in den alten Tonarten» angelegt. Dem 1818 geplanten Satz einer Sinfonie als «frommem Gesang in den alten Tonarten» und dem 1825 ausgeführten «Heiligen Dankgesang eines Genesenen an die Gottheit, in der lidischen Tonart» gingen jeweils schwerste gesundheitliche und seelische Krisen voraus. Ganz besonders gilt das für die Jahre 1816/17. Wenn man von Opus 132 und dem Jahr 1825 auf den 1818 gefassten Plan eines geistlichen Werks zurückschließt, das dann ab 1819 als *Missa Solemnis* verwirklicht wurde, legt sich der Gedanke an Händel nahe, der sich nach seinem physischen und psychischen Zusammenbruch 1737 ab 1738 nicht nur von der italienischen Oper ab- und dem geistlichen Oratorium zuwandte, sondern sogar im Oktober 1738 einen «Heiligen Dankgesang» vertonte, den Lobgesang Moses nach dem Durchzug durch das Rote Meer, der den dritten Teil des Oratoriums *Israel in Egypt* bildet.[37] Diese Schicksalsparallele könnte auch bei Beethovens Vorliebe für Händel eine Rolle gespielt haben. Die Berufung Rudolphs von Österreich auf den Bischofssitz in Olmütz und die Absicht, eine Messe zu diesem Anlass zu schreiben, boten Beethoven die Möglichkeit, seinen Plan eines geistlichen Werks in Form einer Festmesse zu verwirklichen.

Sehr wichtig scheint mir, dass die *Missa Solemnis* – anders als die C-Dur-Messe op. 86 – kein Auftragswerk ist, sondern Beethovens eigenster Absicht entsprang. In diesem Punkt darf man Schindler wohl vertrauen. Offenbar trug sich Beethoven 1818 unabhängig von Rudolphs Berufung zum Erzbischof mit Plänen zu einem geistlichen Werk und sah in der Inthronisation die willkommene Gelegenheit, diese in Gestalt einer Festmesse zu verwirklichen. Es scheint mir alles andere als ein Zufall, dass Beethoven gleichzeitig mit diesem Plan sein Tagebuch aufgab, das er seit 1812, dem Beginn seiner schwersten Krise, führte. Das Tagebuch half ihm über die Jahre existentieller Nöte und künstlerischer Unproduktivität hinweg und wurde in dem Moment aufgegeben, als sich ihm neue kreative Perspektiven auftaten. Dem Tagebuch vertraute er insbesondere auch Bekundungen seines persönlichen Gottesverhältnisses an, das nach künstlerischem Ausdruck drängte. Auch in dieser Hinsicht trat die Arbeit an der Missa an die Stelle des Tagebuchs, indem sie ihn fortwährend zur Auseinandersetzung mit der kirchlichen Überlieferung und seinem persönlichen Glauben anhielt. Beethoven hat sich allem Anschein nach aus innerstem Antrieb in die Arbeit an der Missa gestürzt. So erklärt sich, dass er den ursprünglich angepeilten Termin der Fertigstellung und Uraufführung einigermaßen ungerührt verstreichen ließ zugunsten der Vollendung des Werks, wie es ihm vorschwebte (getreu seinem Grundsatz «immer das Ganze vor Augen»).

Der erste, entscheidendste Schritt zu diesem Unternehmen bestand darin, dass er sich mit seinem lateinisch-deutschen Wörterbuch[38] bewaffnet daranmachte, den Text der Messe zu studieren. Er erstellte für sich ein sechsseitiges Manuskript des lateinischen Ordinarium-Textes mit Betonungszeichen und eigener Übersetzung. Nicht, dass er mit diesem Text nicht seit frühester Zeit vertraut gewesen wäre und ihn vermutlich auswendig kannte! Keine zwölf Jahre zuvor hatte er ihn schon einmal vertont, hatte die Messvertonungen von Bach, Mozart, Haydn, Cherubini und anderen studiert, vor allem aber hatte er den Text in den Jahren als Organist in Bonn hunderte Male gehört.[39] Aber genau das war das Problem. Es kam ihm jetzt darauf an, durch diese Schicht der Altvertrautheit durchzustoßen auf den Text in seiner ursprünglichen Fremdheit und jedes Wort gewissermaßen abzuklopfen auf Nebenbedeutungen, die unter der Staubschicht der konventionellen Altvertrautheit verborgen liegen mochten. Beethoven wollte ihn ganz neu lesen und entsprechend neu vertonen. Natürlich bedeutete die Arbeit an der Messe für ihn die Auseinandersetzung nicht nur mit dem Text, sondern auch mit seinem Gott, seinem Glauben und seiner Kirche. Beethoven war kein praktizierender Kirchgänger und hatte den Kontakt mit den konventionellen Formen der Religion wohl ziemlich verloren. Trotzdem musste er sein ganz persönliches Verständnis der Tradition, denn darauf kam es ihm offenbar an, in der Komposition eines traditionellen liturgischen Textes zum Ausdruck bringen.

Beethoven setzte sich also 1819 an die Komposition des Ordinarium; Entwürfe zum Kyrie und Gloria entstanden im April und Mai 1819. Aber schon im Dezember musste er dem Erzherzog gestehen, dass er nicht rechtzeitig fertig werden würde.[40] Vom Termindruck befreit, wuchs das Werk sich aus. Das Ziel waren jetzt nicht mehr Hochamt und Kapellmeisterposten, sondern Beethoven wollte ein vollkommen neuartiges Hauptwerk schaffen, das alle bisherigen Messen in den Schatten stellte, und sich so auch in dieser Gattung als der überragende Neuerer erweisen und unsterblich werden. Die Vermutung liegt nahe, dass sich Beethoven damit auch von der Vorstellung einer gottesdienstlichen Aufführung und vom liturgischen Rahmen emanzipierte und die Messe zu einem abendfüllenden Oratorium ausweiten wollte.[41] Das wäre ein durchaus revolutionärer Schritt. Mozarts, Haydns oder Cherubinis Messen waren für eine liturgische, gottesdienstliche Verwendung geschrieben, ebenso wie Beethovens 1807 entstandene Messe op. 86 in C-Dur, ein Auftrag von Nikolaus Esterhazy, der etwas im Stil von Haydn erwartete und bitter enttäuscht war: «Aber, lieber Beethoven, was haben Sie denn da wieder gemacht!?»[42] Diese Messe aber war trotz ihres kühnen Stils, im Geist von Beethovens «heroischer Periode», für den Gottesdienst bestimmt und wurde auch im Gottesdienst aufgeführt. Liturgische oder «konzertante» Aufführung ist auch keine Frage von Umfang und Spieldauer. Bachs gewaltige h-Moll-Messe dauert etwa 105 Minuten, also eine knappe halbe Stunde länger als Beethovens *Missa Solemnis* (etwa 80 Minuten). Da Bach das Autograph (P 180 in der Berliner Staatsbibliothek) nicht mit einem zusammenfassenden Titelblatt versehen hat, sondern nur die vier Teile «Missa» (Kyrie und Gloria), «Symbolum Nicenum» (Credo), «Sanctus» (ohne Osanna und Benedictus) und «Osanna/Benedictus/Agnus Dei et Dona nobis pacem» auf je einem eigenen Blatt als solche überschrieben hat, ist nicht mit letzter Sicherheit zu klären, ob Bach dieses Konvolut überhaupt als eine zusammenhängende Messe betrachtet hat, so wahrscheinlich dies andererseits auch ist.[43] Bach hat diese Musik in ihren einzelnen Teilen aber ohne jeden Zweifel für eine liturgische Aufführung geschrieben. Auf keinen Fall hat er den Schritt vom Gottesdienst zum Oratorium ins Auge gefasst, wie man das bei Beethoven im Dezember 1819 nach Vollendung des Kyrie und dem Beginn der Arbeit an Gloria und Credo vermuten darf.

So scheint Beethoven der Erste gewesen zu sein, der diesen Schritt gegangen ist, und man fragt sich, ob und wie sich das in der Partitur ausdrückt. Tatsächlich treten bestimmte Züge der musikalischen Gestaltung erst nach dem Kyrie im Gloria und Credo auf. Dazu gehören vor allem die beiden Devisen, die sich mit dem Kant-Zitat in Verbindung bringen lassen: die Himmel-Erde-Antithese und die Emphase, die ungeheure dynamische Spannweite vom pp zum fff, die zahllosen musikalischen Ausrufezeichen. In der Partitur lässt sich dieser Umschlag von einer liturgisch gebundenen zu einer freien Komposition ziemlich genau beim Übergang vom Kyrie zum Gloria festmachen. Erst für das Gloria nahm sich Beethoven die Zeit für umfangreiche Skizzen, die allein für dieses Stück knapp hundert Seiten füllen.[44] Daran zeigt sich, dass er sich nicht mehr an einen Termin gebunden fühlte und seinem Streben nach Vollkommenheit freien Lauf lassen konnte. Das Credo skizzierte er zwischen November/Dezember 1819 und Juni/Juli 1820, das Benedictus bis Februar 1821 und das Agnus Dei bis Juli 1821. Dann unterbrach er die Arbeit an der *Missa* für neun Monate und schrieb erst von April bis August 1822 das «Dona nobis pacem».

Die Jahre 1816 bis 1819 bedeuteten für Beethoven eine schwere gesundheitliche, psychische und kreative Krise. In diesen Jahren «sank seine Produktivität auf den niedrigsten Stand seit seiner Jugend».[45] 1815 war er zum letzten Mal als Pianist öffentlich aufgetreten. Seine Schwerhörigkeit hatte sich zu Taubheit verschärft. Aus dieser Krise rettete ihn die Arbeit an der *Missa Solemnis*, sobald er sich Ende 1819 von dem Gedanken losgesagt hatte, sie zu Erzherzog Rudolphs Bischofsweihe fertigzustellen. Das einzige bedeutende Werk, das vor dieser Wende entstand, ist die *Große Sonate für das Hammerklavier* Nr. 29 op. 106. Nachdem Beethoven aber die Sätze Gloria bis Agnus Dei skizziert hatte, war der Bann gebrochen. Als er 1821 die Arbeit an der *Missa* für neun Monate ruhen ließ, entstanden in rascher Folge die letzten drei Klaviersonaten Nr. 30 op. 109 in E-Dur, Nr. 31 op. 110 in As-Dur und Nr. 32 op. 111 in c-Moll sowie die Ouvertüre *Die Weihe des Hauses* op. 124. Im April 1822 nahm Beethoven die Arbeit an der *Missa* wieder auf und vollendete nach deren vorläufigem Abschluss Ende 1822 das Projekt der 33 *Variationen über einen Walzer von Diabelli* op. 120, das er im Frühjahr 1819 zugunsten der *Missa* abgebrochen hatte. Dann wurde die Revision der *Missa Solemnis* fertiggestellt.

Am 19. März 1823, dem vermeintlichen dritten Jahrestag der Bischofsweihe (in Wirklichkeit hatte diese am 9. März 1820 stattgefunden), händigte Beethoven Erzherzog Rudolph die Widmungspartitur aus, arbeitete aber noch bis ins folgende Jahr hinein an Einzelheiten der Komposition. Die erste Aufführung der Messe fand in einem Konzertsaal statt: am 7. April 1824 durch die Philharmonische Gesellschaft in Sankt Petersburg, auf Betreiben von Fürst Nikolai Galitzin, einem Bewunderer Beethovens und Amateur-Cellisten, der eine der teuren handschriftlichen Kopien der Messe an den Zarenhof vermittelt und selbst eine erworben hatte. In Österreich war die Aufführung liturgischer Werke außerhalb des Gottesdienstes verboten. In Wien wurden daher Teile der Messe (Kyrie, Credo, Agnus Dei) am 7. Mai 1824 in Beethovens Akademie am Kärntnertortheater als «Hymnen» aufgeführt.[46] Das Programm umfasste außerdem die Uraufführung der 9. Sinfonie und die Ouvertüre *Die Weihe des Hauses*. Auf den tosenden Jubel und überwältigenden Beifall, der aber vor allem der 9. Sinfonie galt, musste der taube Beethoven, der mit dem Rücken zum Publikum in der Partitur blätterte, eigens aufmerksam gemacht werden.

Die *Missa Solemnis* gehört mit der 9. Sinfonie, den Klaviersonaten op. 106 und op. 109–111, den Diabelli-Variationen op. 120 und den späten Streichquartetten ab op. 127 zu Beethovens Spätwerk, das alles Vorhergehende weit hinter sich lässt und in Bereiche vorstößt, in die ihm niemand folgen konnte. Der Begriff «Spätwerk» hat bei Beethoven nicht nur chronologische, sondern auch und vor allem qualitative Bedeutung: Er bezeichnet den höchsten Rang seines Werkes, dem keineswegs alles, was nach 1816 entstand, zugerechnet wird. Adorno hat sogar der *Missa Solemnis* den Rang als Spätwerk aberkennen wollen, ein Urteil, das aber Birgit Lodes in ihrer großen Arbeit über das Gloria schlüssig widerlegen konnte.[47]

8

Werkbeschreibung

Auf dem Titelblatt der Erstausgabe der *Missa Solemnis* wird das Werk schlicht als «Missa» bezeichnet, ohne den Zusatz «solemnis» und ohne Angabe der Tonart. Diese Angaben finden sich nur auf dem berühmten Porträt, das der Maler Joseph Karl Stieler 1820 schuf, als Beethoven an der Messe arbeitete. Hier steht auf dem Deckblatt der Noten, die Beethoven in Händen hält, «Missa Solemnis. Aus D#». In der Messe selbst aber spielen B-Dur und F-Dur eine bedeutende Rolle und bestimmen mehr als ein Drittel der Partitur. Von den sechs späten Messen Joseph Haydns stehen vier in B-Dur,[1] eine in C-Dur[2] und eine in d-Moll/D-Dur.[3] Die Tonarten D-Dur und B-Dur sind durch Terzverwandtschaft verbunden, die in der Musik des neunzehnten Jahrhunderts und ganz besonders bei Beethoven eine große Rolle spielte.[4] D ist der mittlere Ton oder «die Mediante» des B-Dur-Dreiklangs.[5] Beschränkt auf Dur-Akkorde ist auf diese Weise D-Dur mit Fis-Dur als Obermediante und mit B-Dur als Untermediante terzverwandt, obwohl diese Tonarten jeweils vier Stufen im Quintenzirkel voneinander entfernt sind. Diese Art von Verwandtschaft bei deutlicher Entfernung macht den Reiz dieser Beziehung aus.[6]

Kyrie

Kyrie eleison!
Christe eleison!
Kyrie eleison!

Die dreifache Bitte um Erbarmen etabliert den Kommunikationsraum, den Kontakt von Gott und Gemeinde, in dem sich der Gottesdienst vollziehen soll. Obwohl zuweilen auf Gott-Vater gedeutet, bezieht sich auch der Anruf «Kyrie, Herr!», auf Christus als den Herrn, dem der Gottesdienst gilt. Auch «Christe» ist nicht Name, sondern Hoheitstitel und bedeutet «Gesalbter» als Übersetzung von Messias. Die dreifache Bitte um Erbarmen bestimmt die Gebetssituation, *de profundis*, aus der Tiefe. Bevor der eigentliche Gottesdienst mit Lob und Dank einsetzt, wird die Conditio humana in ihrer erbarmenswürdigen Bedürftigkeit klargestellt. Griechisch «eleison» entspricht dem lateinischen «miserere (nobis)», das in den Agnus-Dei-Anrufungen noch mehrfach vorkommt.

«Kyrie». Assai sostenuto. Mit Andacht, D-Dur, ¢

Das Kyrie ist noch im Frühjahr 1819 entstanden, als Beethoven davon ausging, die Messe rechtzeitig zur Amtseinsetzung von Erzherzog Rudolph als Erzbischof von Olmütz im März 1820 fertigstellen zu können. So stand ihm hier noch der liturgische Rahmen im Wenzelsdom von Olmütz vor Augen. Das Kyrie lässt daher noch wenig ahnen von dem höchst subjektiven Pathos, der Erregung, der ganz individuellen Empfindung, die sich in den späteren Abschnitten der *Missa Solemnis* ausdrückt. Es geht in dieser Hinsicht vielleicht sogar noch hinter das Kyrie der C-Dur-Messe op. 86 zurück, das bewegter, dramatischer ist.

Das Vorspiel hebt an, volles Orchester und forte, mit den zweieinhalb Takten, die beim Einsatz des Chores in Takt 21 den Anruf «Kyrie!» skandieren.

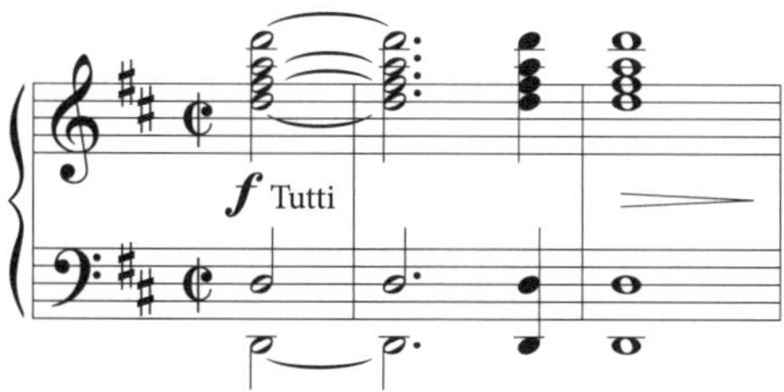

Das Besondere dieser Phrase ist der Einsatz auf der schwachen Taktzeit. Die folgende 1 wird nur durch die Pauke und die mit der Pauke immer parallel geführten Trompeten markiert.[7] Die Musik setzt gewissermaßen «vor der Zeit» ein, sie erklingt, bevor es mit dem Paukenschlag wirklich losgeht. Wie in der langsamen Introduktion einer Sinfonie, durchaus noch nahe bei Haydn und Mozart, schreitet das Vorspiel *piano* und *dolce* (Holzbläser) in halben Noten fort. Zwei kurze, zweitaktige Motive wechseln sich dabei ab, von denen das eine mit dem Einsatz der Singstimmen zu «eleison» («erbarme dich») gehört:

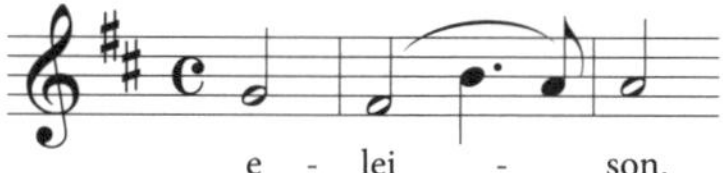

Eine synkopierte Variante erscheint zuerst in den Takten 49–55:

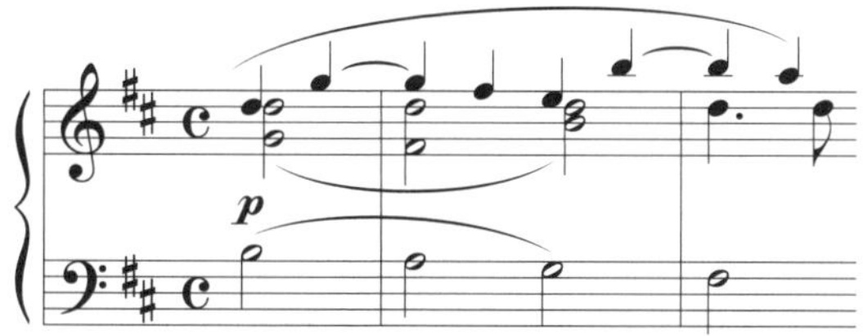

Während das andere Motiv nur instrumental vorkommt:

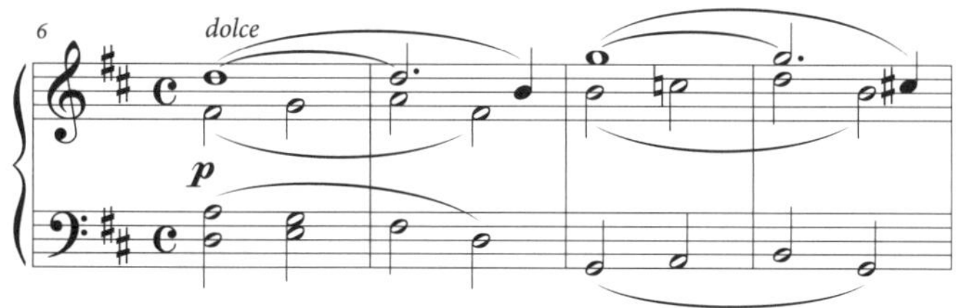

Beide Motive bestimmen auch im Folgenden das Kyrie und geben ihm eine starke Kohärenz. In Takt 21 setzt der Chor mit dem dreimaligen Anruf «Kyrie!» ein, zuerst *forte*, dann *fortissimo*, und jeweils eine Solostimme, zuerst Tenor, dann Sopran, zuletzt Alt, nimmt *piano* den Ruf nachklingend auf. Die Wirkung ist grandios und setzt gleich zu Beginn Chor und Solisten in ein neues, überraschendes Verhältnis. Im Verlauf des Werks wird immer deutlicher, dass die Solisten die Innigkeit, die Intensität der inneren Beteiligung zum Ausdruck bringen, das «von Herzen», mit dem Beethoven den liturgischen Text beleben, ja durchglühen will. Seit alters, das ist kanonische Sitte, wird das «Kyrie eleison» dreimal gesungen. So erklärt sich, dass von den vier Solisten nur Sopran, Alt und Tenor es anstimmen und der Bass sitzen bleibt und schweigt. Beim zweiten Kyrie darf er wenigstens einmal «eleison» singen.

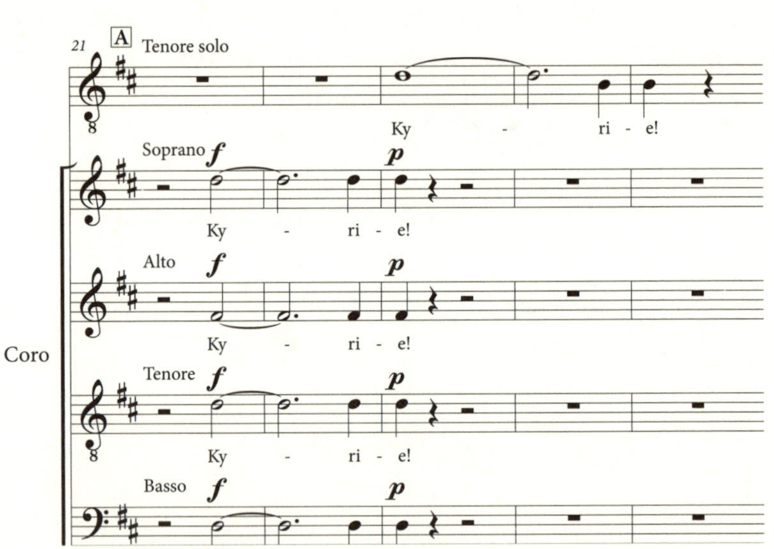

«Christe eleison».
Andante assai ben marcato, h-Moll, 3/2

Der Mittelteil des Kyrie mit der Anrufung Christi wird traditionell lyrisch und solistisch behandelt, um es von den chorischen, oft polyphonen Kyrie-Teilen abzusetzen. Beethoven geht einen anderen Weg. Er stellt Solistenquartett und Chor doppelchörig in barock anmutender Polyphonie gegenüber. Barock wirkt aber vor allem der in den Bässen *pizzicato* betonte Rhythmus, der sich immer unverkennbarer als Sarabande im Stile Händels zu erkennen gibt (Takte 86–101 und 113–127):

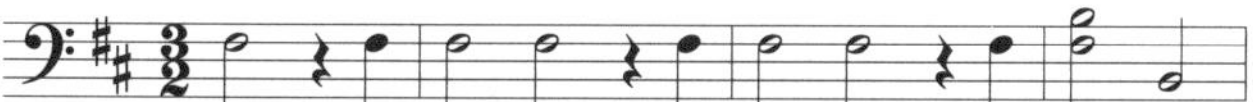

Die «Christe»-Anrufe (oft in Terzparallelen) fallen auf die halben Noten und konstrastieren mit den in ab- und aufsteigenden Viertel-Skalen bewegten «eleison»-Bitten. Auf- und absteigende Skalenbewegungen begegnen in jedem Teil der Messe, im Quintraum, wie hier, oder in weiter ausgreifendem, über zwei oder drei Oktaven reichendem Klangraum.

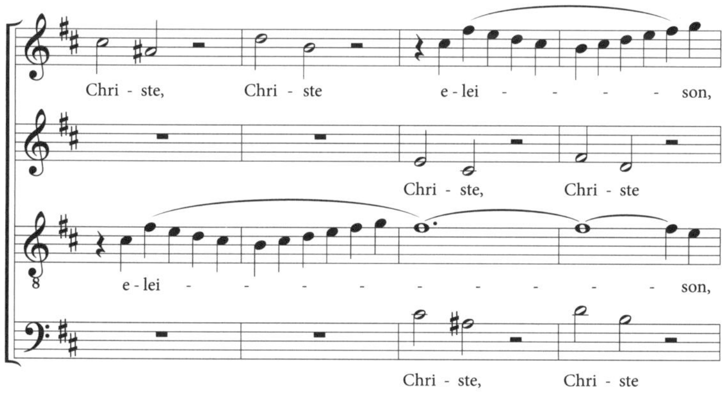

Die letzten Takte steigern die Polyphonie im Sinne einer Engführung und mindern zugleich die Dynamik bis zum *piano-pianissimo.*

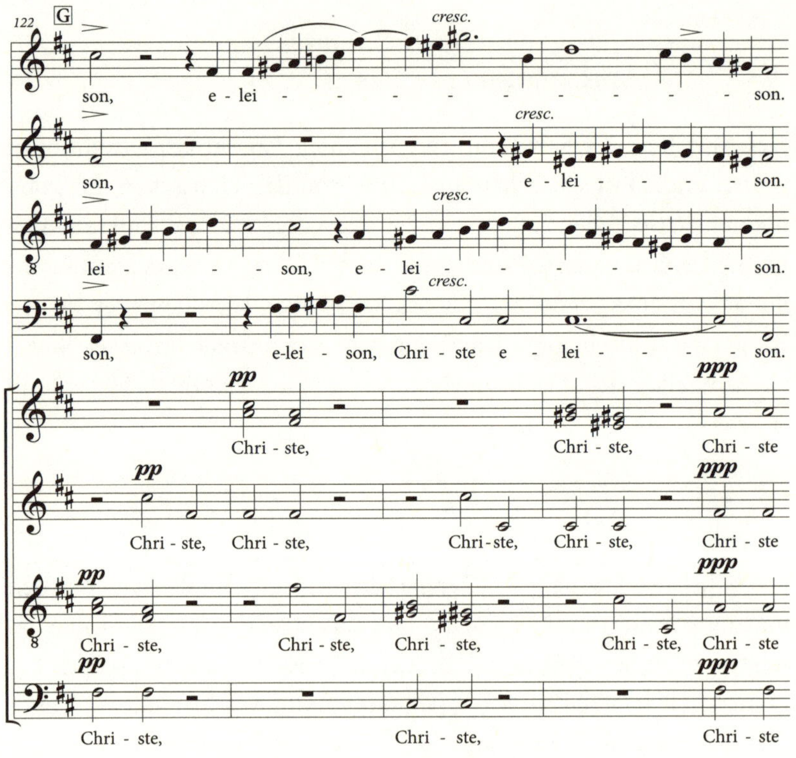

«Kyrie» 2. Tempo I, D-Dur

Das zweite Kyrie greift in Tempo, Motivik und – von Beethoven als «andächtig» vorgeschriebener – Stimmung das erste Kyrie wieder auf, ist aber alles andere als eine reine Wiederholung. Das Solistenquartett tritt nur in den ersten Anrufungen mit seinen wunderbaren Echowirkungen wie im ersten Kyrie auf (allerdings wieder ohne den Bass, der nur einmal in den Takten 152–154 das «eleison» mitsingt), den Rest bestreitet allein der Chor in leichter Verdichtung der Polyphonie und Abwandlung der vertrauten Motive.

Das Kyrie hat Beethoven, wie gesagt, komponiert, als er noch an einen liturgischen Rahmen seiner Messe im Festgottesdienst für Rudolph glaubte. Es fällt weder in seinen Proportionen (immerhin 223 Takte) noch in seiner Haltung und Stimmung aus diesem Rahmen heraus.

Im Ganzen der Komposition hat das Kyrie den Charakter und die

Funktion einer sinfonischen Einführung, langsam, tastend, ohne prägnantes Thema. «Die Introduktion leitet und führt zu etwas hin, das außerhalb ihrer selbst liegt, will nicht selbst abhandeln, sondern einer Abhandlung präludieren, muß also funktionsgemäß themenfeindlich sein», schreibt Peter Gülke,[8] und mit Bezug auf das Kyrie der *Missa:* Beethoven «vermied jede bündige Prägnanz und Gestalt, nichts haftet im Ohr. Eine vage, im Ungewissen tastende, fortwährend zu neuen Bildungen strebende Entwicklung bestimmt diesen Satz».[9] In schärfstem Kontrast dazu steht das folgende Gloria.

Gloria

Das Gloria, der zweite Abschnitt der fünfteiligen Messe, ist ein Hymnus, der sich erst auf Gott-Vater und dann auf Christus bezieht (kursiv: Kontraste innerhalb der Abschnitte):

1. Gloria in excelsis Deo.
Et in terra pax hominibus
bonae voluntatis.
Laudamus te.
Benedicimus te.
Adoramus te.
Glorificamus te.
2. Gratias agimus tibi
propter magnam gloriam tuam.
3. Domine Deus, Rex coelestis,
Deus, Pater omnipotens.
Domine Fili unigenite, Jesu Christe.
Domine Deus, Agnus Dei, Filius Patris.
4. Qui tollis peccata mundi,
miserere nobis.
Qui tollis peccata mundi,
suscipe deprecationem nostram.

Qui sedes ad dexteram Patris,
miserere nobis.
5. Quoniam tu solus Sanctus.
Tu solus Dominus.
Tu solus Altissimus, Jesu Christe.
Cum Sancto Spiritu
in gloria Dei Patris.
Amen.

Anders als seine Vorgänger hat Beethoven das Gloria nicht (wie vor allem Bach) in einzelne Nummern oder, wie seit Mozart und Haydn üblich, in drei bis vier Sätze aufgeteilt,[10] sondern als einen einzigen zusammenhängenden Satz durchkomponiert. Innerhalb dieses einen Satzes aber herrscht das Prinzip maximaler Diskontinuität. Die Zäsuren, die Beethoven in seiner Vertonung durch Wandel von Taktart, Tonart, Dynamik und/oder Tempo setzt, sind im Text oben durch eingeklammerte Zahlen hervorgehoben. Weitere Zäsuren, die ich durch Kursivdruck andeute, entstehen durch abrupte Wechsel in der Dynamik. Darauf wird abschließend und zusammenfassend die Rede sein.

(1) Allegro vivace, D-Dur, 3/4

Das Gloria mit seinem furiosen, hocherregten Aufschwung bietet den schärfsten Kontrast zu dem andächtigen, zugleich monumentalen und innigen Kyrie.

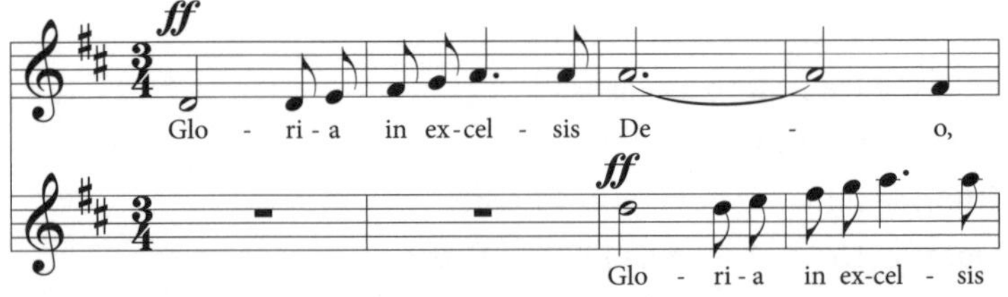

Das Thema bezieht seine Spannung daraus, dass eine melodische Linie, die sich natürlicherweise in drei Zweivierteltakte unterteilt, auf zwei Dreivierteltakte verteilt ist:

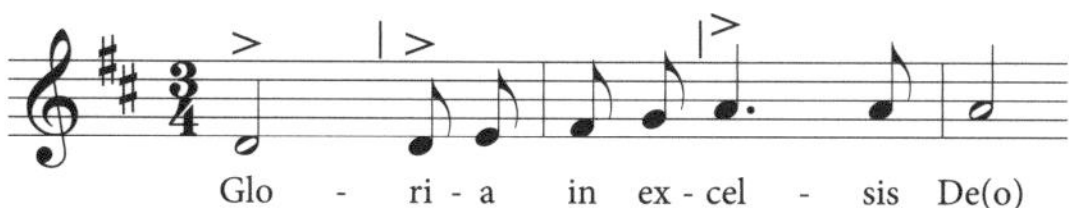

Diese Ambivalenz von Zwei- und Dreitaktigkeit hebt die Taktgrenze auf und lässt den Eindruck eines einzigen großen Taktes entstehen.

Das Motiv versinnbildlicht in seiner stürmischen, geradezu ekstatischen Aufwärtsbewegung, die in den Flöten bis zum a''' führt (das dann in liegendem Ton über siebzehn Takte durchgehalten wird) weniger die göttliche Höhe («in excelsis») als den menschlichen Aufschwung zur Höhe und lässt an die priesterliche Aufforderung «sursum corda!», «Erhebet die Herzen!», denken, die im katholischen und evangelischen Gottesdienst aber erst später kommt und die «Präfation», die Vorrede zum eucharistischen Hochgebet, einleitet. Das Motiv hat den Charakter einer Fanfare. Das zeigt sich am deutlichsten in der Behandlung der Trompetenstimme. Während Beethoven sie sonst fast durchgehend wie ein Schlagzeug als Verdoppelung der Pauke behandelt und immer nur wie diese Tonika und Dominante spielen lässt,[11] darf sie dieses Motiv fast immer anstimmen, wo es im Gloria auftritt (Takte 1–4; 9–11; 66–68; 528–530; nicht 182–184, nur Hörner spielen; nicht 210f.).

Birgit Lodes hat einen Teil der Skizzen zusammengestellt, die Beethoven auf der Suche nach dem Gloria-Thema angefertigt hat (siehe Lodes, S. 64f.). Sie bezeugen eine Fülle weit ausgreifender Suchbewegungen, die sich meist in großer Ferne vom endgültigen Thema bewegen. Das ist höchst überraschend. Gibt es etwas Schlichteres als diese Achtel-Skala von d nach a? Trägt sie nicht alle Merkmale eines spontanen Einfalls? Am 18. März 1820 hatte ihm der befreundete Komponist Friedrich August Kanne bei einem Gespräch über das Gloria den «Schustercanon» ins Konversationsheft geschrieben, an dessen Anfang ihn das Gloria-Motiv mit Recht erinnerte:[12]

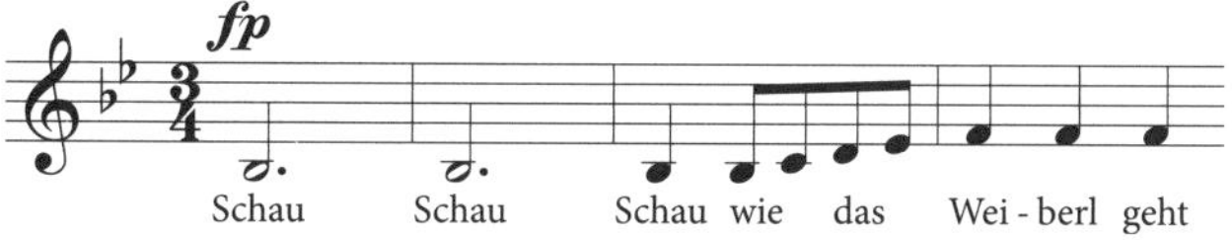

Beethovens Motiv war aber die Frucht weder der Erinnerung an diesen populären Kanon noch eines spontanen Einfalls, sondern das Ergebnis mühsamen Suchens, Auswählens und Feilens. Am nächsten kommen der Endgestalt die Zeilen IX und X in Lodes' Zusammenstellung (S. 65, Abb. 3–7).

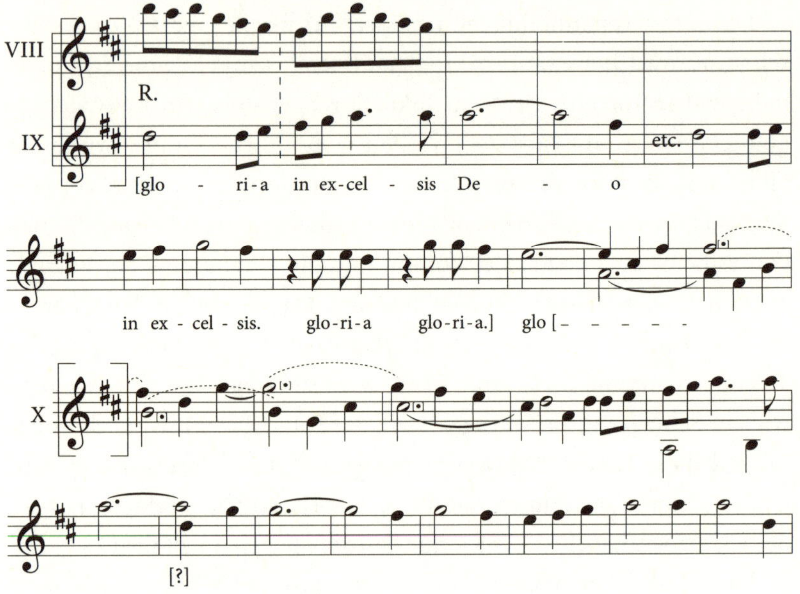

Die großen Vertonungen der Weihnachtsgeschichte (Bachs *Weihnachtsoratorium*, Händels *Messiah*) und des Messtexts (etwa Bachs h-Moll-Messe, Mozarts und Haydns Messen) setzen die Ehre Gottes in der Höhe und den Frieden der Menschen auf der Erde immer möglichst deutlich voneinander ab; diesen Kontrast steigert Beethoven ins Extrem, indem er den Aufschwüngen «in excelsis» das leise, fast auf der Stelle tretende «et in terra pax» gegenüberstellt.

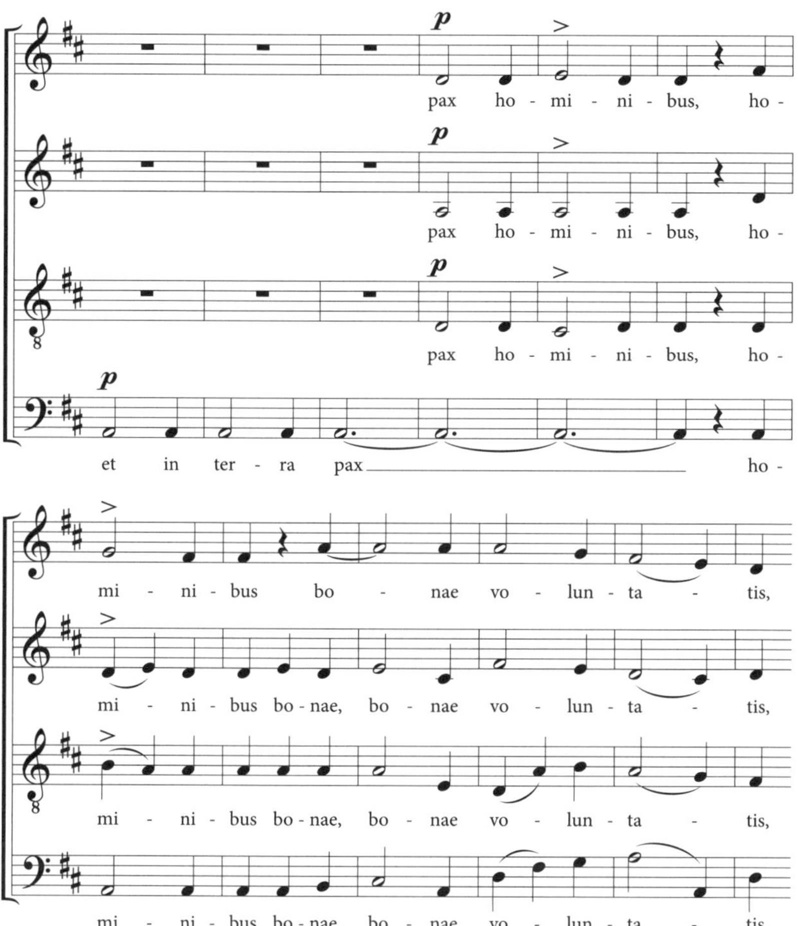

Sinnfälliger kann man den Gegensatz von Himmel und Erde nicht darstellen. Birgit Lodes schreibt: «Beethoven charakterisiert die beiden Zeilen musikalisch in fast allen Parametern (Instrumentierung, Dynamik, Klangraum, rhythmische Bewegungsform, melodische Bewegungsrichtung, harmonische Fortschreitung) so gegensätzlich, dass das unmittelbare Aufeinanderprallen der beiden Abschnitte kaum noch unter dem Dach des klassischen ästhetischen Gefühls vereinbar zu sein scheint.»[13] Dieser Gegensatz bestimmt auch den Aufbau des ganzen Abschnitts. Die Worte «laudamus, benedicimus, glorificamus» beziehen sich alle auf Sprechakte des Lobens und Preisens, nur «adoramus»

drückt die Haltung der Anbetung aus. Für «laudamus te» verwendet Beethoven das Motiv des Aufschwungs und kombiniert es mit «bé-né-dí-cí-mús-té» in repetierenden Vierteln, alles *fortissimo*, um das «adoramus te» dann *pianissimo*, auf der Stelle tretend, dagegenzusetzen (Takte 80–83):

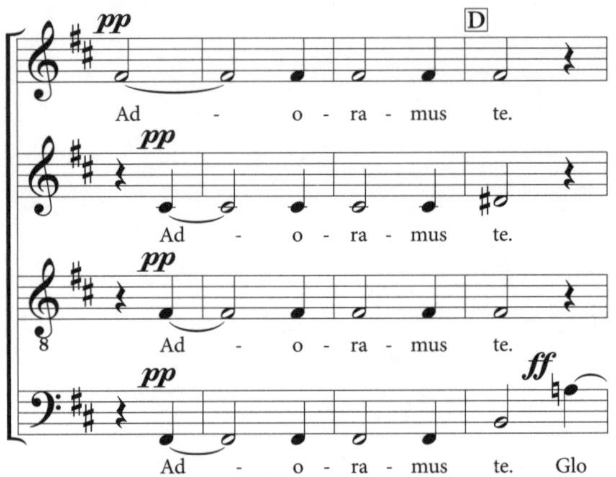

Genauso abrupt vom *forte* ins *piano* und im Sopran vom e" um eine None zum d' fallend, setzt Beethoven in seiner C-Dur-Messe die Zeile «adoramus te» von ihrem lauten und hohen Kontext ab (Takte 48–50). Händel war hier vorausgegangen. «Glory to God in the highest» wird vom ganzen Chor angestimmt und von den Violinen in Sechzehntelläufen begleitet, die die schwirrenden Engelscharen andeuten und plötzlich schweigen, während nur Tenor und Bass auf einem Ton das «and peace on earth» singen.

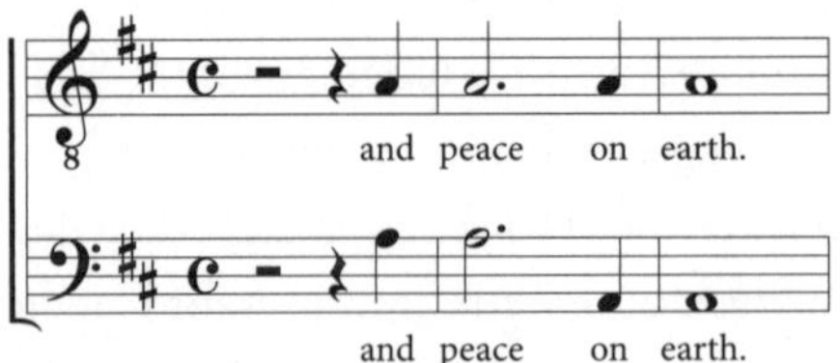

Dasselbe wiederholt sich bei Händel noch zweimal, um den Kontrast zwischen göttlicher und menschlicher Sphäre aufs Deutlichste herauszustellen. Genau das ist auch Beethovens Absicht.

Mit «glorificamus» setzt, wieder *fortissimo*, eine Fuge ein, die das Laudamus-Motiv des Aufschwungs und das in repetierenden Vierteln insistierende Benedicimus-Motiv als Kontrasubjekte integriert. Indem aber Beethoven das «adoramus te» in den Takten 100–103 noch einmal einfügt, tritt der Gegensatz von Himmel und Erde, ekstatischem Lobpreis und stiller Anbetung (eingerückt) als strukturbildendes Prinzip hervor:

Gloria in excelsis *(Takte 1–42)*
  et in terra pax *(Takte 43–66)*
laudamus/benedicimus te *(Ritornell, Takte 66–80)*
  adoramus te *(Takte 80–83)*
glorificamus/benedicimus te *(Takte 83–100, Ritornell, Takte 94–98)*
  adoramus te *(Takte 100–103)*
glorificamus te *(Takte 103–121)*

Diese Gegenüberstellung von göttlich-himmlischer und menschlich-irdischer Sphäre prägt auch den Rest des Gloria-Satzes:

  Gratias agimus tibi propter magnam gloriam tuam
Domine Deus, rex coelestis, Deus pater omnipotens.
  Domine fili unigenite, Jesu Christe,
Domine Deus, agnus Dei, filius patris.[14]

(2) *«Gratias agimus». Meno Allegro, B-Dur*

Mit dem «gratias agimus» wechseln Tonart (von D zu B), Tempo *(meno allegro)*, Stimmung *(cantabile, dolce)* und Dynamik *(piano)*, der Dreivierteltakt verfällt in einen sanft schwingenden, pastoralen Rhythmus, und wir befinden uns gleichsam wieder auf der Erde.

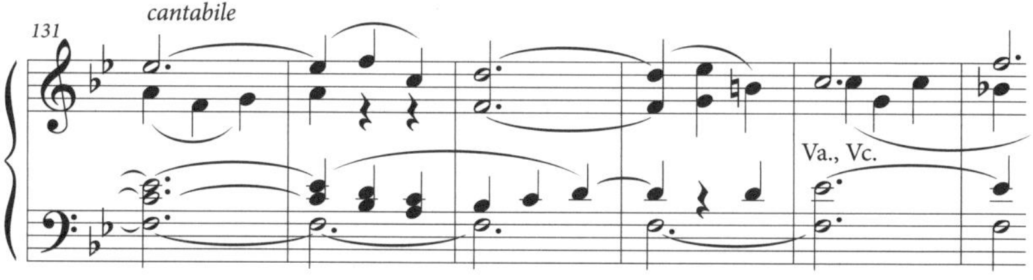

Wie schon in den jeweils drei Takten des «adoramus te» schweigen jetzt die Blechbläser (bis auf die sanften Hörner) über den gesamten Abschnitt (Takte 128–173). Ein Vorspiel von vierzehn Takten exponiert in den Holzbläsern das liebliche Thema, die Soli beginnen in vierstimmigem, imitatorischem Satz voller Terzparallelen und wechseln sich nach siebzehn Takten mit dem Chor ab, der sich noch stärker in parallelen Terzen und Sexten bewegt.

(3) «Domine Deus»

Mit der Anrufung Gottes sind dann das Tempo (Tempo I), die Dynamik (*forte,* das sich zum *fortissimo,* im Orchester gar zum *fortefortissimo* steigert) und das volle Orchester (einschließlich Blechbläser) wieder da, die Tonart B bleibt. Das Orchester nimmt auf überraschende und ungemein wirkungsvolle Weise das Aufschwungsmotiv des Gloria-Beginns als Ritornell wieder auf, während der Chor, alternierend in Frauen- und Männerstimmen, die Anrufungen «domine Deus, rex coelestis, Deus pater» skandiert, um sich bei dem Wort «omnipotens» vierstimmig in einem mehr als drei Takte durchgehaltenen Septakkord über B zu vereinigen, zu dem erstmals im Gloria auch die drei Posaunen erklingen. Mit seinem sparsamen und bewussten Einsatz der Posaunen steht Beethoven in einer Tradition, die in der Musikwissenschaft unter dem Stichwort «Ombra» (Schatten) bekannt ist.[15] Dabei handelt es sich um einen Komplex von Stilmitteln zur Anmutung des Unheimlichen, Jenseitigen, Ungeheuren und «Erhabenen» – des «mysterium tremendum» – und zum Ausdruck der damit verbundenen Gefühle von Schrecken, Schauer, Ehrfurcht, Entsetzen, wozu dann seit Händel vor allem die drei Posaunen (Alt, Tenor, Bass) gehören.

Ab Takt 177 steigt der Sopran chromatisch vom es" über f", fis", g", dem lang gehaltenen as" bis zum a" (Takt 189) auf, das in allen Sing- und Orchesterstimmen unisono in fünf Oktaven erklingt. Das Gloria-Motiv

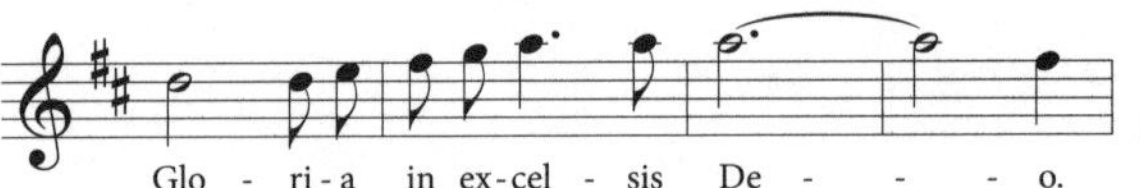

kehrt im Sinne eines Ritornells im weiteren Verlauf des Gloria in eher versteckter Form noch dreimal wieder (Takte 192–195 in den Holzbläsern, 210–215 zu «Domine Deus» und Takte 337f. zum «solus Altissimus» des Chors), bis es dann bei der überraschenden Reprise des Anfangs ab Takt 525 in vollem ekstatischen Glanz wieder erklingt und die einzelnen Abschnitte zum Zyklus rundet. Beethoven, so zeigt sich, hat das gewaltige Gloria zugleich auf Kontrast und Kohärenz gearbeitet.

Die Anrufung Christi ab Takt 196 steht wiederum in scharfem Kontrast zur vorhergehenden Anrufung Gottes, der jedoch in dynamischer Hinsicht diesmal nicht wie sonst abrupt blockhaft eintritt, sondern durch vier Takte *diminuendo* vermittelt ist, wobei die Holzbläser mit dem Gloria-Motiv aufsteigen und die Streicher in der Gegenrichtung absteigen. Der Chor singt *piano* sein «Domine fili unigenite» in parallelen Terzen, dem traditionellen Ausdruck von Liebe und Zärtlichkeit, rafft sich aber dann ab Takt 210 mit der Gloria-Fanfare des Orchesters im *fortissimo* des himmlischen Modus zu den letzten Anrufungen «Domine Deus agnus Dei filius patris» auf. Die Silbe «pa(-tris)» wird auf neun Takte gedehnt, der Sopran verharrt orgelpunktartig auf dem g'', die Flöten auf g''' und e'''. Mit der Silbe «(pa-)tris» schließt der Chor im *piano*.

Wenn man die *fortissimo*-Dynamik und die Aufschwungsbewegung in höchste Lagen mit Gott und Himmel, und die *piano*-Dynamik und das sanfte Verharren in tiefen Lagen mit der Erde und der Conditio humana in Verbindung bringen darf, dann ist die Anrufung Christi in diesem irdischen Modus als ziemlich eindeutiges Bekenntnis zu einer arianischen Christologie zu verstehen, die zwischen Gott-Vater und Christus scharf unterscheidet und in Jesus den Menschen und nicht den Gott sieht.

(4) «Qui tollis». Larghetto, F-/D-/B-Dur, 2/4

Die drei «qui-tollis»-Anrufungen bewegen sich wiederum im «irdischen» Modus. Das Tempo wechselt von Tempo I (Allegro vivace) zu Larghetto. Holzbläser und Hörner beginnen *piano* das zarte achttaktige Vorspiel. Die Solisten singen *piano* die erste Anrufung. Auffallend ist der Oktavschritt, die Figur der *exclamatio*, bei «(mi)seré(re nobis)», den der Chor, das «miserere nobis» wiederholend, nicht nachmacht. Die Solisten wiederholen das «qui tollis», nun aber erst mit einem *sforzato*, dann mit *crescendo* auf dem wiederholten Wort «peccata mundi». Zur zweiten «qui-tollis»-Anrufung wechselt die Tonart von d-Moll nach D-Dur, und der Chor beginnt *forte*, nun seinerseits mit dem *sforzato* auf «peccata», und die Solisten ergänzen *piano* die Bitte: «suscipe deprecationem nostram», die der Chor *pianissimo* wiederholt. Die Solisten wiederholen das «suscipe ...» mit der Angabe *espressivo* und deuten auf das Wort «deprecationem» unverkennbar das Gloria-Motiv an,

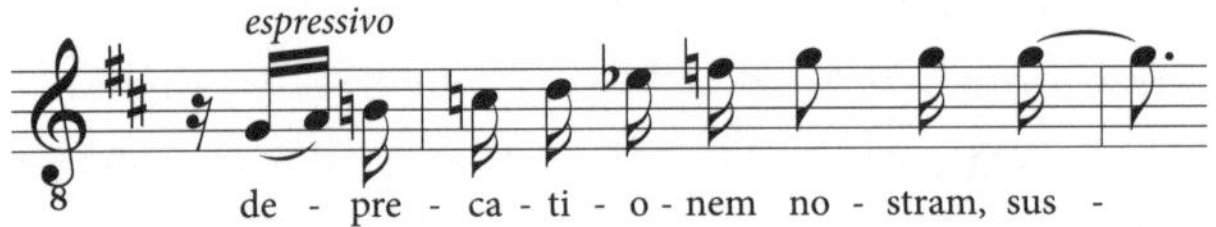

das gleich darauf *crescendo* in allen vier Stimmen imitatorisch wiederholt wird. Die dritte Anrufung, «qui sedes ad dexteram patris», fällt ganz aus dem Rahmen der leisen, sanften «qui-tollis»-Anrufungen. *Forte*, mit vollem Orchester, Pauken und Trompeten, baut der Chor einen in dreieinhalb Oktaven (von b" im Sopran bis zu F im Bass) aufgespreizten B-Dur-Akkord auf, in dem er «sedes ad dexteram patris» als herrscherliche Akklamation bzw. Proklamation des thronenden Weltenrichters intoniert. Mit der Bitte «miserere nobis» fallen Chor und Solisten ins *pianissimo* zurück, und die Violinen erzeugen in bebenden Zweiunddreißigstel-Figuren eine Atmosphäre von Furcht und Zittern. Ganz ähnlich hatte Beethoven auch in seiner C-Dur-Messe op. 86 diese Stelle behandelt. Auch hier brechen in Takt 176 Chor und volles Orchester nach dem *piano* verklingenden «miserere» der Solisten *forte* bis *fortissimo* in das «qui sedes ad dexteram patris» aus, und auch hier schließt sich in plötzlichem *piano* ein «miserere» an, in dem sich durch die synkopierte Begleitung ängstlich schwankende Furcht ausdrückt.

Der zweite «qui-sedes»-Anruf platzt in dieses Flehen um Erbarmen mit ähnlich majestätischer Geste hinein. *Forte* und unisono akklamieren die Männerstimmen des Chores, nur von tiefen Streichern und einem fanfarenartigen Trompetenstoß (Takte 281f., wie immer parallel mit der Pauke) begleitet, den thronenden Weltenrichter, um dann zusammen mit den Solisten bei der Bitte «miserere nobis» wieder ins demütige *piano* zurückzufallen. Ab Takt 288 aber baut sich ein *crescendo* auf, das sich mit Takt 291 ins *forte* und Takt 292 ins *fortissimo* steigert, mit einer harten Akkordrückung von F-Dur nach fis-Moll. Hier erklingen auch zum zweiten Mal in diesem Gloria die drei Posaunen, die das Jüngste Gericht signalisieren, wie es mit dem Prädikat «qui sedes ad dexteram patris» evoziert wird (vgl. dazu Kap. 5, S. 98f.). In dieser allerletzten und allerhöchsten Not des Jüngsten Gerichts steigert sich die dritte Bitte um Erbarmen zu einem Aufschrei. Das macht Beethoven mit der Steigerung ins *fortissimo*, dem Klang der Posaunen und dem Quartsextakkord fis-Moll deutlich, der auf das Wort «nobis» ins *piano* und die Dominante Cis-Dur zurückfällt.

Diese Stelle hat ein zeitgenössischer Rezensent als «grauenhaft», wie «der letzte verzweifelte Aufschrei eines Verzweifelten» beschrieben.[16] Die Bedeutung dieses musikalischen Ereignisses erschließt sich nur im Rahmen der Vorstellung vom Jüngsten Gericht, die mit der Formel «qui sedes ad dexteram patris» evoziert ist (was bisher nicht bemerkt worden zu sein scheint). Bis hierhin realisiert Beethoven das «expressivo» durch *sforzati*, *crescendi*, *decrescendi*, Wechsel von *piano/pianissmo* und *forte/fortissimo* auf der Ebene der Dynamik, jetzt aber auch durch einen kleinen, aber ungeheuer wirkungsvollen Eingriff in den liturgischen Text, der ihn ins Dramatische verändert, durch die dem «miserere» vorgeschaltete Interjektion «ah!».

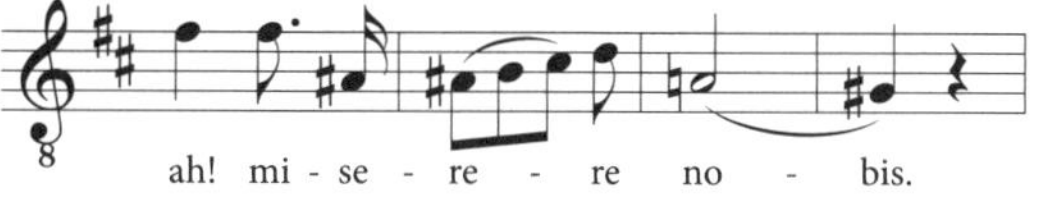

Der Solo-Tenor beginnt, die anderen, Soli und Chor, stimmen ein und steigern sich auf das abschließende «nobis» zum *forte*. Birgit Lodes hat auf eine Seite in Beethovens Konversationsheft Nr. 10 verwiesen, wo eine Unterhaltung mit dem theologisch gebildeten Komponisten und

Musikschriftsteller Friedrich August Kanne (der selbst 1811 eine *Missa Solemnis* geschrieben hat) vom 28. März 1820 festgehalten ist:

> fresco
> miserere nobis
> ah! – – –
> o! – – –

Lodes ordnet mit Recht[17] diesen Eintrag Beethoven zu und Kanne die Antwort:

> wir Musiker sollten mehr Ausrufspoesie haben, – weit weniger Beschreibungspoesie

Kanne, kommentiert Lodes diesen Eintrag, «drückte damit einen Wunsch aus, der Beethoven wohl sehr am Herzen lag: einen Text vertonen zu können, der weniger reflexiv beschreibt als vielmehr ein Geschehen gegenwärtig miterleben läßt». Diese treffende Unterscheidung charakterisiert nicht nur diese Stelle, sondern Beethovens gesamte Behandlung des Ordinarium Missae. Ausdruck statt Beschreibung, dramatische Aktualisierung statt distanzierter Darstellung.

(5) «Quoniam». Allegro maestoso, D-Dur, 3/4

Ein zweitaktiger Paukenwirbel leitet *pianissimo* den fünften Abschnitt ein, der in Takt 312 *fortissimo* mit vollem Orchester und einer aus dem Wort «quoniam» entwickelten Fanfare unisono (aber ohne Trompete, die auch hier nur die Pauke verdoppelt) einsetzt, wie sie den Auftritt eines allerhöchsten Herrschers ankündigt:

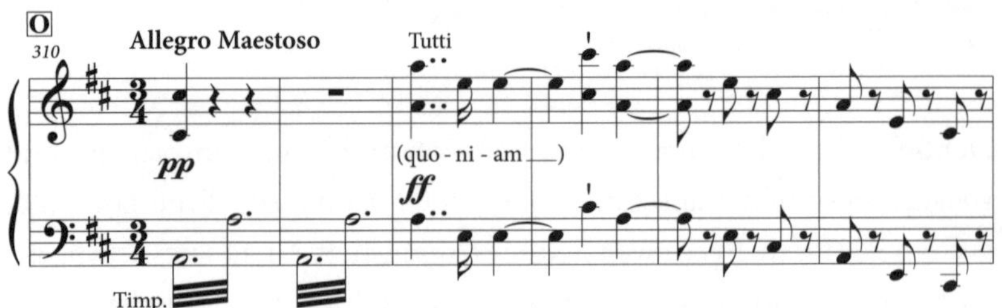

Der Chor-Tenor greift die Fanfare variierend und von A-Dur (als Dominante von D-Dur) und G-Dur (als Subdominante) überraschend in C-Dur endend auf. *Forte* und in sehr hoher Lage beginnend, fällt er beim Wort «sanctus» unvermittelt ins *piano* und um eine Oktave ab. So wird Beethoven dann auch das Sanctus behandeln: *piano* und in tiefen Lagen. Der Chor-Sopran respondiert, indem er die variierte Fanfare nach D-Dur zurückführt. Der volle Chor setzt einige Takte später, imitatorisch im Takt-Abstand vom Bass zum Sopran aufsteigend, mit *sforzato* ein und endet auf dem vier Takte unisono gehaltenen a – a' – a" auf der Silbe «(al)tis(simus)» und dem Vokativ Jesu Christe in A-Dur, wobei das Orchester *fortissimo* und mit *sforzati* auf der dritten Taktzahl, in punktierten Rhythmen zwischen A- und D-Dur wechselnd, begleitet. Dem Heiligen Geist, der in der kurzen Formel «cum sancto spiritu» den Hymnus an Vater und Sohn zur Trinität abrundet, widmet Beethoven drei Takte der in homophonem monumentalen *fortissimo* A-Dur deklamierten Schlussformel «cum sancto spiritu in gloria Dei patris amen», ganz im Gegensatz zur Tradition, wenn man etwa an Bachs (h-Moll), Mozarts (c-Moll) und vor allem Schuberts große *Cum-sancto-spiritu*-Fugen denkt. Mit dem Heiligen Geist kann Beethoven wenig anfangen. Das zeigt sich auch im Credo, wo die Deklamation der Geist-Prädikate in Sopran und Alt von ständigen «credo, credo»-Rufen im Tenor und Bass überblendet werden. Ihm geht es allein um den Gegensatz zwischen der entrückten Allmacht Gott-Vaters und der menschlichen Gestalt Jesu Christi. Daher widmet Beethoven seine gewaltige Schlussfuge allein der Formel «in gloria Dei patris amen».

Der Takt wechselt von 3/4 zu C, das Tempo zu *Allegro, ma non troppo e ben marcato*, die Lautstärke bleibt *fortissimo*, mit zahlreichen *sforzati* auf der 2 und 3 im Orchester. Eine barocke Fuge wollte Beethoven nicht schreiben, ihm schwebte etwas Neues vor. Beethovens Freund Karl Holz erinnerte sich später: «Eine Fuge zu machen, sagte Beethoven, ist keine Kunst, ich habe deren zu Dutzenden in meiner Studienzeit gemacht. Aber die Phantasie will auch ihr Recht behaupten, und heut' zu Tage muß in die alt hergebrachte Form ein anderes, ein wirklich poetisches Element kommen.»[18]

Das Thema setzt sich aus drei Teilen zusammen: einer ganzen Note auf das Wort «in» als Themenkopf, der das Thema bei seinen verschiedenen Einsätzen sofort markant hervorhebt, zwei Takten mit ab- und aufsteigenden Skalen in *non-legato* zu singenden Achteln auf «gloria», und einer Schlussfloskel auf «Dei patris».[19] Das Thema ist die melismatische Fassung eines in Quartschritten auf- und Terzschritten absteigenden Schemas, das als Fugenthema seit der Barockzeit beliebt ist und in der Fuge des letzten Satzes der As-Dur-Sonate op. 110 (Fuga. Allegro ma non troppo) in «Reinkultur» auftritt[20] (transponiert von As-Dur nach D-Dur):

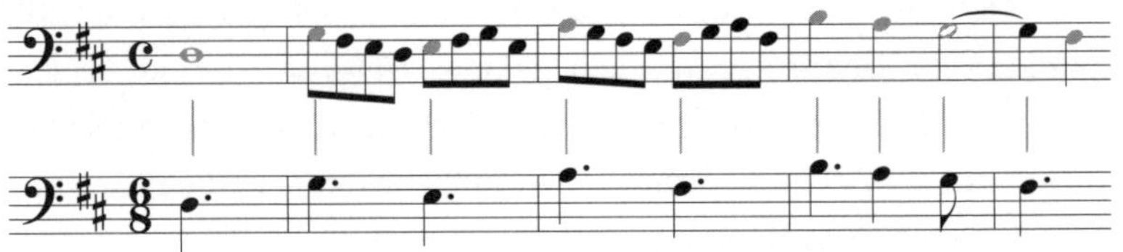

Man würde die schlichte Fassung in Intervallschritten für die ursprüngliche und die melismatisch aufgelöste Fassung, bei der auf eine Silbe mehrere Töne kommen, für eine sekundäre Variation halten. Beethoven hat aber die Sonate op. 110 erst zwei Jahre später als die Gloria-Fuge komponiert, und in den Skizzen zum Gloria scheint die vermeintliche Urfassung nicht aufzutauchen. Das ist umso merkwürdiger, als die gerüsthafte Fassung ein typisches Fugenthema darstellt, wie man es sich sehr gut im Barock vorstellen könnte, die melismatische Fassung dagegen nicht. Vermutlich hatte Beethoven auch die gerüsthafte Form längst gefunden, aber für die Gloria-Fuge verworfen, weil er, wie die von Birgit Lodes reproduzierten Skizzen zeigen, das Wort «gloria» melismatisch vertonen wollte und weil ihm vielleicht auch die Grundform zu barock, zu wenig «poetisch» war.

Der Chor-Bass setzt mit dem Thema ein, die Oboen, Klarinetten, zweiten Violinen und Violen fallen *fortissimo* mit einem Motiv ein, das Birgit Lodes lieber «Schatten» als Kontrasubjekt nennen möchte.[21] In der Tat wirkt dieses in den hohen Bläsern und Violinen vorgetragene Motiv wie eine mit Silberstift aufgetragene Schattierung, die das zunächst vom Bass und tiefen Instrumenten vorgetragene Fugenthema aufhellt. Gern möchte man in diesem in einer barocken Fuge wohl undenkbaren Verfahren ein Element des «Poetischen» erblicken, mit dem Beethoven die strenge Fugenform animieren will.

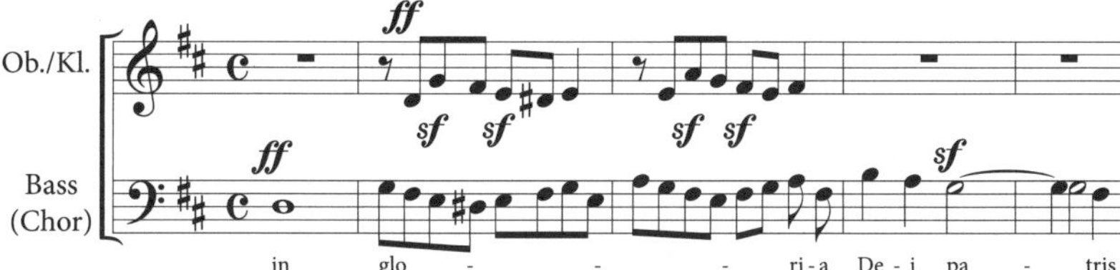

Als Kontrasubjekt identifiziert Birgit Lodes die «amen, amen»-Rufe, die das Thema in anderen Stimmen begleiten:[22]

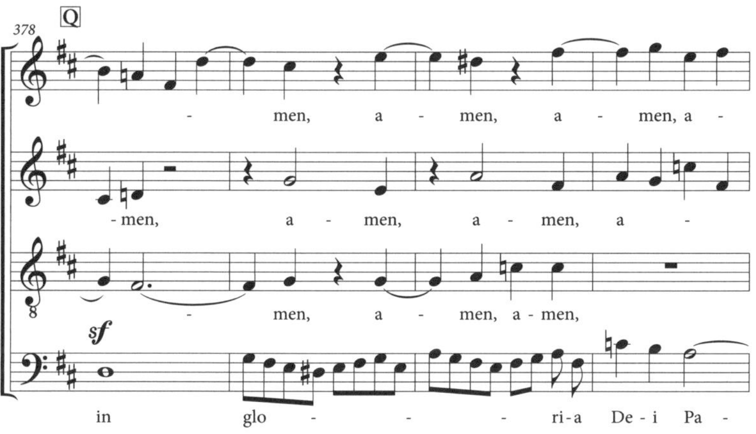

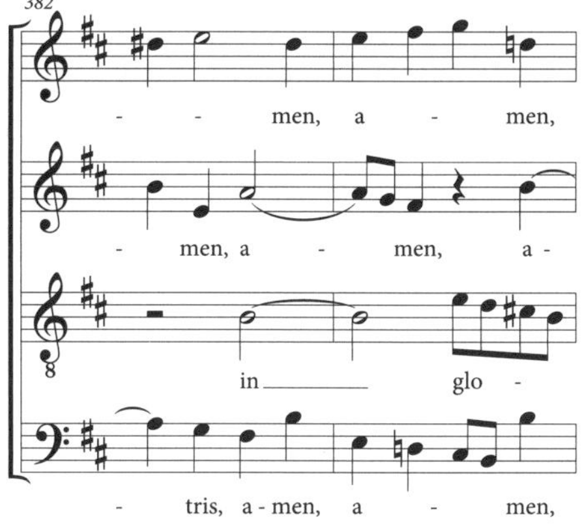

Dazu erklingen zum dritten Mal in diesem Gloria die drei Posaunen, und spielen von Takt 340 bis Takt 427 *colla parte* die Bass-, Tenor- und Altstimmen des Chors mit – eine ungeheure Steigerung an feierlichem Pathos. Nach knapp hundert Takten wechselt das Tempo nach Art einer *stretta* zu *poco più allegro* und dem schneller gespielten *alla-breve*-Takt (₵), und bei einer Engführung tritt ab Takt 429 ein zweites Thema in langen Noten wie ein Cantus firmus hinzu:

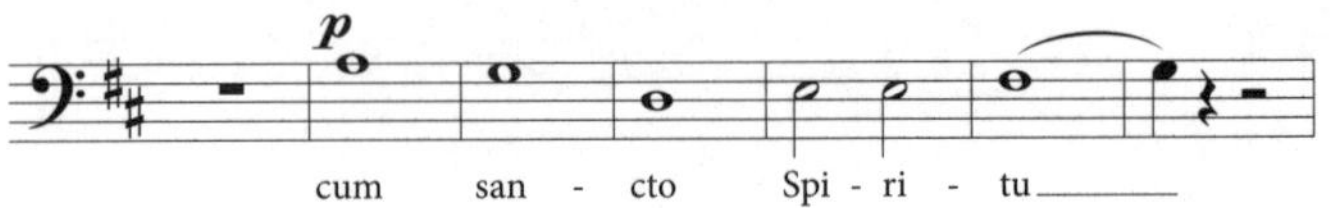

Ab Takt 440 setzt mit Orgelpedal, Kontrabass, Kontrafagott und Paukenwirbel zu einer neuerlichen, eintaktig versetzten Engführung ein Orgelpunkt auf A ein, der über neunzehn Takte bis zur *stretta* durchgehalten wird, die dann diese grandiose Steigerung noch einmal steigert. Zu dem letzten der immer wiederholten «amen»-Rufe wechseln dann abrupt Takt (3/4) und Tempo *(presto)*, und Beethoven rundet in der Rückkehr zum Anfang mit dem «gloria»-Aufschwung, der sich schon vorher mehrfach angekündigt hatte, das Gloria mit erneuten Gloria-Rufen im ekstatischen, «himmlischen» Modus zyklisch ab. Das Thema tritt in der Gloria-Fuge nicht weniger als siebenunddreißig Mal auf, in nur wenigen Takten ist es in keiner Stimme präsent. Ab dem neunten Einsatz in Takt 399 aber ändert sich seine Gestalt und tritt nie wieder in seiner Originalgestalt auf. Auch dieses Verfahren scheint in die Richtung des «Poetischen» zu verweisen, in die Beethoven die Form der Fuge erweitern will. Interessant sind vor allem die Engführungen in den Takten 440–443 mit taktversetzten Einsätzen auf der ersten und in den Takten 477–479 auf der zweiten Taktzeit, oder die Einsätze im Bass in Takt 444 und Alt in Takt 447, die das Thema in Viertel- statt Achtelschritten bringen.

Das Gloria mit einer Fuge abzuschließen, ist barocke Konvention, die auch von Haydn, Mozart und Beethoven (in seiner C-Dur-Messe op. 86) fortgesetzt wird. Dass sie in der *Missa Solemnis* aber mit ihren knapp 210 Takten einen ganz ungewöhnlichen Umfang annimmt, liegt auch daran, dass die Form der Fuge in Beethovens Spätwerk eine zentrale Rolle spielt und geradezu ein Kennzeichen seines Spätstils ist.[23]

Die folgende Übersicht macht noch einmal die zahlreichen Wechsel in Tonart, Takt, Tempo, Klangfarbe, Besetzung und Dynamik deutlich:

Text	Tonart	Takt	Tempo	Instrumente	Vokal	Dynamik	Takte
Gloria in excelsis Deo.	D	3/4	Allegro Vivace	Großes Orchester	Chor	ff	1–42
Et in terra pax hominibus bonae voluntatis.	D → G	"	"	Nur Hörner	"	p	43–66
Laudamus te, benedicimus te,	D	"	"	Großes Orchester	"	ff	67–80
adoramus te,	"	"	"	Ohne Bläser	"	pp	80–83
glorificamus te. Laudamus te, benedicimus te.	"	"	"	Großes Orchester	"	ff	83–100 Fuge
Adoramus te.	"	"	"	Ohne Bläser	"	p	100–103
Glorificamus te.	"	"	"	Großes Orchester	"	ff	103–127 Fuge
Gratias agimus tibi propter magnam gloriam tuam.	B	3/4	Meno Allegro cantabile	Holzbläser, Streicher	Soli	p dolce	128–173
Domine Deus rex coelestis, Deus, pater omnipotens.	"	"	Tempo I	Großes Orchester	Chor	f, fff	174–190
Domine fili unigenite, Jesu Christe.	"	"	"	Holzbläser, Streicher	Soli	p	191–206
Domine Deus, agnus Dei, filius Patris.	"	"	"	"	Chor	ff	207–229

Text	Tonart	Takt	Tempo	Instrumente	Vokal	Dynamik	Takte
Qui tollis peccata mundi, miserere nobis.	F	2/4	Larghetto	Holzbläser, Hörner, Streicher	Soli + Chor	p	230–252
Qui tollis peccata mundi, suscipe	h	"	"	"	Soli + Chor	f–pp	253–266
deprecationem nostram.	B	"	"	"	Soli + Chor	pp	266–268
Qui sedes ad dexteram patris,	"	"	"	Großes Orchester	Chor	ff p	269–272
miserere nobis.	"	"	"	Holz, Hörner, Streicher	Soli + Chor	pp	273–278
Qui sedes ad dexteram patris,	D	"	"	A capella	Chor TB	f	279–281
(o!/ah!) miserere nobis.	G-F-fis	"	"	Großes Orchester, Posaunen	Chor + Soli	p ff	282–309 293–295
Quoniam tu solus Sanctus, tu solus Dominus, Tu solus altissimus, Jesu Christe.	D	3/4	Allegro maestoso	Großes Orchester + Posaunen	Chor	ff	310–344
Cum sancto spiritu	"	"	"	"	Chor	ff	345–359
in gloria Dei patris Amen	"	C	Allegro ma non troppo e ben marcato	Großes Orchester + Posaunen	Chor, Soli	ff	360–458
Amen, in gloria patris	"	₵	Poco più Allegro	Großes Orchester Posaunen ab Takt 488	Chor, Soli	p Ab Takt 488 ff	459–524
Gloria in excelsis Deo	"	3/4	Presto	Großes Orchester, Posaunen	Chor	ff	525–569

Mit 569 Takten ist das Gloria der bei weitem umfangreichste Teil der Messe, auch wenn das Credo mit seinen langsamen Abschnitten mehr Zeit in Anspruch nimmt, etwa in der Aufnahme von John Eliot Gardiner von 2013 (Gloria: 15 Minuten und 32 Sekunden, Credo: 17 Minuten und 53 Sekunden). Es ist klar, dass sich Beethoven in diesem Stück von musikalischer Logik lossagt und textlicher Bedeutung folgt. Hier werden nicht Themen auseinander entwickelt und durchgeführt, sondern vollkommen kompromisslos Wortbedeutungen musikalisch umgesetzt, zu wie harten Brüchen und Wechseln das im musikalischen Ablauf auch führen mag. Um trotzdem Kohärenz und Einheit zu wahren, greift Beethoven vor allem zu zwei Mitteln: der ritornellhaften Wiederholung des Gloria-Motivs und einem konsequenten Kontrast: das Laute, melodisch weit Ausgreifende als Ausdruck der himmlischen Sphäre und die ekstatische Erregung der Beter, die mit ihr in Berührung kommen, auf der einen Seite, auf der anderen Seite das Leise, melodisch eher tiefe, schwach und im kleinen Klangraum Bewegte als Ausdruck der irdischen Sphäre und der menschlichen Andacht. Die Assoziation von Höhe und Himmel bzw. Gott leuchtet ein; weniger die Assoziation von Himmel/Gott und Lautstärke. Vielleicht vermag auch hierfür Beethovens Gespräch mit Friedrich August Kanne Aufschluss zu geben, wo es um Ausdruck statt Beschreibung geht. Die zahlreichen *fortissimi*, *fortefortissimi* und *sforzati* im Gloria und Credo sind klangliche Ausrufungszeichen. Man denke an die drei Ausrufungszeichen, mit denen Beethoven seinen Eintrag in einem Konversationsheft vom Frühjahr 1820 versehen hat: «das Moralische Gesez in unß, u. der gestirnte Himmel über unß. Kant!!!»

Credo

Die Vertonung des Credo musste einen Komponisten des neunzehnten, durch die Aufklärung hindurchgegangenen Jahrhunderts vor besondere Probleme stellen. Das Credo formuliert den Kanon einer Rechtgläubigkeit, die auf der Unterscheidung zwischen wahr und falsch, Orthodoxie und Häresie beruht und durch die Aufklärung in ihren Grundfesten erschüttert wurde. Mit dem Zerfall dieser Grundlagen entstand das Zeitalter des «eigenen Gottes» (Ulrich Beck[24]), dessen je eigenes Bild mit dem dogmatischen trinitarischen Gottesbild notwendig kollidieren musste. Beethoven tat sich mit dem Credo besonders schwer. Schuberts Lösung, die für ihn problematischsten Passagen des lateinischen Textes einfach zu streichen, kam für ihn nicht in Frage. Er vertonte den gesamten Text, unterschied aber das für ihn Akzeptable vom Problematischen durch differenzierte Gewichtung.

Beethovens Skizzen zum Credo umfassen zweihundert Seiten, ein Drittel aller Skizzen zur *Missa* und mehr als doppelt so viel wie die Skizzen zum Gloria. Das allein zeigt schon, dass ihn dieser Teil des Ordinarium Missae ganz besonders beschäftigt hat. Die Skizzen beginnen gleichzeitig mit den Gloria-Skizzen, also lief die Arbeit am Credo parallel zu der am Gloria.

Die lateinische Fassung des Glaubensbekentnisses hat den in der Wir-Form gehaltenen griechischen Text in die Ich-Form übertragen. Beethoven, der den Text der Messe radikal subjektiv verstanden und musikalisch ausgeleuchtet hat, kam diese Fassung sehr entgegen, was in der Verdopplung «credo, credo», der prägnanten, fanfarenartigen musikalischen Prägung und den ritornellartigen Wiederholungen dieser Formel deutlich wird. Wie das Gloria hat Beethoven auch das Credo durchkomponiert, aber durch Tempo-, Tonart- und/oder Dynamikwechsel in Abschnitte gegliedert, die ohne Pause ineinander übergehen (deutsche Fassung s. S. 95f.).

(1) Credo in unum Deum.
Patrem omnipotentem,
factorem coeli et terrae,
visibilium omnium et invisibilium.

Credo in unum Dominum Jesum Christum,
Filium Dei unigenitum.
Et ex Patre natum ante omnia saecula.

Deum de Deo,
lumen de lumine,
Deum verum de Deo vero.
Genitum, non factum,
consubstantialem Patri:
per quem omnia facta sunt.
Qui propter nos homines
et propter nostram salutem
descendit de coelis.
(2) Et incarnatus est
de Spiritu Sancto ex Maria Virgine:
(3) Et homo factus est.
(4) Crucifixus etiam pro nobis:
sub Pontio Pilato passus, et sepultus est.
(5) Et resurrexit tertia die,
secundum Scripturas.
(6) Et ascendit in coelum:
sedet ad dexteram Patris.
Et iterum venturus est cum gloria
judicare vivos et mortuos:
cujus regni non erit finis.

(7) Credo in Spiritum Sanctum,
Dominum et vivificantem:
qui ex Patre Filioque procedit.
Qui cum Patre et Filio simul adoratur et
conglorificatur:
qui locutus est per Prophetas.

Credo in unam sanctam catholicam et apostolicam
Ecclesiam.

Confiteor unum baptisma in remissionem peccatorum.
Et exspecto resurrectionem mortuorum.
(8–10) Et vitam venturi saeculi.

Amen.

(1) «Credo, credo». Allegro ma non troppo, B-Dur, 4/4

Das Credo beginnt *fortissimo* mit einem Es-Dur-Akkord, der mit einem kurzen Auftakt von unten durch einen Oktavsprung (im Bass von Es nach es, in den Violinen und hohen Bläsern von g' nach g''') erreicht und über sechs Viertelschläge durchgehalten wird. Volles Orchester, zum ersten Mal wieder mit den drei Posaunen. Wieder ein Aufschwung in die Höhe wie im Gloria, aber diesmal nicht als Skala, sondern als Sprung. Der Effekt dieses Es-Dur-Akkords könnte größer nicht sein. Der folgende, *sforzato* hervorgehobene F-Dur-Akkord erweist das anfängliche Es-Dur als Subdominante zu B-Dur. Die ganze zweitaktige Figur ist die gedehnte Form eines punktierten Rhythmus, die sich in den nächsten beiden Takten in Normalform wiederholt, also ein auskomponiertes Accelerando 3/2 – 1/2, 3/4 – 1/4. Die Anfangssequenz erweist sich als B-Dur-Kadenz IV – V – I, diese Folge wiederholt sich in den nächsten beiden Takten mit dem fanfarenartigen «credo, credo»-Motiv in F-Dur:[25]

IV – V – I = IV – V – I
Es – F – B – C – F

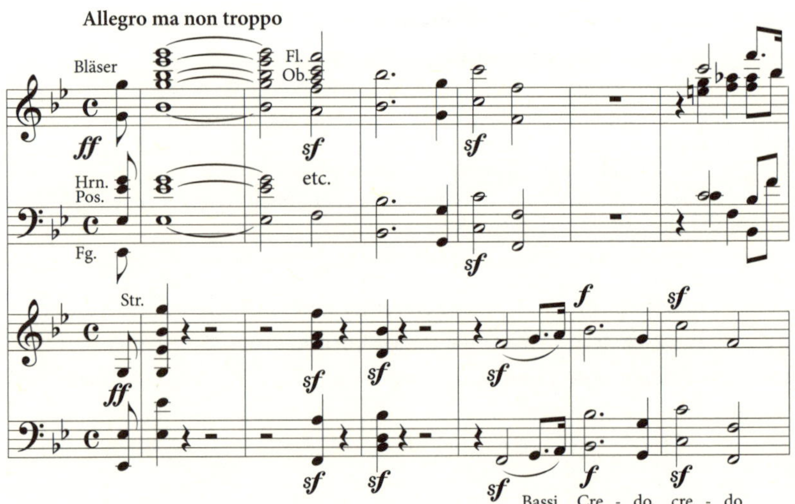

Dieses Changieren gibt der Fanfare eine eigentümliche Zweideutigkeit: Sie lässt sich in B-Dur als Schritt von der Tonika zur Dominante und in F-Dur als Schritt von der Subdominante zur Tonika verstehen. Das macht sie so auffallend reizvoll und einprägsam, ohne dass man gleich von dieser harmonischen Ambivalenz auf Beethovens Glaubenszweifel rückschließen sollte.

Im Chor setzt der Bass mit dem Credo-Thema auf b ein, mit *sforzato* jeweils auf «crédo», von Celli, Kontrabass und Kontrafagott unisono *(colla parte)* begleitet. Der Tenor folgt mit Posaunen und vollem Orchester auf es, der Sopran (ohne Posaunen) wiederum auf es", der Alt mit anderem Motiv, jetzt mit eintaktigem Abstand auf f', auf «unum Deum» vereinigen sich ab Takt 13 die Stimmen *fortissimo* zu homophoner Deklamation, mit erregten auf- (Violinen) und absteigenden (Violen, Bässe) Akkordintervallen in den Streichern. Die Einheit Gottes wird betont («in unum Deum, in unum, unum Deum»), mit *sforzati* auf «unum» und «Deum». Besonders aber steigert sich die Emphase bei «patrem omnipotentem». Das erste «patrem» wird *piano* gesungen, im folgenden «patrem omnipotentem» steigert sich alles: die Dynamik (*crescendo* bis *fortissimo*), die Tonlänge – halbe, ganze Notenwerte, schließlich auf «(omnipo)ten(tem)» ein über dreieinhalb Takte gehaltener Akkord – sowie die Tonhöhe im Sopran, der in Halbtonschritten von g" zum b" aufsteigt. Die folgenden Prädikate, «factorem coeli, coeli et terrae, visibilium omnium et», (plötzlich *piano:*) «et invisibilium», erfahren eine weniger differenzierte Ausdeutung. Frappierend aber ist der plötzliche Umschlag vom *sforzato* auf dem ersten zum *piano* auf dem zweiten «et». Die unsichtbare Schöpfung ist ein Geheimnis, das Beethoven auch in der C-Dur-Messe durch plötzliches *piano* andeutet. Hier tritt zum ersten Mal die auffallende Wiederholung des «et» auf, die im Ganzen siebenmal vorkommt.

Das nächste «et», das Jesus einführt, ersetzt Beethoven in einem kühnen und höchst überzeugenden Eingriff in den kanonischen Text durch die Wiederholung des «credo, credo» vom Anfang mit Fanfare und fugiertem Chor-Einsatz und hebt dadurch den Glauben an Jesus als einen eigenen Glaubensartikel hervor anstatt einer bloßen Aufzählung. Ebenso verfährt er in den Takten 264ff. bei der Einführung des Heiligen Geistes und der übrigen Glaubensartikel.

Der Jesus gewidmete Abschnitt des Glaubensbekenntnisses gliedert sich in einen doxologischen Abschnitt, der das Wesen des Gottmenschen und die Beziehung zum Vater beschreibt, und einen historischen Abschnitt, der die irdische Geschichte Jesu von der Empfängnis bis zu Auferstehung und Himmelfahrt behandelt. Er stellt den theologisch bei weitem anspruchsvollsten Teil des Glaubensbekenntnisses dar, der auch den Komponisten mit besonderen Herausforderungen konfrontiert. Man denke nur an die wunderbare Art, in der Bach den Abschnitt «Deo de Deo, lumen de lumine, Deum verum de Deo vero» als Duett behandelt. Kaum etwas aber von dieser musikalischen Ausleuchtung der Zwei-Naturen-Lehre findet sich in der *Missa Solemnis.*[26] Beethoven komponiert diesen Abschnitt einigermaßen zügig durch (siebenundachtzig Takte). Ich gebe den vertonten Text mit Andeutung der Dynamik (die *sforzati* durch Akzente) wieder:

> Credo, credo in únum Dóminum, in únum unum *(ff)* Dominum Jesum Christum,
> Filium Déi, Dei unigénitum.
> Ét, ét ex Pátre *(ff)* natum
> *(hier plötzlicher Wechsel von ff zu pp)* ante, ante omnia, omnia saecula.
> *(zurück zu ff, nun imitatorisch in halbtaktig versetzten Einsätzen, was kurz an Bachs Duett erinnert)* Deum de Déo, lúmen de lúmine, Deum *(ab hier unisono)* verum de *(ff)* Deo vero. Génitum, *(wieder imitatorisch aufgebrochen:)* nón factum *(ab hier 12 Takte Fuge:)*
> *(ff)* Consubstantiálem Patri, per quem omnia facta sunt, ómnia facta sunt, ómnia facta sunt.
> *(4 Takte Zwischenspiel in aufsteigenden Vierteln, Holzbläser und Bässe)*
> *(piano, homophone Deklamation)* Qui propter nos homines et *(crescendo)* propter nostram *(p)* salutem
> (*f*, imitatorisch durchbrochen) descéndit de coelis, descéndit de *(p)* coelis qui propter nos homines et *(crescendo)* propter nostram, nostram salutem
> *(ff, homophon)* descendit, déscéndit, déscéndit de cóe*(ff)*lis.

Der Text wird ohne Tempowechsel durchkomponiert. Auffallend ist das wiederholte, durch *sforzato* hervorgehobene «ét» vor «ex Patre natum», das plötzliche *piano* vor «ante omnia saecula», das den geheimnisvollen Charakter der Präexistenz vor «aller Zeit» hervorhebt, und die imitatorische Behandlung der Wesensgleichheit von Vater und Sohn, die sich bei «consubstantialem Patri» zu einer regelrechten, wenn auch kurzen (zwölf Takte) Fuge steigert. Auffallend ist auch die Modulation von B-Dur nach As-Dur beim letzten «omnia facta sunt». Auch das plötzliche *piano* bei «qui propter nos homines» und das *crescendo* bei «et propter nostram salutem» ist bemerkenswert. Am eigenartigsten berührt aber vielleicht die Abbildung des «descendit» in absteigenden Skalen und Intervallen, die sich viele Takte später zu «ascendit» in aufsteigenden Skalen wiederholen, ganz im Sinne der barocken Figurenlehre. Sehr bemerkenswert ist auch das Schweigen der Solisten in diesem ganzen Abschnitt. Wenn man in der Beteiligung der Solisten die Stimme der Subjektivität erblicken darf gegenüber der Kollektivität von Liturgie und Gemeinde, dann verweist diese Zurückhaltung auf eine bewusste Distanzierung.

(2) «Et incarnatus est»

Mit dem zweiten, biografischen Teil der Jesus-Anrufung ändert sich alles: Tempo *(Adagio)*, Dynamik *(piano – pianissimo)*, Tonalität (dorische Tonart), Solistenbeteiligung. Der Tenor des Chors beginnt, wieder mit Wiederholung des *et*, mit einer gregorianisch anmutenden Melodie, von den Violen *colla parte* begleitet:

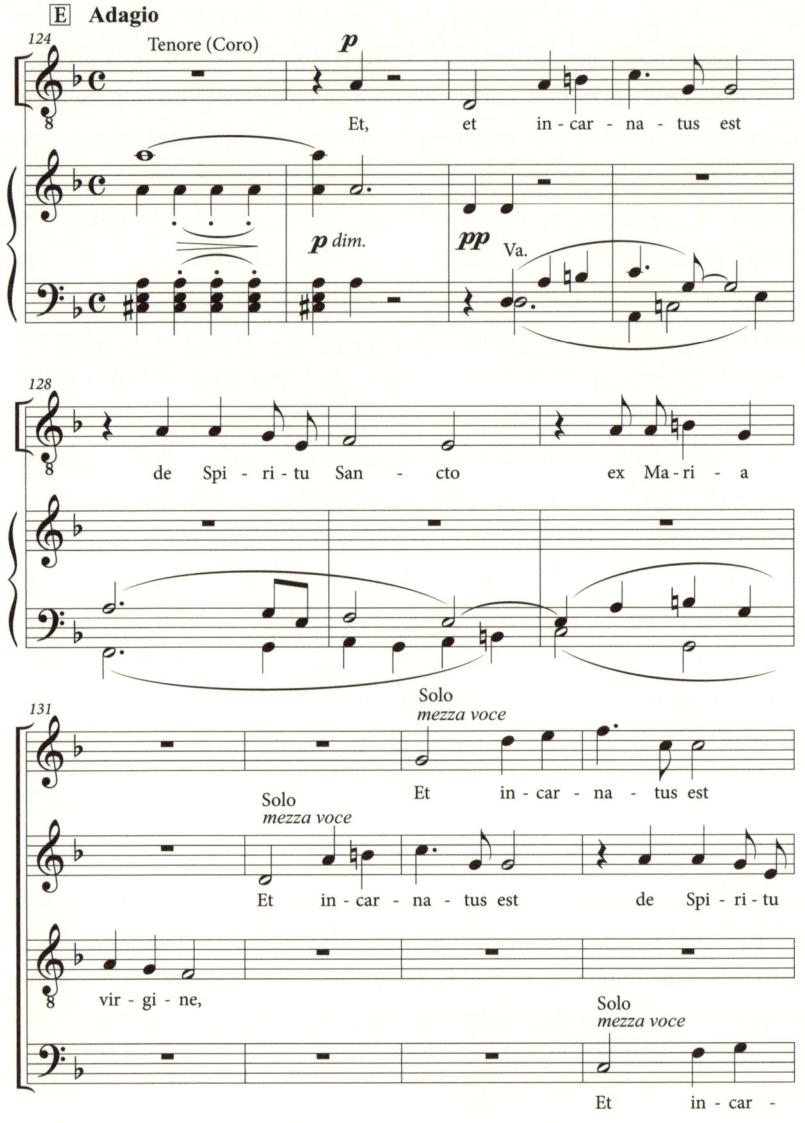

Die Solisten greifen die Melodie in eintaktig versetzter fugierter Form *mezza voce* («mit halber Stimme») auf, und der Chor respondiert, in das abschließende «Virgine» einfallend unisono auf einem repetierten Ton psalmodierend «et incarnatus est de Spiritu Sancto ex Maria Virgine».

(3) «et homo factus est»

Mit dem nächsten «et, et» wechseln Takt (von 4/4 zu 3/4), Tonart (vom dorischen Modus zu D-Dur) und Dynamik *(fortissimo, sforzato, forte)*. «Et homo factus est» (und wurde Mensch) bedeutet in Beethovens Augen etwas ganz anderes als «et incarnatus est» (und wurde Fleisch). Jenes ist ein konkreter, anschaulicher, dieses ein mystischer, unsichtbarer Vorgang. Warren Kirkendale hat nachgewiesen, dass die dorische Tonart in der Antike und in der frühen Neuzeit, die die antike Musiktheorie wiederentdeckt hat, als Tonart der Keuschheit galt und dass Beethoven das Buch des Renaissance-Theoretikers Gioseffo Zarlino kannte, der Cassiodor zitiert, und seine Charakteristik der dorischen Tonart wiedergibt: «Der dorische Modus erweitert die Schamhaftigkeit und bewirkt Keuschheit.»[27] «Bedarf es weiterer Argumente», folgert Kirkendale, «für Beethovens kluge Wahl des Dorischen, der ‹keuschen› Tonart, als er auf das Geheimnis der jungfräulichen Geburt hindeuten wollte?» Über dem Gesang der Solisten erklingt *pianissimo* die Flöte und deutet mit ihren Trillern die Vogelgestalt des Heiligen Geistes an, wie es Händel vermutlich nicht anders gemacht hätte.[28] Ich halte es nicht für ausgeschlossen, dass sich Beethoven mit diesem vogelgestaltigen Zwitschern und Tirilieren des Heiligen Geistes in höchster Höhe einen Scherz erlaubt hat.

(4) «Crucifixus»

Das Crucifixus, die Passionsgeschichte, ist «Adagio espressivo» überschrieben, kehrt also zum langsamen Tempo, aber nicht zum dorischen Modus des «Incarnatus» zurück, sondern steht in d-Moll. Dieser Abschnitt ist überreich an dynamischen Vorzeichen, jeder Takt enthält deren mehrere, allein in den ersten beiden Takten folgen in kürzesten Abständen *f, sf, fp, sfp, fp, f, p* aufeinander. Die Solisten, die auch das «homo factus est» eingeleitet haben, beginnen in Takt 157. Erst in Takt 163 fällt der Chor mit leisem «pro nobis» und dann *forte* unisono mit «sub Pontio Pilato» ein, um sich beim Wort «passus» wieder ins *piano* zurückzunehmen. Hier übernehmen die Solisten mit leisen imitatorisch alternierenden «passus»-Rufen im Quint- und Sextfall und vereinigen sich in Takt 170 in einem verminderten Septakkord (auf fis) zu einem schmerzlichen, *forte* ausgestoßenen «passus», um sofort *piano* mit «et sepultus est» fortzufahren. Hier wiederholt der Chor unisono auf einem repetierenden Ton (a) psalmodierend und *crescendo* den Satz «sub Pontio Pilato pas-------------sus, pas-----------------sus, pas------------sus *(p, unisono:)* et sepultus est – *(pp:)* et – et sepultus est» (wieder das wiederholte «et»!). Hier fallen die Solisten noch einmal mit «passus» ein, und der Chor vollendet *piano, diminuendo, pianissimo* «et sepultus est». In der C-Dur-Messe wiederholt Beethoven das «et» vor «sepultus est» dreimal (Takte 172–174), aber dies ist die einzige Stelle, wo in dieser Messe das «et» wiederholt wird.

(5) «Et resurrexit». Allegro, C-Dur, 4/4

Der Satz «et resurrexit tertia die, secundum scripturas» nimmt gerade einmal sechs Takte in Anspruch und wird vom Chor a cappella und homophon im mixolydischen Modus[29] deklamiert. Das ist vielleicht die größte Überraschung, wenn man an die triumphierenden fünfzig Takte beschwingter Jubelmusik mit Pauken und Trompeten denkt, die Bachs h-Moll-Messe der Auferstehung widmet.

William Kinderman hat gezeigt, dass die Abschnitte 2 bis 5 wie ein Einschub wirken, der in sich zyklisch aufgebaut ist, in einem Zusammenhang, der bei «descendit de coelis» abbricht, bei «et ascendit in coelum» wieder aufgenommen wird:[30]

Tempo, Takt	Adagio, C	Andante, 3/4	Adagio, 3/4	Allegro, C
Text	*et incarnatus est*	*et homo factus est*	*crucifixus*	*et resurrexit*
Tonart	Dorisch	D	d	G Mixolydisch

(6) »Et ascendit«. Allegro molto, F-Dur, ₵

Für Beethoven war offenbar der Gedanke der Himmelfahrt wichtiger als die Auferstehung. Er schließt auf «et ascendit» eine längere Fuge an. Tempo, Ton- und Taktart wechseln. Wie schon «descendit» durch absteigende, illustriert Beethoven «ascendit» durch aufsteigende Tonleitern und geht mit dieser direkten, drastischen Bildlichkeit noch über die barocke Figurenlehre hinaus, wohl mit Bezug auf das Motiv der Himmelsleiter, das in der *Missa* immer wieder in auf- und absteigenden Skalen anklingt (S. 215 ff.).

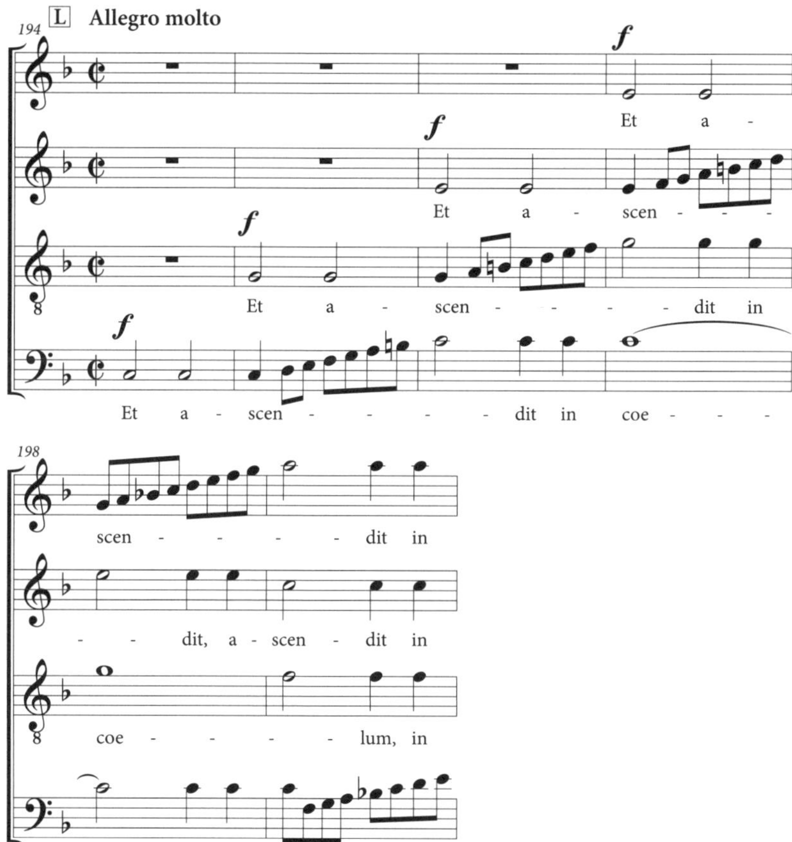

Die Singstimmen führen diese Bewegung mit eintaktig versetzten Einsätzen vom c des Basses bis zum a'' des Soprans, die Flöten und Violinen von e' bis zum a''' als Symbol der Himmelshöhe, das dann mit leichten melodischen Schwankungen über zwanzig Takte durchgehalten wird, bis in Takt 219 die Abwärtsskalen der Klarinetten und Streicher die Wiederkunft Christi am jüngsten Tag mit gleicher Deutlichkeit abbilden. Zugleich verdüstert sich die Stimmung durch einen Abstieg im Quintenzirkel über vier Stufen von F-Dur über f-moll zu Des-Dur. Der Abstieg der Streicher landet auf dem ces, wo dann die zweite Posaune als Posaune des Jüngsten Gerichts einsetzt – die anderen Posaunen folgen zwei Takte später – und in langen und liegenden Noten *fortissimo* und *sforzato* die Worte «judicare, judicare, judica-------------re vivos, vivos, vivos» (alles *fortissimo* und *sforzato* gesungen) begleitet. «et mortuos» folgt dann *piano*, ohne Posaunen, und mit Absturz in die tiefen Lagen. Genauso hat Beethoven in der C-Dur-Messe (Takte 215f.) das «et mortuos» durch einen Absturz um eine Oktave und plötzliches *piano* vom vorhergehenden *forte* abgesetzt. Die abschließenden Worte «cuius regni non erit finis» und damit das Gottesreich verlegt Beethoven in den Himmel durch die sich im dreigestrichenen Bereich bewegenden Figuren der Flöten und die repetierenden Achtel der Streicher, von denen sich die Geigen ebenfalls immer wieder in dieser Höhe bewegen. Als wolle er auch die Endlosigkeit abbilden, wiederholt der Chor unentwegt diesen Satz und schließt in emphatischer Verneinung des Endes durch Wiederholung des «non»:

(Sopran:) Cuius régni not érit finis, non, non,
(Alle:) cúius régni non érit, non érit finis, *(ff, sf)* nón, nón.

Auch diese Wiederholung des «non! non!» kommt bereits in der Messe op. 86 vor.

Auf ein sehr auffallendes instrumental gedachtes Motiv sei abschließend noch aufmerksam gemacht. Ab Takt 202 verfallen die Bläser bis Takt 220 in einen von Pauke und Bässen unterstützten freudigen Rhythmus ♩ | ♩ ♩ 𝄽 ♩ | ♩ ♩ 𝄽 ♩ | ♩ ♩, der ab Takt 221, angekündigt von der Tenor-Posaune, durch das ernste Motiv des Jüngsten Gerichts (in ces-Moll: tiefer kann man im Quintenzirkel nicht fallen!) auf die Worte «iudicare vivos et mortuos» unterbrochen, aber ab Takt 239 auf die Worte «cuius regni non erit finis» bis zum Ende (Takt 263) wieder aufgenommen wird. Das erinnert an die h-Moll-Messe. In ganz ähnlicher Weise unterbricht Bach seine triumphierende Musik zu «et resurrexit» (Takte 1–66), die ab Takt 67 ohne Trompeten und Pauken in h-Moll weiterspielt, bis mit dem Einsatz der Bass-(Solo?-)Stimme «et iterum venturus est cum gloria iudicare vivos et mortuos» die Bläser ganz schweigen. Mit Takt 86 setzt dann aber in D-Dur auf «cuius regni non erit finis» das volle Orchester mit Pauken und Trompeten bis zum Schluss (Takt 131) wieder ein.

(7) «Credo in Spiritum Sanctum». Allegro ma non troppo, F-Dur, 4/4

Wieder ersetzt Beethoven das liturgische «et» durch sein «credo, credo», das nun zum dritten Mal auftritt und das Glaubensbekenntnis deutlich in die Vater, Sohn und Heiligem Geist gewidmeten Abschnitte gliedert. Wieder nimmt Beethoven die «credo»-Fanfare als Fugenthema mit zweitaktig versetzten Einsätzen, jetzt aber psalmodieren erst die Frauenstimmen zu den «credo, credo»-Rufen der Männer in repetierenden Vierteln und Achteln die Doxologie des Heiligen Geistes: «Dominum vivificantem, qui cum Padre et Filio simul adoratur et conglorificatur, qui locutus est per Prophetas.» Geschickter hätte sich Beethoven einer Textmenge, mit der er offensichtlich wenig anfangen konnte, kaum entledigen können als sie in sein «credo, credo» einzubauen. Ebenso verfährt er mit dem folgenden Satz und ersetzt das liturgische «et» durch «credo, credo», lässt noch einmal Bass, Sopran, Alt zweitaktig versetzt die Fuge anstimmen und verlegt die Doxologie in den Tenor, der wieder in repetierenden Achtelnoten, fast unhörbar unter den «credo, credo»-Rufen der Frauenstimmen, psalmodiert: «in unam sanctam catholicam et apostolicam Ecclesiam. Confiteor unum baptisma in remissionem peccatorum, *(und nun mit allen Stimmen, f:)* peccátórum.» Die Vergebung der Sünden harmonisiert Beethoven beim Wort «peccatorum» als

Übergang von es-Moll über einen verminderten Septakkord auf E zu F-Dur. Beim abschließenden «et exspecto, exspecto resurrectionem» stimmt der Chor unisono, von den Holzbläsern *colla parte* unterstützt, noch einmal leicht variiert, aber unverkennbar das «credo, credo»-Motiv an, mit einem Skalenaufstieg in Vierteln und *crescendo* auf dem Wort «resurrectionem» vom b' (im Sopran) zum b", das der Sopran zu den Skalenaufstiegen der unteren Stimmen *fortissimo* durchhält.

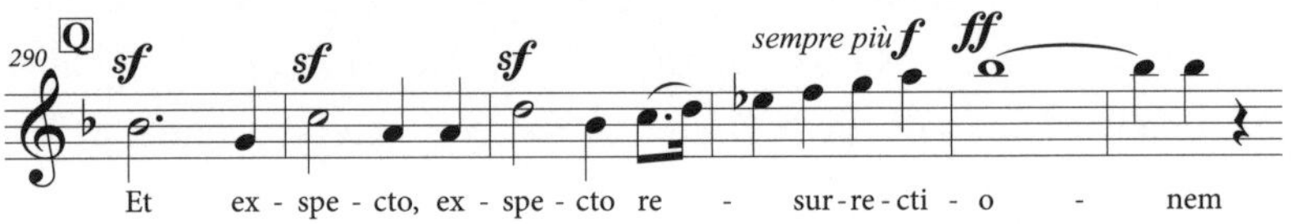

Dann folgt, in plötzlichem *piano*, «mortuorum». Mit der «resurrectio mortuorum», der Auferstehung der Toten, konnte Beethoven aber offenbar wenig anfangen: er widmet ihr gerade einmal sieben Takte, wie er ja auch die Auferstehung Christi in nur sechs Takten vertont hatte. Der Gedanke an das ewige Leben aber muss ihn beflügelt haben.

Wieder *forte* folgt der abschließende Satz «Et – et – vitam venturi, venturi saeculi. Amen», den der Chor in homophonem Satz, sich zum *fortissimo* steigernd singt.

(8–10) «Et vitam venturi saeculi». Schlussfuge (Takte 306–472)

Und dann folgt, in Tempo (Allegretto ma non troppo), Tonart (B-Dur) und Taktart (3/2) als eigener Abschnitt abgesetzt, auf dieselben Worte eine grandiose Doppelfuge, die mit ihren knapp 170 Takten mehr als ein Drittel des ganzen Credo in Anspruch nimmt. Die Tempobezeichnung «Allegretto» und der Dreiertakt lassen auf die Stimmung wiegenden Wohlbehagens schließen, die von den Angaben *piano* und vor allem *dolce* bei den Holzbläsern bestätigt wird.

Der Sopran beginnt *piano* mit dem ersten Thema in Halbtonschritten auf «et vitam venturi saeculi», der Tenor fällt nach vier Schlägen mit dem zweiten Thema in Viertelschritten auf «amen» ein. Sechzehn

Takte wird *piano* gesungen und musiziert; in Takt 322 setzt über sieben Takte ein *crescendo* ein, das in Takt 328 *crescendo sforzato* im *forte* gipfelt, in dem der Chor mit allen Bläsern (außer Posaunen) und Streichern das Thema anstimmt, um aber schon nach vier Takten wieder ins *piano* zurückzufallen.

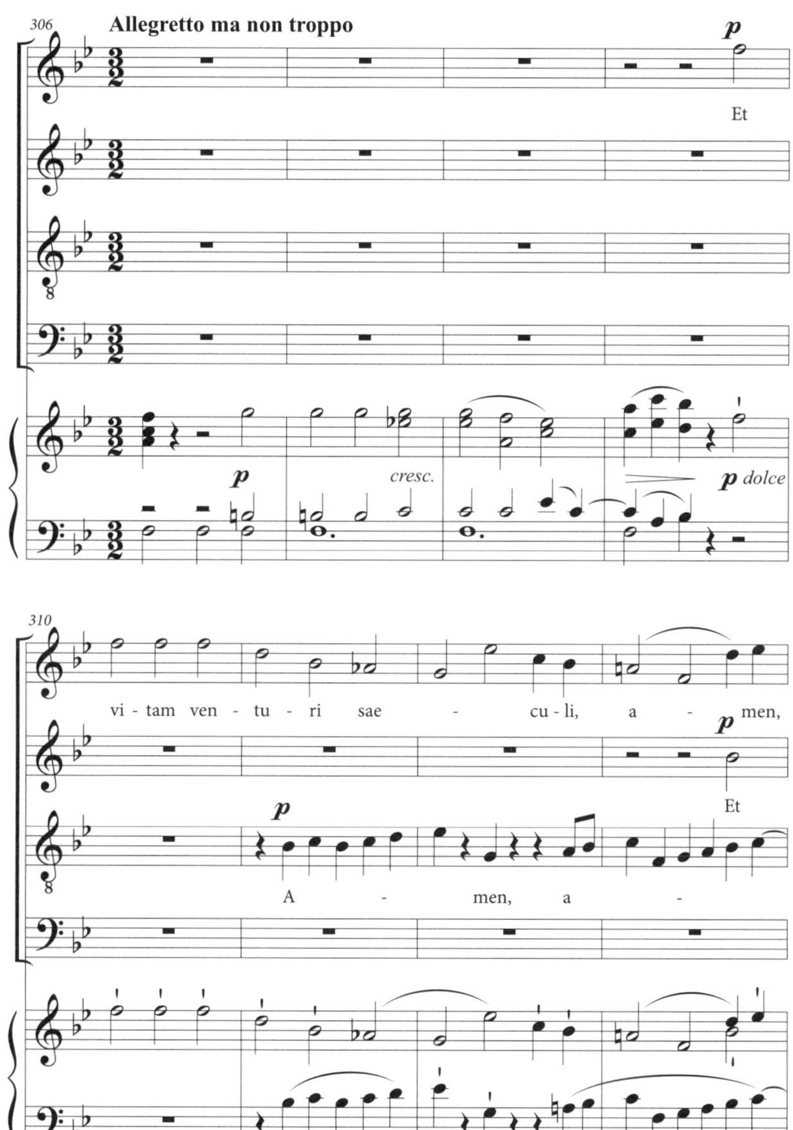

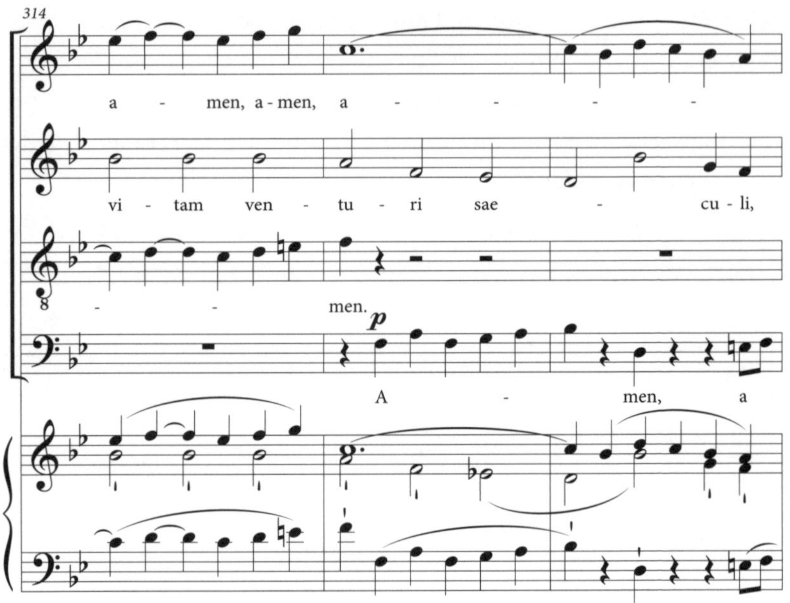

Die Grundform des Themas ist:

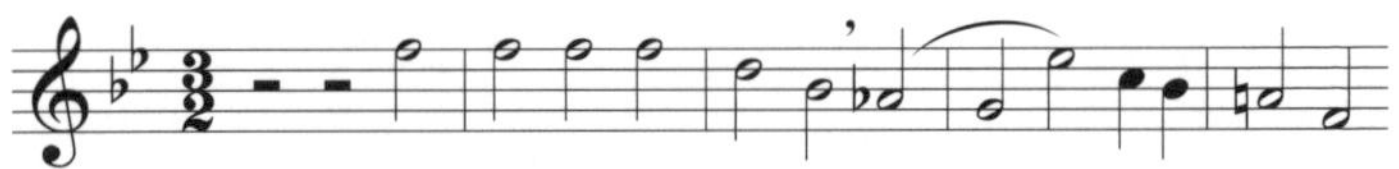

Es ist ganz offensichtlich nicht aus dem Text heraus entwickelt, der eine andere Skandierung nahelegen würde, wie zum Beispiel

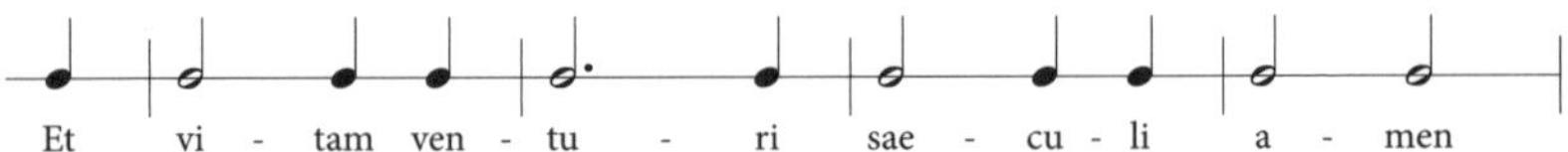

Stattdessen betont Beethoven alle Silben gleich lang in halben Noten mit Ausnahme der auf drei Halben gesungenen Silbe «sae-» und der anschließenden gebundenen Viertel. Das gibt dem Thema die entscheidende Prägnanz, um in allen verschiedenen Einsätzen der Fuge sofort deutlich hervorzutreten. Im ersten Teil (Takte 306–372) gibt es kaum einen Takt, in dem nicht in irgendeiner Stimme das Thema erklingt (in der gesamten Fuge tritt das Thema in verschiedener Gestalt sechsunddreißigmal auf). Der erste Durchgang des Themas durch alle vier Stimmen (Takte 309–327) wird *piano* gesungen. Dann setzt in Takt 327 der zweite Durchgang (Takt 327–372) *forte* ein, fällt aber in Takt 332 beim Einsatz des Alts plötzlich über achtzehn Takte, in denen Bass, Tenor und Sopran das Thema aufgreifen, ins *piano* zurück. Dieser Teil moduliert die Tonart und steigt im Quintenzirkel um vier Stufen ab. Alt und Sopran beginnen in taktversetzter Engführung in B-Dur, der zweite Einsatz des Alts (Takt 333) führt nach Es-Dur, der Bass (Takt 337) nach As-Dur, der Tenor (Takt 341) und der Sopran (Takt 346) nach Des-Dur. Das alles erklingt *piano*, dann aber beginnt in Takt 351 ein gewaltiges, sich über sechs Takte erstreckendes *crescendo*, das in Takt 356 mit dem Einsatz des Soprans im *forte* gipfelt, nachdem vorher schon beim Einsatz des Alts in Takt 352 die Silben des dreimal wiederholten «(ven) tú(ri)» durch *sforzati* betont werden. Der letzte, taktversetzte Auftritt des Themas in Bass und Sopran setzt dann *fortissimo* ein.

In Takt 372 wechselt das Tempo zu *Allegro con moto*, wird also im Sinne einer *Stretta* erheblich schneller, und dazu wird das Thema *per diminutionem*, also in halben Notenwerten behandelt. Aus den Halben werden Viertel, aus den Vierteln Achtel. Das beginnt *pianissimo* mit einem sechstaktigen Vorspiel, in dem das Thema in den Bässen noch einmal in Originalgestalt erklingt, und steigert sich in Takt 378 zum *fortissimo*, wo mit dem Einsatz des Tenors auch das Orchester *fortissimo* einsetzt. Ab Takt 398 setzen die Posaunen ein und in Takt 399 lassen die Bässe in Singstimmen und Orchester das f über sieben Takte als einen Orgelpunkt liegen, der das Ende erwarten lässt. Aber nun beginnt auf das Wort «amen» in echt Beethoven'scher Manier das Nicht-enden-Wollen, und in Takt 412 kehrt im Bass und dann unisono in allen Stimmen das Thema in Originalgestalt zurück, was noch einmal einen Schluss erwarten lässt. Stattdessen setzt in Takt 420 auf das Wort «saeculi» und noch einmal auf das Wort «amen» eine scheinbare Schlusssequenz ein, die in Takt 432/433 zu einem jähen Tempowechsel führt.

Der letzte Abschnitt von noch einmal vierzig Takten ist *grave* überschrieben und setzt *fortissimo* ein. Nach sechs Takten mit vielen *sforzati* wechselt die Dynamik jäh ins *piano* und in Takt 439 lassen sich, das ist das entscheidende musikalische Ereignis dieses Schlussteils, auch die vier Solisten wieder hören, die seit dem «Crucifixus» – also für 276 Takte! – geschwiegen haben. In das abschließende «amen» stimmen sie inbrünstig ein und bleiben bei «amen», auch wo in den Takten 450–454 der Chor noch einmal «et vitam venturi saeculi» singt. Die Skalenaufstiege über eine Oktave, mit denen der Solo-Alt in Takt 452 beginnt, werden von den anderen Solostimmen und nach sechs Takten auch vom Orchester aufgegriffen, erst die Streicher, dann die Flöten, dann auch die tiefen Holzbläser (beim Kontra-B, also de profundis beginnend!), schließlich in Sechzehnteln die Streicher und das letzte «amen» erklingt *pianissimo* auf einem B-Dur-Akkord, der in Streichern und Bläsern mit Posaunen von B bis f''' über dreieinhalb Oktaven aufgespreizt ist. Mit der Auferstehung Christi und der Toten konnte Beethoven zwar wenig anfangen. Aber dann kommt endlos, mindestens 170 Takte lang, das «vitam venturi saeculi amen».

Es ist offensichtlich, dass Beethoven von der Vorstellung des ewigen Lebens in ganz besonderem Maße inspiriert war. In seinem stark zerlesenen und über und über angestrichenen Exemplar von Christoph Christian Sturms Schrift *Betrachtungen über die Werke Gottes in der Natur* hat sich Beethoven besonders «die Stellen angestrichen, die die ‹Hoffnung auf Ewigkeit› und ‹zukünftige Verklärung› ausdrücken».[31]

Wie im Gloria verbindet Beethoven auch im Credo die gegenstrebigen Prinzipien der Diskontinuität und der Kohärenz. Er zerlegt den Text durch Tempo-, Takt-, Tonart- und sonstige Wechsel in zehn Abschnitte und hält ihn nicht nur durch die ritornellartig wiederkehrenden «credo, credo»-Rufe (Takte 6–10, 37–42 und dann vor allem 267–286), sondern auch, wie William Kinderman gezeigt hat, durch das zwölfmalige Auftreten des hohen Fortissimo-Es-Dur-Klangs als Symbol für Gottheit und Himmelshöhe zusammen.[32]

Dieses Prinzip einer wenn auch durch übergreifende Mittel gebändigten extremen Diskontinuität erinnert an die Unterscheidung der griechischen Sprache zwischen der kontinuierlich fließenden Zeit *chronos*, der sich der Mensch in Erinnerung und Erwartung – «Retention» und «Protention», wie Husserl sagt – hingibt, und *kairos*, der plötzlich auftretenden Gelegenheit, die es beim Schopf zu packen gilt.

Beethovens diskontinuierliche Lektüre des liturgischen Texts zerlegt ihn in einzelne Augenblicke, die der Hörer «beim Schopf ergreifen» muss, um sie zu verstehen. Auf diese Unterscheidung, die bei Paulus eine große Rolle spielt, ist das 4. Kapitel näher eingegangen (S. 79).

Was mag Beethovens auffallende Wiederholung des «et» bedeuten, die im Credo siebenmal auftritt? Schauen wir uns diese sieben Stellen genauer an:

Takte 30ff.	*sf*	et – *p* et invisibilium
Takte 52ff.	*sf*	et – et ex patre natum *pp* ante omnia saecula
Takte 125ff.	*[p]*	et – et incarnatus est
Takte 143ff.	*[p]*	et – et homo factus est
Takte 179ff.	*pp*	et – et sepultus est
Takte 212ff.	*[f]*	et – et iterum venturus est
Takte 296ff.	*f*	et – et vitam venturi saeculi

Es scheint mir deutlich, dass es in allen Fällen um ein besonderes Mysterium geht, vor dessen Erwähnung die Stimme zögernd innehält, als gälte es, eine Schwelle zu überschreiten:

1. Die Erschaffung auch der unsichtbaren Welt: Chor mit *forte*-Einsatz und plötzlichem *piano* bei «et invisibilium».
2. Die Präexistenz Christi vor aller Zeit: Chor mit *fortissimo*-Einsatz und plötzlichem *pianissimo* vor «ante omnia saecula».
3. Eigener Abschnitt (Tempo- und Tonartwechsel): Die Incarnation: Chor-Tenor durchweg *piano*, im dorischen Modus.
4. Eigener Abschnitt (Tempo- und Tonartwechsel): Die Menschwerdung Christi: Solo-Tenor durchweg *piano*, vom Chor *forte* aufgegriffen.
5. Die Grablegung Christi: Chor durchweg *pianissimo.*
6. Die Wiederkehr Christi als Weltenrichter am Jüngsten Tag: Chor-Tenor durchweg *forte.*
7. Das Leben in der kommenden Welt: Chor *forte.*

Nicht auf diese Weise ausgezeichnet sind dagegen die Artikel zur Auferstehung («et resurrexit»: Takte 188f.), zur Himmelfahrt («et ascendit»: Takte 194ff.) und zur Auferstehung der Toten («et exspecto»). Auch hier handelt es sich um Mysterien, die Beethoven aber nicht durch die Wiederholung des «et» hervorheben wollte. Das mag theologische, aber natürlich auch musikalische Gründe haben.

Beethovens theologische Einstellung lässt sich aus seinem Umgang mit dem Text des Credo in Umrissen erschließen. Er lässt zwar nicht (wie Schubert) ihm unliebsame Zeilen einfach aus, gibt ihnen aber eine ganz unterschiedliche Gewichtung. Das tritt besonders bei den Christus gewidmeten Glaubensartikeln hervor. Scharf unterscheidet Beethoven einen christologischen und einen biographischen Abschnitt. Die christologischen Prädikate werden bei aller Großartigkeit doch einigermaßen knapp und fast konventionell vertont im Vergleich zu den biographischen, die einen ganz anderen Raum einnehmen und ungleich differenzierter behandelt sind. Das beginnt bereits in Takt 86 mit dem nach Des-Dur führenden zarten, geheimnisvollen Skalenaufstieg in den Holzbläsern und Hörnern, zu denen sich später *pizzicato* die Streicher gesellen, zu den Worten «qui propter nos homines et propter nostram salutem descendit de coelis» und breitet sich dann in der Passionsgeschichte von «incarnatus» bis «sepultus» mit ihren überraschenden Tonart-, Tempo- und Stimmungswechseln zu einer Szenenfolge aus, die den Höhepunkt des Credo wenn nicht überhaupt der *Missa Solemnis* bildet.

Hier scheint mir in der Betonung der Mensch-Natur Christi eine gewisse Nähe zum Arianismus greifbar, wie man sie auch dem großen englischen Dichter John Milton bescheinigt hat, mit dem Beethoven überhaupt viel verbindet. Beide haben sich in einer Phase revolutionären geistigen und politischen Aufbruchs künstlerisch entfaltet und engagiert, und beide mussten den Umschwung in Restauration und Zensur hinnehmen, unter deren beklemmenden Verhältnissen Milton sein Hauptwerk und Beethoven sein Spätwerk schufen. Beide, noch viel entscheidender, wurden noch in verhältnismäßig jungen Jahren vom Schicksalsschlag einer Erkrankung getroffen, die den einen seines Augenlichts und den anderen seines Gehörs beraubte. Milton war im Wien um 1800 sehr präsent, weil Gottfried van Swieten Ausschnitte aus *Paradise Lost* für sein Libretto zu Haydns Schöpfung bearbeitete.

Auch Miltons bekannte antitrinitarischen Reserven lassen sich in Beethovens Behandlung des Credo-Textes beobachten. Da ich selbst, wie ich zugebe, in diesen Fragen ähnlich denke und mich befangen erklären muss, habe ich mir bei Jan-Heiner Tück, dem Wiener Dogmatiker, Rat geholt:

> In der aufkommenden Neuzeit geraten Christologie und Erlösungslehre in eine Krise. Man versucht, biblisch-patristische Vorstellungsmodelle wie Opfer, Genugtuung, Erlösung durch solche zu ersetzen, die mit dem aufkommenden Humanitätsideal besser in Einklang zu bringen sind. Dabei wird vor allem die Menschlichkeit Jesu akzentuiert, seine Ethik der Nächstenliebe hervorgehoben. Die altkirchliche Christologie, die der Person Jesu Christi göttliche und menschliche Natur zuschreibt, büßt an Plausibilität ein. Symptomatisch dafür ist Fausto Sozzini, der in seinem Werk *De Jesu Christo Servatore* (1579) die Gottheit Christi leugnet und die These vertritt, Jesus sei nicht durch seinen Kreuzestod, sondern durch sein sittliches Vorbild und seine Lehre zum Erlöser geworden. Die englischen Deisten des siebzehnten und achtzehnten Jahrhunderts lehren, Gott habe die Welt wie ein Uhrwerk in Gang gesetzt und seither den Naturgesetzen überlassen. Von einem Handeln Gottes in Natur und Geschichte, von Wundern oder einer Selbstoffenbarung in Jesus Christus könne nicht die Rede sein. Der aufkommende Rationalismus stellt im Namen der Vernunft die kirchliche Autorität und Tradition in Frage. Die Bibelkritik eines Reimarus fragt hinter die Evangelien zurück, weil bereits in ihnen die verfälschende Tendenz der apostolischen Predigt wirksam werde, und sucht dem historischen Jesus auf die Spur zu kommen. Diese hier nur grob angedeuteten Strömungen stehen möglicherweise mit im Hintergrund von Beethovens Tendenz zum «Arianismus». Die Verehrung der Majestät und unerforschlichen Größe Gottes ist ihm näher als das christologische Bekenntnis zu Jesus Christus als dem gleichwesentlichen Sohn Gottes, des Vaters. Mit diesem Empfinden zeigt er ein waches Gespür für die moralisch-pädagogischen Transformationen der Christologie, wie sie bei Lessing in der «Erziehung des Menschengeschlechts» und bei Kant in seiner Schrift «Religion innerhalb der Grenzen der bloßen Vernunft» dann ausgestaltet werden.[33]

Sanctus und Benedictus

Das Sanctus, der vierte Teil des Ordinarium Missae, ist der heiligste Moment der Messe. Zwischen Sanctus und Benedictus vollzieht der Priester leise das Hochgebet, wandelt Brot und Wein, hebt die Gaben hoch und empfängt selbst die Kommunion. Beethoven gliedert das Sanctus ganz traditionell in fünf Abschnitte:

(1) Sanctus: Adagio. Mit Andacht. 2/4

Sanctus, Sanctus, Sanctus	Heilig, heilig, heilig
Dominus, Deus Sabaoth.	(ist) der Herr Gott der Heerscharen.

(2) Pleni sunt coeli: Allegro pesante. 4/4

Pleni sunt coeli et terra	Erfüllt sind Himmel und Erde
gloria tua	von deiner Herrlichkeit.

(3) Osanna: Presto. 3/4

Osanna, osanna in excelsis.	Hosanna in der Höhe.

(4) Präludium: Sostenuto ma non troppo

(5) Benedictus: Andante molto cantabile e non troppo mosso

Benedictus,	Gelobt sei,
qui venit in nomine Domini.	der da kommt im Namen des Herrn.
Osanna in excelsis.	Hosanna in der Höhe.

«Sanctus, sanctus, sanctus» – wie soll man die dreifache Wiederholung dieses Wortes verstehen? Singen es so die Engel, oder will Jesaja andeuten, dass sie alle durcheinander «sanctus» singen und es ihm in seiner Vision als eine ständige oder dreifache Wiederholung erscheint? Bach hat es im Sanctus seiner h-Moll-Messe im ersten Sinne aufgefasst und den ganzen Satz mit seinen ständigen Triolen und der Sechsstimmigkeit des Chores auf die Drei gegründet, die er natürlich ganz im Sinne der Tradition als ein Symbol der Trinität verstand. Beethoven geht den anderen Weg. Keine Stimme singt «sanctus, sanctus, sanctus», aber durch ihren taktversetzten Einsatz klingt es wie die ständige Wiederholung des einen Wortes:

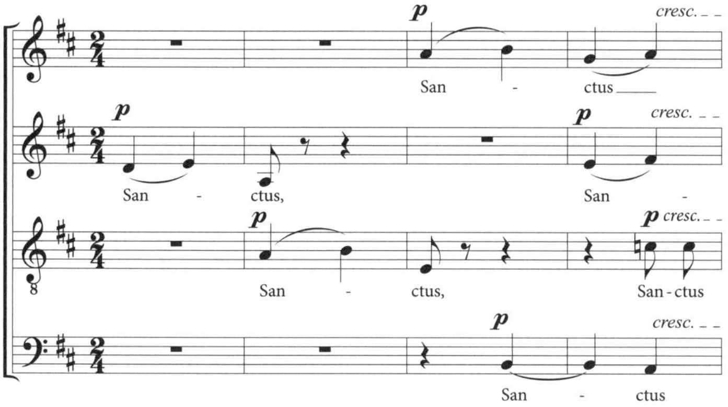

Die tiefen Streicher beginnen das elftaktige Vorspiel. Klarinetten und Hörner fallen ein, ab Takt 9 treten sogar die drei Posaunen hinzu, durchweg *piano*. Die hohen Streicher schweigen während dieses ganzen Abschnitts, der sich tastend in den kurzen Intervallen des Themas oder vielmehr des dreitönigen Motivs bewegt. Mit Takt 12 setzen gleichfalls *piano* die Solisten ein. Es ist klar, dass hier keine himmlischen Jubelchöre singen, sondern eine demütige, andächtige irdische Gemeinde. Die letzten vier Takte, *pianissimo* und *mezza voce* zu singen, werden in den tiefen Bläsern (Klarinetten, Hörnern) von einem leisen Paukenwirbel und tremolierenden Streichern begleitet, die immer leiser werden und hörbar werden lassen, was Rudolf Otto das «Mysterium tremendum» genannt hat. Hier hat Beethoven einmal von seiner Opposition von Himmlischem (hoch, laut, emphatisch) und Irdischem (tief, leise, andächtig) Abstand genommen. Denn dass das Sanctus von den sechsflügligen Seraphim im Himmel gesungen wird und nicht von einer irdischen Gemeinde, war ihm natürlich klar. Nur die reiche Instrumentierung mit Hörnern, Trompeten, Posaunen, Pauke – aber alles *piano*! – deutet die außergewöhnliche, überirdische Feierlichkeit dieses Moments an. In der alten Kirche wurde aber tatsächlich das Sanctus von der ganzen Gemeinde gesungen.[34] Ein Schlüssel zu dieser ganz zurückgenommenen Vertonung des Sanctus im eher tiefen und leisen Klangbereich ist vielleicht die ganz auffallende Behandlung des Wortes «sanctus» am Anfang des Quoniam:

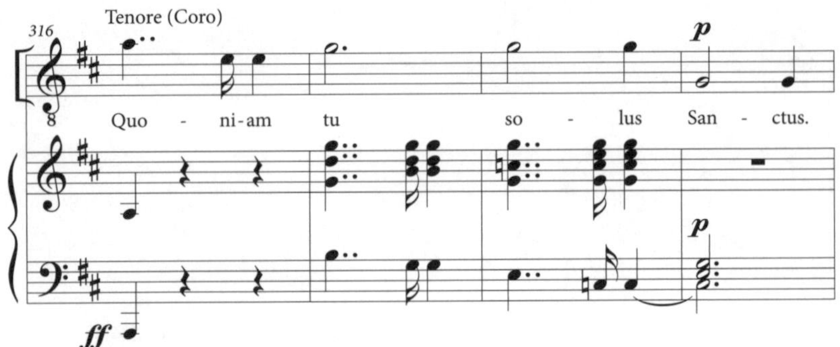

Auf «Sanctus» sinkt der Chor-Tenor um eine Oktave von g' auf g und fällt vom *forte* (fehlt im Klavierauszug, steht aber in der Partitur) plötzlich ins Piano. Die Bläser setzen aus und die Violinen stürzen um zwei Oktaven von g" nach g und fallen vom fortissimo ins *piano*. Eindeutig assoziiert Beethoven mit «sanctus» den Inbegriff des Heilig-Ehrfurchtgebietenden, vor dem der Mensch nur anbetend niederfallen kann. In den letzten Takten (28–32) fällt der Chor in immer leiser werdendes ergriffenes Stammeln.

In stärkstem Kontrast zum leisen, dunklen «Sanctus» folgen die Worte «Pleni sunt coeli», *forte* von großem Orchester (aber ohne Posaunen) begleitet, mit agitierten Sechzehntelläufen in den Streichern, in «wuchtigem» *(pesante)* Allegro als vierstimmige Fuge mit einem Thema, das mit seinem fanfarenartigen Aufstieg, den folgenden Intervallsprüngen und seinem Sechzehntelabgang auch im Barock denkbar wäre:

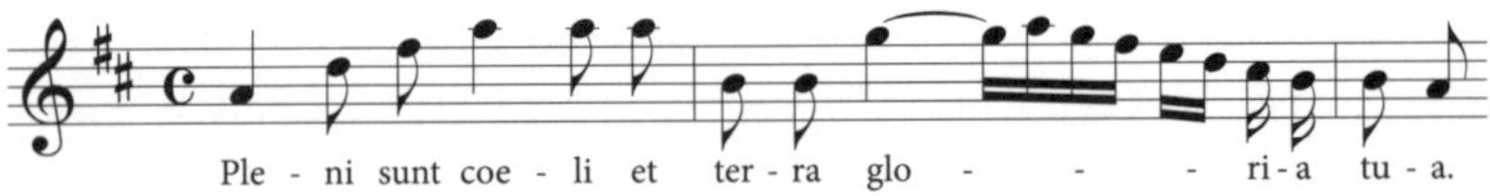

Wie eine *stretta* schließt sich im Dreivierteltakt das Osanna *presto* und *fortissimo* mit ständigen *sforzati* in der Begleitung an (immer volleres Orchester, zuletzt sogar Posaunen, dadurch im *fortissimo* auskomponiertes *crescendo*), auch dies als vierstimmige Fuge. Bis dahin singen nur die Solisten, der Chor schweigt.

Das Sanctus wird vor der Wandlung gesungen, das Benedictus danach. Also erklingt das folgende zweiunddreißigtaktige instrumentale Zwischenspiel zur Wandlung, dem Moment allerhöchster Heiligkeit. Das Stück ist «Präludium» überschrieben. Die Tonart wechselt nach G-Dur, das Tempo zu *sostenuto ma non troppo*. Als Dynamik ist durchweg *piano* vorgeschrieben. Das Orchester ist reduziert auf Flöten, Fagott, geteilte Violen und geteilte Celli. Der Satz ist denkbar abstrakt, das heißt praktisch athematisch und im Stile antico gehalten, mit einigen kühnen Modulationen und Akkordrückungen, die klar machen, dass wir uns nicht im sechzehnten, sondern im neunzehnten Jahrhundert befinden. Man denkt an eine improvisierte vergrübelte Phantasie, die auf nichts hinführen, sondern die Zeit andächtig füllen will. Improvisierte Zwischenspiele des Organisten, sogenannte «Elevationstoccaten»,[35] waren als instrumentale Begleitung der Wandlung üblich. Diesen vertrauten Akt soll das «Präludium» mit orchestralen Mitteln evozieren.

Das folgende Benedictus gehört zu den ganz großen, auf 124 lange Takte (12/8) ausgedehnten Abschnitten der Messe und ist von einer im wahrsten Sinne des Wortes überirdischen Schönheit, deren Lieblichkeit gerade nach dem strengen, archaischen Präludium überwältigt. Die Tempobezeichnung *Andante molto cantabile e non troppo mosso* schreibt ein langsames, aber bewegtes Schreiten vor, im getragenen Rhythmus eines pastoralen Siciliano, wie alsbald deutlich wird, als sich aus höchsten Höhen (g‴), von den Flöten begleitet, die Solovioline in Sekundschritten herabsenkt.

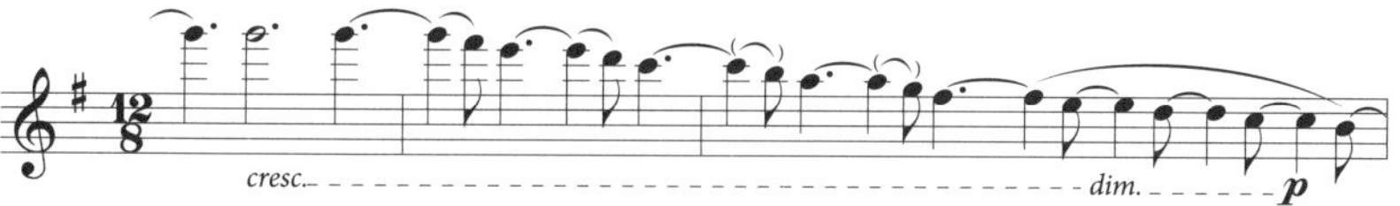

Noch zeichnet sich kein Thema ab, aber klar genug symbolisiert die einsame Solovioline das «Kommen» des Gesegneten aus Himmelshöhen, der hinabsteigt, um in Brot und Wein der Wandlung gegenwärtig zu werden. Die Abwärtsbewegung der Geige und Flöten zieht sich über sechs Takte hin und führt über zweieinhalb Oktaven vom g‴ zum c'. Dazu psalmodiert nach vier Takten der Chor-Bass auf d leise den Text

«Benedictus qui venit in nomine Domini». Ein Thema erklingt erst ab Takt 117 *dolce* und *cantabile* in der Solovioline.

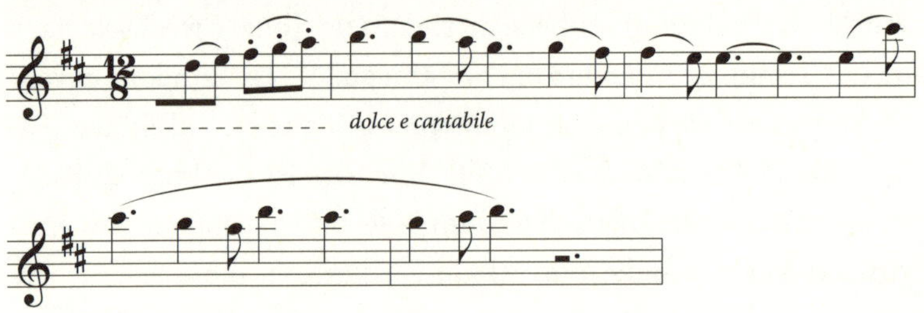

Dieses liebliche Thema ist klar aus dem Rhythmus der Worte entwickelt, und der wiederholte Hinweis *cantabile* lädt dazu ein, die Phrase als Arie zu verstehen.

Die Solostimmen setzen in Takt 133 mit dem Thema ein, das Beethoven mit einigem Raffinement in Alt und Bass als Kanon in der Sekunde bzw. Unterseptime vorträgt.

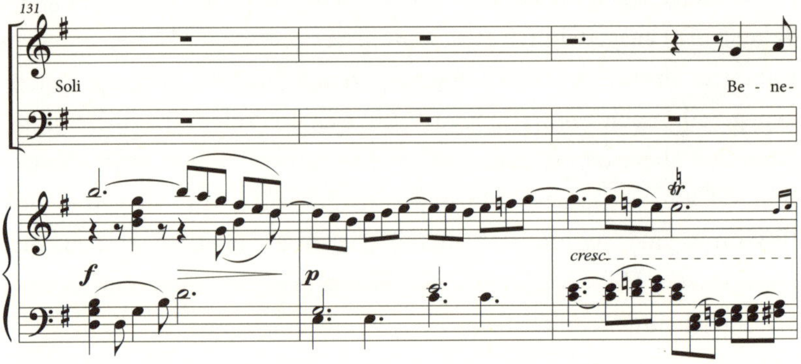

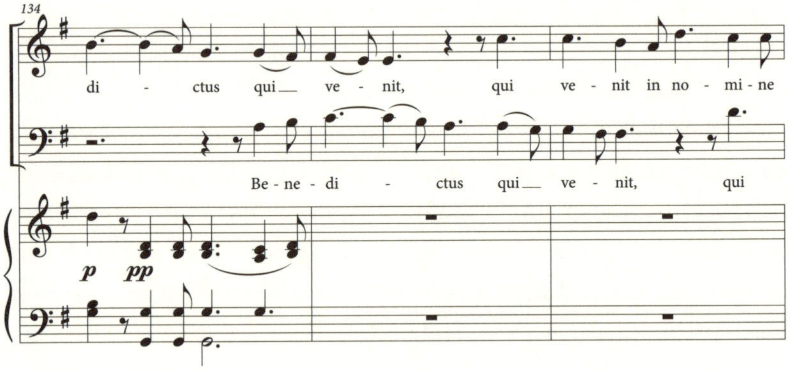

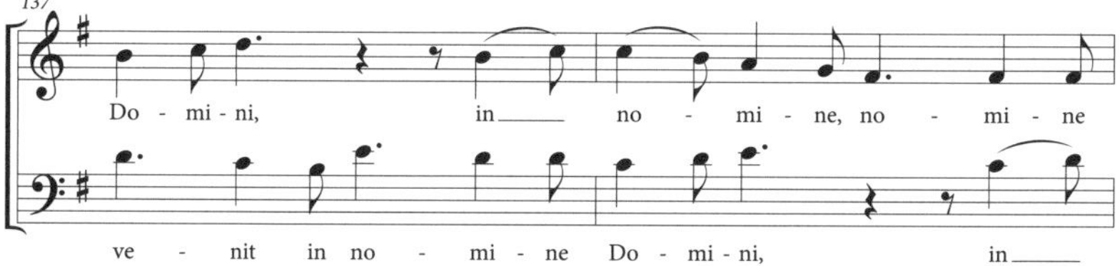

Im Orchester erklingen dazu *pianissimo* neben den tiefen Holzbläsern und den Hörnern auch die Posaunen, deren Auftritt mit ihrer Anmutung des Jenseitigen, Feierlichen, Mächtigen immer ein seltenes musikalisches und religiöses Ereignis darstellt (s. oben, S. 168).

Das Solistenquartett führt, nun nicht mehr als Kanon, den polyphonen Satz über zwölf Takte weiter, bis in Takt 156 der Chor in repetierenden Achteln psalmodierend respondiert. Von da an übernimmt der Chor, über dessen verhaltenem, sparsam begleitetem Gesang sich durchweg in höchsten Lagen die konzertierende Solovioline bewegt. Diese Verbindung von Violinkonzert, polyphonem Sologesang und homophon psalmodierendem Chorgesang verbreitet eine geradezu mystische Stimmung und ist in einer Messe vermutlich einzigartig. In den folgenden gut fünfzig Takten, die hier im Einzelnen zu beschreiben zu weit führen würde, überlässt Beethoven die weitere Entwicklung des wunderbaren Themas den Solisten und lässt den Chor nur psalmodierend respondieren. In der h-Moll-Messe, von der sich Beethoven schon 1809 bei Breitkopf & Härtel ein Exemplar bestellt hatte (zusammen mit Haydns Messen und Mozarts Requiem), gestaltet Bach das Benedictus als Altarie mit konzertierender Flöte. Aber das ist konventionell, während Beethovens Gestaltung eine einmalige Lösung darstellt.

Niemand hat wohl Präludium und Benedictus zwingender beschrieben als Romain Rolland in seinem «Chant de la resurrection», dem dritten Band seiner siebenbändigen Beethoven-Monographie. Meine unbeholfene Übersetzung kann die Wärme und Eleganz des französischen Originals nicht wiedergeben, dafür habe ich zur Verdeutlichung des Gemeinten die Taktzahlen hinzugesetzt:

> In diesem Moment des Hochamts vollzieht sich, im Schweigen der Gläubigen und der Offizianten am Altar, das heiligste Mysterium der Messe: die Wandlung. Sie vollzieht sich in Beethovens genialer Vision. Die Worte sind zuende. Ein instrumentales Präludium verbreitet eine eindringliche Atmosphäre von mystischem Helldunkel, darin die in Furcht und Liebe niedergesunkene Seele wartet und das Kommen des Lichts vorausahnt. (Takte 79f.) In eben dem Augenblick, da sie zu versinken scheint, ein Strahl aus Himmelshöhen (Takt 110): ausgesetzt im Raum *piano* ein g''' der Solovioline; mit ihr vervollständigen zwei Flöten unter absolutem Schweigen des ganzen Orchesters den klaren Dreiklang. Einige Takte lang schwebt sie, sich von Stufe zu Stufe in anmutigen Synkopen schaukelnd, zur Erde, wo sie sich niederlässt. (Takte 111–116) Auf halbem Weg bilden die Hörner im Bass einen Orgelpunkt auf der Dominante, dem tiefen liegenden und repetierenden ‹D›. (Takte 113–116) Sie empfangen den «Der da kommt im Namen des Herrn» mit dem frommen Gruß des Benedictus. Sobald sie sich vereinigt haben, der von oben und die von unten, singt die Solovioline ihre mystische Pastorale, die Klarinetten und Fagotte in ‹verliebtem› Cantabile aufnehmen. (Takte 119ff.)[36]

«In verliebtem *(inamouré)* Cantabile» – eine kühne Formulierung, die auf Deutsch bzw. Beethovensch wohl eher als «mit innigster Empfindung» wiederzugeben ist. Was diese «mystische Pastorale» betrifft, spricht in meinen Augen vieles für die These Warren Kirkendales, dass Beethoven sich hier von der Arie «He shall feed his flock» aus Händels *Messiah* inspirieren ließ, die sich im gleichen Rhythmus und in gleichfalls absteigenden Sekundschritten bewegt.[37]

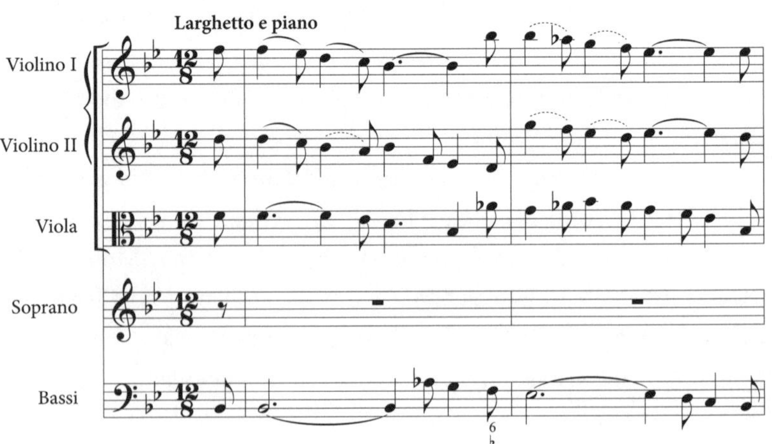

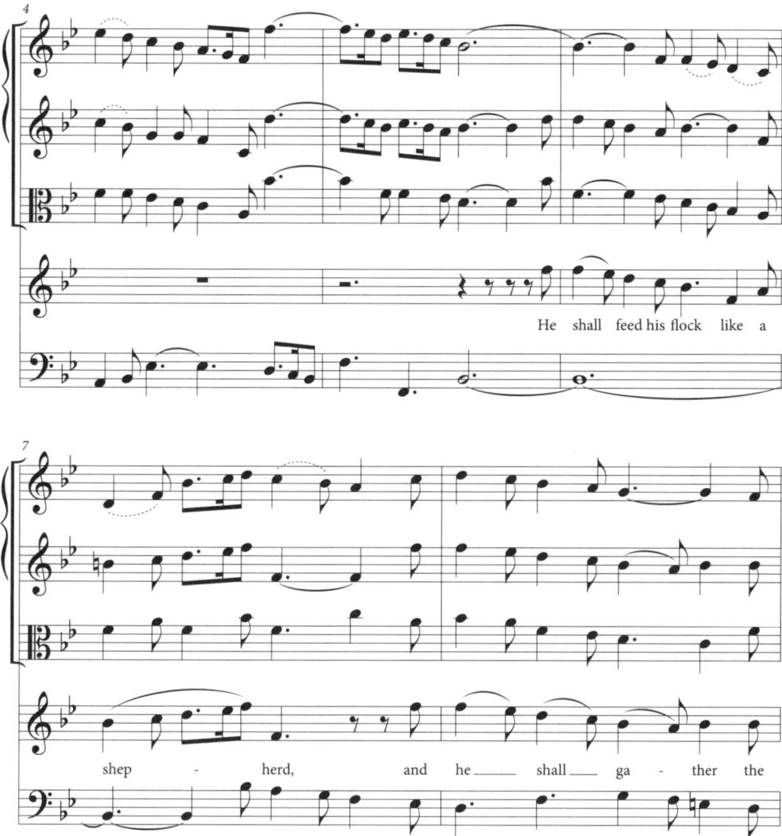

Das kurze abschließende Osanna in gleichem Rhythmus und Tempo, aber *forte* und *ben marcato*, ist wieder eine Fuge, aber den Satz beschließt eine ebenfalls kurze Reprise des Benedictus mit der konzertierenden Violine. In den letzten vier Takten beteiligen sich sogar die drei Posaunen in dreistimmigem Satz.

Agnus Dei

Adagio, 4/4, h-moll

In der autographen Partitur hat Beethoven als Überschrift eingetragen: «Dona nobis pacem darstellend den innern und äußern Frieden». In allen Abschriften dagegen lautet die Überschrift: «Bitte um innern und äußern Frieden».[38] Diese Änderung wirft ein Schlaglicht auf Beethovens Einstellung zur Beziehung von Musik und Text. Die Musik stellt nicht dar, bildet nicht ab, sondern *vollzieht*, sie ist nicht objektivierende Darstellung, sondern dramatisierender Ausdruck des Gegenstands. Das gilt für die *Missa* insgesamt, in ganz besonderem Maße aber für das Agnus Dei.

Das Agnus Dei ist der bei weitem dramatischste Teil der *Missa*. Er gliedert sich nach Tempo-, Tonart- oder Taktwechsel in fünf Abschnitte:

(1) Takte 1–94 Adagio, 4/4, h-Moll:
Agnus Dei, qui tollis peccata mundi,
miserere nobis.

(2) Takte 96–163 Allegretto vivace, 6/8, D-Dur. Bitte um innern und äußern Frieden:
Agnus Dei: dona nobis pacem.

(3) Takte 164–189 Allegro Assai, Recitativo (colla voce), B-Dur:
Agnus Dei, qui tollis peccata mundi,
miserere nobis.
Agnus Dei,

Takte 190–207 Tempo primo, F-Dur:
dona nobis pacem,

Takte 207–265 D-Dur:
dona nobis pacem,

(4) Takte 266–328 Presto: instrumentales Zwischenspiel:
Takt 327 → B-Dur

(5) Takte 329–353 Chor:
Agnus Dei, dona pacem

Takt 354 Tempo primo
Takt 359 → D-Dur
Dona nobis pacem

Die Stimmung des ersten Abschnitts ist tiefster Schmerz und flehende Bitte um Erbarmen. Der Solo-Bass beginnt mit der Anrufung «Agnus Dei, Agnus Dei, qui tollis peccata, peccata, peccata mundi», die Männerstimmen (geteilte Tenöre und Bässe) respondieren «miserere nobis». Der Solo-Alt wiederholt die Anrufung, und nun respondiert der volle Chor, mit fortfahrendem Altsolo, das dann ab Takt 58 die anderen Solisten mit imitatorischen Einsätzen aufgreifen. Ab Takt 64 fällt der respondierende Chor ein und schließt *pianissimo* mit der dritten Anrufung «Agnus Dei», an die dann der zweite Abschnitt mit völligem Stimmungswandel *Allegretto vivace* und beschwingtem Siciliano-Rhythmus im Sechsachteltakt anschließt: «Dona nobis pacem.»

Hier beginnt die «Bitte um innern und äußern Frieden», die bis zum Schluss den Sechsachteltakt, aber mit stärksten Stimmungs-, Tonart- und auch Tempowechseln, von einigen hochdramatischen Unterbrechungen abgesehen, durchhält. Der Chor stimmt im Alt und im Bass die erste, noch wenig einprägsame Gestalt des Themas an:

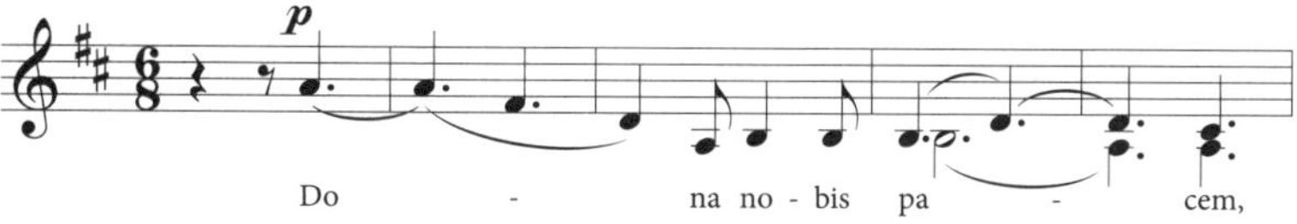

Der Sopran respondiert mit einer schon prägnanteren und im Folgenden von den anderen Stimmen imitatorisch aufgegriffenen Melodie:

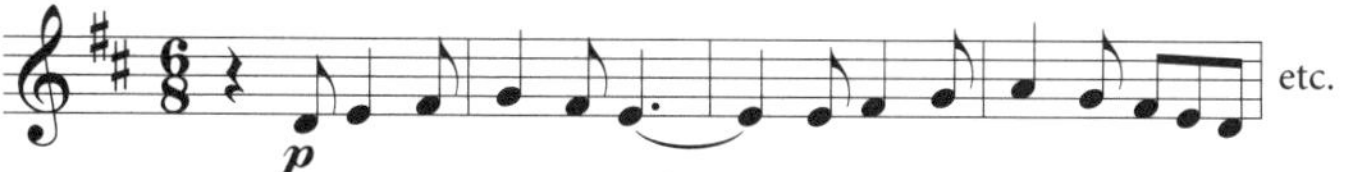

In den Takten 123–126 erklingt schließlich das Thema in seiner prägnanten Gestalt, die sich im Sinne «entwickelnder Variation» (Arnold Schönberg)[39] aus seinen Vorstufen herausschält:

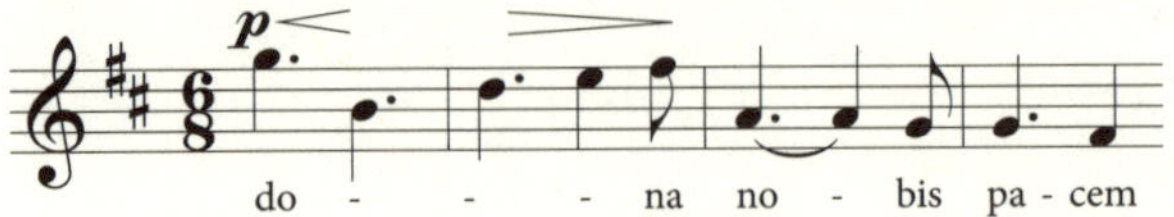

In Takt 143 treten die Solisten hinzu, und der Chor respondiert mit eher fordernden als flehenden «pácem, pácem»-Rufen.

Eine entscheidende, völlig überraschende Wende ereignet sich im dritten Abschnitt. Die Tonart wechselt abrupt zur Mediante B-Dur, der Takt zu 4/4, das Tempo zu *Allegro assai.* Die Pauke deutet mit einzelnen Schlägen, dann repetierenden Sechzehnteln, *sempre pianissimo*, fernen Kanonendonner an, und die Trompeten blasen, noch immer *pianissimo*, das heißt in der Ferne, ein militärisches Signal:

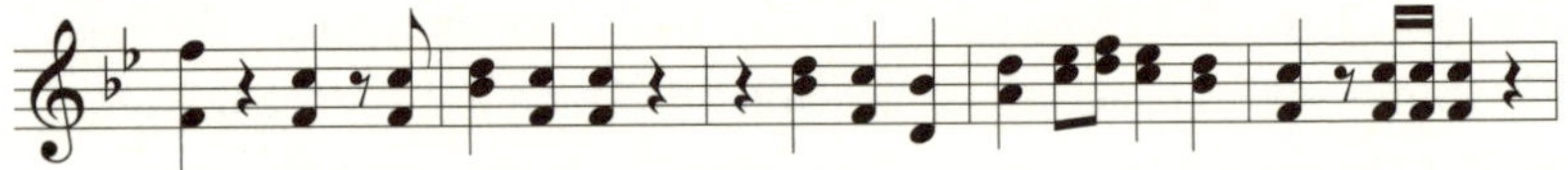

Darauf reagiert der Alt in einem Recitativo, «timidamente (ängstlich)» und «colla voce», das heißt in freiem, sich an der Singstimme orientierendem Tempo, mit dem Anruf «Agnus Dei, qui tollis peccata mundi», und der Tenor respondiert «Agnus Dei, miserere, miserere, miserere nobis», während sich die Paukenwirbel und Streichertremoli zum *forte* steigern, das heißt die Schlacht näher rückt. Solche rezitativischen Unterbrechungen kommen beim späten Beethoven nicht ganz selten vor.[40] Besonders nahe liegt es, hier an den «Schwächeanfall» im vierten Satz, der Fuge, der As-Dur-Sonate op. 110 zu denken (Takte 116–131), den Beethoven mit den Anweisungen «Ermattet, klagend – perdendo le forze, dolente» überschreibt, oder das «Beklemmt» überschriebene as-Moll-Rezitativ in der Cavatina des B-Dur-Quartetts op. 130 (Takte 41–48).

Nach einer Generalpause, während der Schlachtenlärm in den Pauken und Streichern ins *fortissimo* ausbricht, rezitiert der Sopran, sich zum *fortissimo* steigernd, das «Agnus Dei», und der Chor respondiert homophon in repetitierenden Noten «miserere nobis». Noch einmal hebt der Sopran *fortissimo* an «Agnus Dei, dona …», dann ist in Takt 190 mit der Rückkehr zum *Tempo primo*, dem Sechsachteltakt und *piano*, die Krise überwunden. Beethoven inszeniert musikalisch eine Situation äußerster Gefahr und Bedrohung, in der die Anrufung und Bitte um Erbarmen einen lebensweltlichen (und nicht rein liturgischen) Sinn hat. Weiter kann man sich von der Liturgie in Richtung Theater kaum entfernen. Das alles steht im Dienst der musikalisch aufs Intensivste erregten Emotion, die die Hörer in Angst und Schrecken versetzen und zum Lamm Gottes, dem Retter, flehen lassen soll.

Nachdem die Solisten im wieder beruhigten Takt und Tempo für fünfundzwanzig Takte das «dona nobis pacem» fortführen und im weiteren Verlauf zum D-Dur zurückkehren, stimmt der Chor-Bass in den Takten 216–240 eine vierstimmige Fuge auf ein neues Thema an, ein wörtliches Zitat aus der Halleluja-Fuge aus Händels *Messiah* (Takte 41–51):

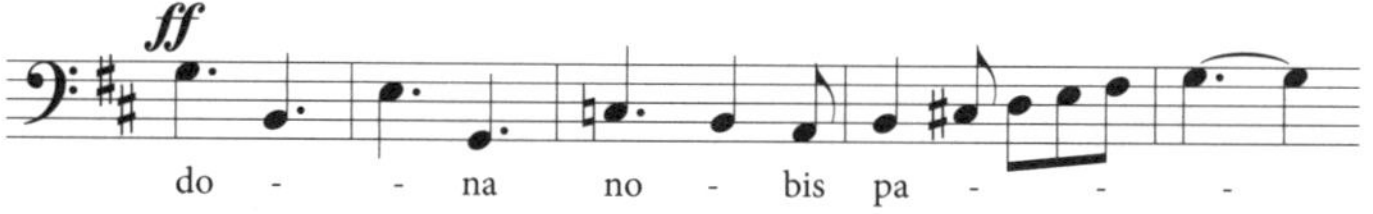

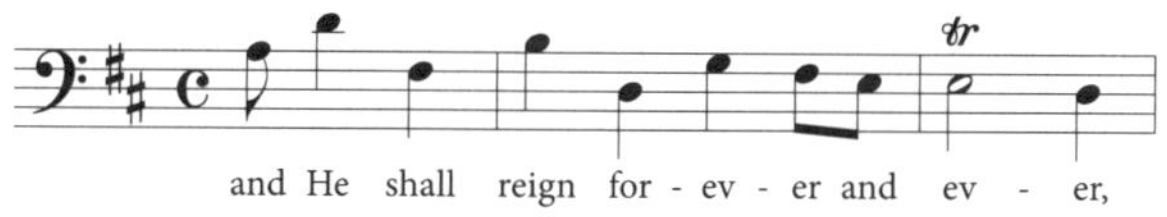

Ein so bekanntes Thema so wörtlich zu zitieren muss etwas bedeuten. Ich würde es im Sinne einer Huldigung oder Widmung in memoriam verstehen.[41] Für Beethoven war Händel der größte Komponist, der je gelebt hat.

Ab Takt 232, also für die letzten über zweihundert Takte, lässt Beethoven meist das Wort «nobis» weg und behandelt das ständig wiederholte «pacem» ähnlich wie das «amen» in den abschließenden Abschnitten des Gloria (Takte 493–525) und des Credo (Takte 439–472).

In Takt 266 wechseln abrupt Takt (𝄵) und Tempo (Presto), und es droht mit anderen diesmal von den Violinen vorgetragenen Signalen, die dann auch in den anderen Stimmen auftauchen, eine neue Gefahr, die sich in einem instrumentalen Zwischenspiel abspielt. Es liegt nahe, diese zweiundsechzig Takte mit ihren starken dynamischen und harmonischen Schwankungen auf eine Darstellung des *inneren* Unfriedens zu beziehen, auf die – mit Übergang wieder nach B-Dur – nach drei abschließenden Schlägen der Chor *fortissimo* mit einer neuerlichen Anrufung, mit vollem Orchester einschließlich Posaunen reagiert: «Agnus Dei», darauf zehn Takte instrumental mit drei weiteren *sforzato*-Schlägen und sieben unheimlich auf der Stelle tretenden Takten nur Trompeten, Posaunen und Pauke:

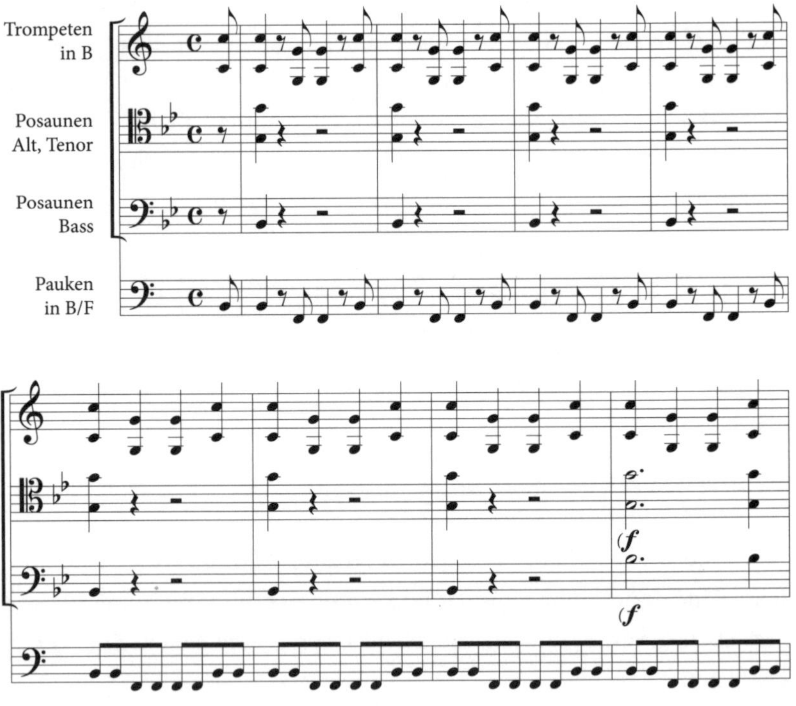

Darauf folgt der abschließende Anruf. Chor und Solisten singen, begleitet vom vollen Orchester, *forte*, schließlich *fortissimo*, «dona nobis pacem». Mit der Rückkehr zum *Tempo primo* und zum Sechsachteltakt in Takt 354 scheint die Bitte erfüllt zu sein. In Takt 359 kehrt auch die Tonart D-Dur zurück.

Im Gloria hatte Beethoven durch den Einsatz der drei Posaunen zur Anrufung Christi als sitzend zur Rechten des Vaters die Situation des Jüngsten Gerichts evoziert, in der die Bitte um Erbarmen ganz besonders dringlich erklingt. In gleicher Weise evoziert er im «Dona nobis pacem» die Situation eines feindlichen Angriffs, um die Bitte um Frieden in aller flehentlichen Dringlichkeit erlebbar zu machen. Immer geht es ihm darum, den Text mit musikalischen Mitteln semantisch und emotional auszuleuchten und aufzuladen.

In Takt 364 stimmt der Chor in Andeutung einer Reprise das Thema in seiner allerersten, weitausholend harmonisierten Gestalt an:

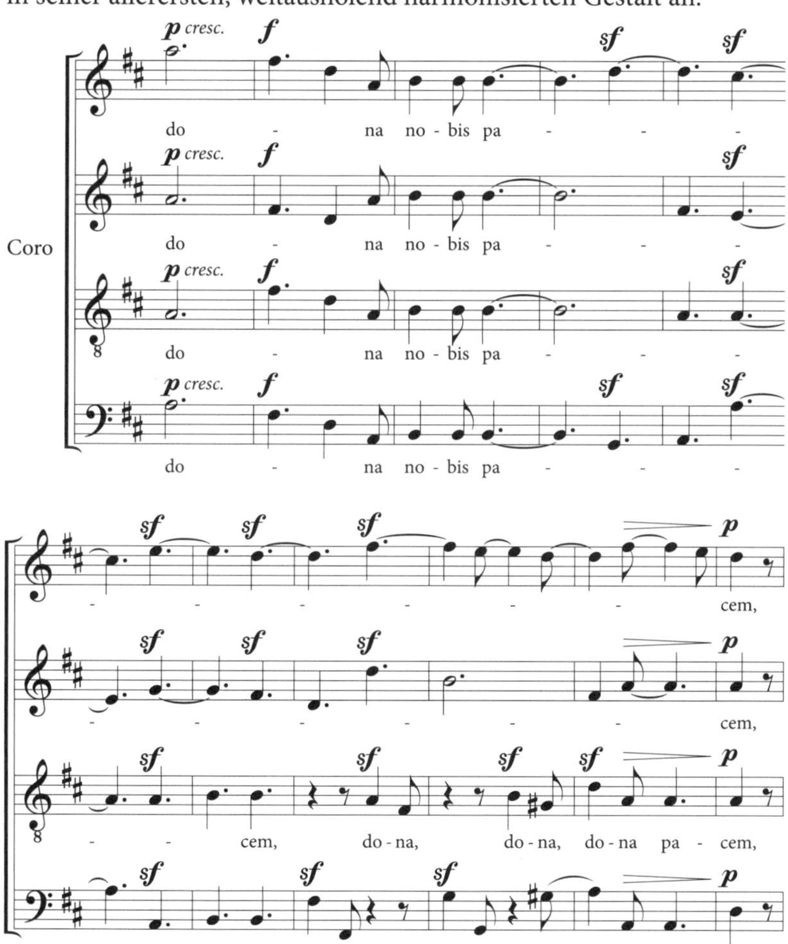

Die Solisten folgen *espressivo* mit der in Takt 107 eingeführten schlichten Figur:

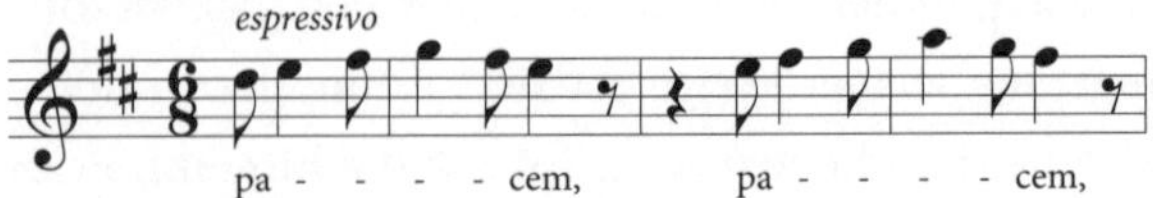

Und der Chor respondiert wieder mit «pácem, pácem»-Rufen. Ab Takt 397 beruhigt er sich ins *pianissimo* und bringt in Takt 402 wieder das Hauptthema in seiner prägnanten Gestalt:

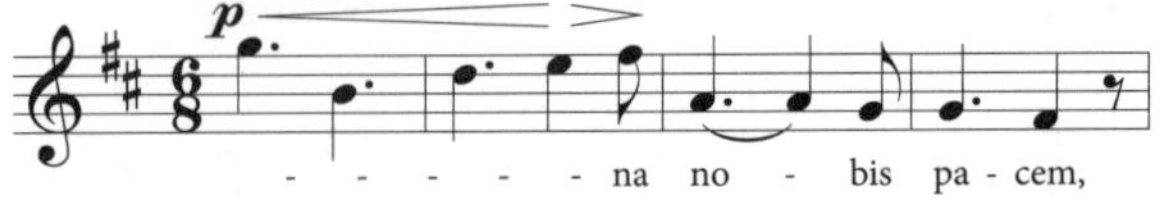

Die in b und f gestimmten Pauken treten nur in den Kriegsepisoden in B-Dur auf und schweigen in den D-Dur-Abschnitten. Nur ganz zum Schluss, in den Takten 405–409 und 412–415 – eine Erinnerungsspur überstandener Ängste –, haben sie noch einmal einen Solo-Auftritt von *piano* bis *pianopianissimo* und erzeugen keine Dissonanz in der D-Dur-Umgebung. In den letzten neunzehn Takten schweigen daher die Pauken.

Nachdem die ständig wiederholten Rufe «dona pacem, pacem, pacem» im *pianissimo* verhallt sind, rafft sich der Chor noch einmal *forte* mit dem Hauptthema zum letzten «dona pacem, pacem» auf, und das Orchester schließt die Messe abrupt und fast beiläufig nach nur sechs weiteren Takten. Das ist sehr auffallend. Jean und Brigitte Massin schreiben dazu:

> Die letzte Phrase des Chors ist mehr eine Frage als ein Abschluß — im Gegensatz zur C-Dur-Messe Op. 86, wo das Dona nobis pacem das Kyrie des Anfangs wieder aufgreift. Im allgemeinen legt Beethoven sonst mehr Nachdruck auf seine Schlüsse. Romain Rolland meint dazu: «Ein so reflektierter Komponist, der nichts zufällig schrieb, hätte nicht versäumt, seiner Messe einen bestimmteren Abschluß zu geben, wenn seine unerbittliche Aufrichtigkeit ihn nicht gezwungen hätte, die Ungewißheit, in die seine versuchte Zuflucht zu Gott – dieses gewaltige Ringen während fünf Jahren – ihn geführt hatte, ehrlich zuzugeben.»[42]

Rollands Deutung möchte ich mich nicht anschließen. Das Agnus Dei und insbesondere das abschließende «Dona nobis pacem» sind ein Gebet, kein hymnischer Lobpreis. Beethoven lässt das Gebet um Frieden als Bitte, als offene Frage stehen, ohne durch einen bestimmteren Schluss seine endgültige Erfüllung zu feiern. Das ist kein Ausdruck gescheiterter Gottsuche, sondern vertiefter Einsicht in die Conditio humana. «Weniger der geoffenbarte, transzendental verbürgte, unverlierbare Friede Gottes ist es, nach dem die Missa solemnis ruft, als der irdische, verlierbare, den die Menschen hier und heute brauchen.»[43] Im Übrigen ist es wohl nicht richtig, den Schluss der *Missa* mit Takt 425 beginnen zu lassen. Er bzw. die Coda beginnt vielmehr nach der angedeuteten Reprise in Takt 364 ff. mit Takt 378. Untrügliches Kennzeichen dafür sind die über mehrere Takte durchgehaltenen Orgelpunkte auf A in den Hörnern (Takte 380–383, Takte 394–401), ähnlich die langen, in Bläsern und Chorstimmen den D-Dur-Akkord repetierenden Takte 384–390. Hier breitet sich über 53 Takte in monumentalen Dimensionen ein Stillstand aus, in dessen Rahmen die ungeheure Bewegung des musikalischen Geschehens zur Ruhe kommt.

Himmelsleitern

Aus Beethovens Vertonung der Messe geht deutlich hervor, welche Elemente des uralten Textes ihn inspirierten und mit welchen er weniger anfangen konnte. Was ihn inspirierte, war das Bewusstein der unfassbaren Ferne und Größe Gottes, wie sie der «bestirnte Himmel» dem empfänglichen Gemüt vor Augen führt, und besonders der Kontrast zur irdischen Sphäre der Conditio humana, in die für ihn Jesus, das Lamm Gottes, der für die Sünden der Welt leidende und gekreuzigte Sohn gehört, und zur Sphäre des inneren Menschen mit seiner Andacht und «innigsten Ergebung». In diese Sphäre gehören die Andacht des Kyrie und des Sanctus sowie das Flehen in höchster Not im «Dona nobis pacem». Zweitens inspirierte Beethoven der Gedanke des Gegenwärtigwerdens Christi in der Wandlung. Nie ist das Benedictus, mit dem der zur Kommunion mit seiner Gemeinde kommende Gott begrüßt wird, inniger und berückender vertont worden als in der *Missa Solemnis*. Drittens schließlich inspirierte Beethoven der Gedanke des ewigen Lebens, dem die gewaltige Fuge «et vitam venturi» gewidmet ist.

Weniger inspirierten ihn aber offenbar das Herzstück der katholischen Dogmatik, die Trinität (auch wenn er die Dreigliedrigkeit des Credo durch die Wiederholung des Credo-Motivs vor der Erwähnung des Sohnes und des Heiligen Geistes betont) und der Heilige Geist. Die *Missa Solemnis* ist bei aller religiösen Intensität kirchenfern. Auffallend ist auch die Kürze, in der die Auferstehung Christi und der Toten behandelt wird, im Gegensatz zu der gar nicht enden wollenden Fuge, die dem ewigen Leben gewidmet ist.

Auf ein Motiv, das in allen Teilen der Messe mit Ausnahme des Kyrie immer wiederkehrt, möchte ich abschließend noch aufmerksam machen. Das sind die meist aufsteigenden, aber auch auf- und absteigenden Skalen. Aufsteigende Skalen begegnen auf höchst auffallende und thematische Weise im Gloria und erfüllen dort die Funktion eines Ritornells. Im Credo begegnen sie absteigend zu «descendit» (Takte 115–123) und aufsteigend zu «ascendit» (Takte 194–200), absteigend zu «(venturus est) cum gloria» (Takte 219–221) und aufsteigend, sehr auffällig, am Schluss (Takte 451–470). Auf- und Abstiege in Intervallschritten begegnen im Credo bei den Worten «credo in unum Deum» (Takte 10–18), «in unum dominum» (Takte 43–46) und in Viertelschritten vor den Worten «qui propter nos homines» (Takte 86–90). Im Benedictus kommen sie aufsteigend in den Takten 149, 189 und 191 vor. Im «Dona nobis pacem» begegnen sie auf- und absteigend in den Takten 131–139, 242–248, 261–265, 379–391, 419–424, 431–434 (Schluss).

Mir drängt sich hierbei der Gedanke an Jakobs Traum in Genesis 28,10–22 auf mit dem Bild der Himmelsleiter: «Er sah eine Treppe, die auf der Erde stand und bis zum Himmel reichte. Auf ihr stiegen Engel Gottes auf und nieder.» Jakob sieht im Traum den Himmel offen. Als er am nächsten Morgen erwacht, ruft er aus: «Wie ehrfurchtgebietend ist doch dieser Ort! Hier ist nichts anderes als das Haus Gottes und das Tor des Himmels!», weiht den Stein, an dem er geschlafen hat und gelobt, an dieser Stelle ein «Haus Gottes» *(bêt El)* zu errichten. Es handelt sich um die Gründungslegende von Bethel, einem zentralen Heiligtum Israels. Ich will nicht behaupten, dass Beethoven bei der Komposition dieser Skalen an diese Erzählung gedacht hat, so eindrucksvoll sie ist, aber doch auf ihren archetypischen Charakter aufmerksam machen.

Im ersten Kapitel habe ich den Gedanken der Präsentifikation, des Gegenwärtigmachens des Heiligen, hervorgehoben, der als ein Urmotiv allen Gottesdiensten zugrunde liegt. Ähnlich verallgemeinerbar scheint mir der Gedanke der Himmelspforten, die sich im Gottesdienst öffnen. Der ägyptische Tempel war genau das, was Jakob in Bet-El erlebte: ein Tor des Himmels. Der Hohepriester des Amun trug den Titel «Der die Türflügel des Himmels öffnet in Karnak». Darunter wurden die Türen des Schreins verstanden, in dem das Kultbild stand. Aber auch der Tempel als Ganzes galt als ein Himmel auf Erden. Der mächtige Pylon, der den Himmel nach außen hin repräsentierte, wurde als der Ort des Sonnenauf- und Untergangs oder «Lichtort» verstanden, als Schwelle zwischen Himmel und Erde. Der sich auftuende Himmel mit auf- und niederschwebenden Engeln ist das beliebteste Deckenmotiv in süddeutschen Rokoko-Kirchen. Mir scheint es unabweislich, dass sich mit der katholischen Messe auch zu Beethovens Zeiten noch der Gedanke des sich öffnenden Himmels verband. Dass die Idee des Himmels in der Komposition der Messe eine tragende Rolle spielte, ist oft betont und bewiesen worden.

9

Beethovens Missa Solemnis – ein Gottesdienst im Kopf

Im Programmheft der Aufführung von Händels Oratorium *Belshazzar* an der Berliner Staatsoper im Jahr 2008 habe ich mich vehement dafür eingesetzt, dass es berechtigt ist, Händels dramatische Oratorien als Opern aufzuführen.[1] Silke Leopold ist mir ebenso vehement mit dem Argument entgegengetreten, Händel hätte das Libretto ganz anders vertont, wenn er dabei an eine szenische Aufführung gedacht hätte. Ich verwies auf die zahlreichen und detaillierten Bühnenanweisungen im Textbuch, aber Silke Leopold machte geltend, gerade diese Anweisungen sollten den Zuhörern helfen, sich die Handlung auf einer «Bühne im Kopf» szenisch vorzustellen.[2] Natürlich hat sie recht. Hätte Händel für eine echte Bühne geschrieben, hätte er zum Beispiel statt der vielen kunstvollen polyphonen Chöre allenfalls einen homophonen Schlusschor zugelassen, zu dem sich die Protagonisten vereinigen. Zu Händels Zeiten gab es keine Opernchöre, die im Stande gewesen wären, komplexe polyphone Partituren auswendig aufzuführen, ganz abgesehen davon, dass Chöre aus der Opera seria ohnehin so gut wie verbannt waren.

Das Argument lässt sich vielleicht auch für Beethovens *Missa Solemnis* geltend machen. Nachdem Beethoven klar geworden war, dass er die Messe nicht rechtzeitig zur Einsetzung Erzherzog Rudolphs als Erzbischof von Olmütz fertigstellen konnte und sich vom Gedanken an eine liturgische Aufführung der Messe im Rahmen des Festgottesdienstes verabschieden musste, fühlte er sich frei, sich von den Vorgaben des liturgischen Rahmens zu lösen und seine Messe nicht (nur) für den kirchlichen Gottesdienst, sondern (auch) als ein Oratorium für einen beliebigen Konzertsaal zu komponieren. Im Wien der Metternich-Zeit schlossen sich die beiden Aufführungsformen rigoros aus, denn die Aufführung liturgischer Musik in weltlichem Rahmen war verboten. Aber Beethoven dachte und plante in europäischem Rahmen. Zugleich kam es ihm aber darauf an, seine Messe so intensiv und expressiv mit religiösen Emotionen gleichsam aufzuladen, dass sie sich in Kopf und Herzen der Zuhörer als ein sakraler Vollzug ereignen und den Konzertsaal in einen sakralen Ort verwandeln konnte. Es sei seine Absicht gewesen, schrieb er einem Freund, «sowohl bey den Singenden als bey den Zuhörenden Religiöse Gefühle zu erwecken und dauernd zu machen».[3] Es gibt deutliche Hinweise auf seine Absicht, mit seiner Vertonung des Ordinarium Missae nicht einen realen Gottesdienst musikalisch zu schmücken und zu begleiten, sondern in Kopf und Herzen der Zuhörenden sich einen Gottesdienst ereignen zu lassen: Zwischen Sanctus und Benedictus hat er ein langsames, leises und eher dunkles instrumentales Zwischenspiel eingeschaltet, das die Orgelimprovisation bei der Elevation, Wandlung und Eucharistie, dem heiligsten Moment der Messe, andeutet. Vor allem aber deutet das Agnus Dei darauf hin. Seine Interludien im «Dona nobis pacem» sollen bei den Zuhörenden jene akute Angst evozieren, die die Bitte um Frieden möglichst nachvollziehbar macht. In diesem Sinne ist auch der ungeheure Aufschwung des Gloria-Motivs zu verstehen. «Musik soll Wirkungen hervorbringen», schreibt Martin Geck, «die bis dahin die Messhandlung selbst zu garantieren hatte. Anstatt sie zu begleiten, tritt die Musik virtuell an ihre Stelle.»[4]

Die Eigenlogik der Musik und die Macht des Messtextes

Einen solchen Rahmenwechsel von der Kirche zum Konzertsaal, von der liturgischen zur konzertanten Aufführung, von der Religion zur Kunstreligion hat der Philosoph, Musikwissenschaftler, Komponist und Pianist Theodor W. Adorno mit einem viel umfassenderen Rahmenwechsel in Zusammenhang gebracht, den er als «Neutralisierung der Kultur» bezeichnet.[5] Für ihn handelte es sich hier allerdings nicht um einen Rahmen*wechsel*, sondern einen Rahmen*verlust*, durch den Werke, die aus ihren ursprünglichen, zum Beispiel kultischen Praxisbezügen ausgebettet wurden, ihren «künstlerischen Wahrheitsgehalt» verlören. Die Kunst als Sphäre «reiner Anschauung, bloßer Kontemplation» ließ er nicht als einen Rahmen sui generis gelten. Kunstreligion bedeutete für ihn den Gegensatz und das Ende von Religion.

Darüber hinaus konnte Adorno mit der *Missa Solemnis* aber auch musikalisch wenig anfangen. Sein vielzitierter Aufsatz «Verfremdetes Kunstwerk» steckt zwar voller treffender Beobachtungen und geht doch an der Sache vorbei. Für ihn verweigert sich die *Missa* seinem (jedem?) Verstehen, weil er unter Verstehen den rekonstruierenden Nachvollzug thematischer Arbeit versteht, nach dem Schema des Sonatensatzes, der sich in der Exposition und Durcharbeitung des thematischen Materials entfaltet und vollendet. Genau dieses Prinzip fehlt bis auf wenige Ausnahmen in der *Missa*, weil Beethoven diese Methode, die er in den Sinfonien, Klaviersonaten und Streichquartetten perfektioniert hatte, offenbar für eine Messvertonung ungeeignet fand. In Adornos Sicht ist die thematische Arbeit das «Moderne», denn er zieht ja diese Linie in seiner *Philosophie der Neuen Musik* über Brahms bis zu Schönberg aus, während sich die Schreibart der *Missa* in seinen Augen dem musikalischen Fortschritt verweigert und auf das Archaische bzw. bewusst Archaisierende zurückgreift. Der *Missa* fehle es an «schlagenden thematischen Einfällen, wie sie jedes Beethoven'sche Werk sonst benutzt, und an ausladenden thematischen Entwicklungen».[6] «Wer könnte wohl etwas aus ihr singend zitieren wie aus irgendeiner seiner Symphonien oder dem Fidelio?» Die Form wächst nicht organisch aus thematischer Arbeit, sondern «addiert sich aus meist in sich imitatorischen Abschnitten»; an die Stelle des «Durchführungsprinzips» trete «eine bei Beethoven exzeptionelle Methode kaleidoskopischen Schüttelns und nachträglicher Kombination», an die Stelle prägnanter, entfaltungsfähiger Themen treten «Topoi», die sich nicht verändern «mit dem dynamischen Zug der Komposition – sie hat keinen –, sondern … in wechselnder Belichtung, doch identisch, stets wieder auf[tauchen]».[7] Was Adorno offenbar vollkommen entgangen ist – vermutlich, weil er mit dem Text wenig anfangen konnte –, ist Beethovens Prinzip, die Musik in den Dienst einer intensiven Textauslegung zu stellen, die jeder Phrase einen adäquaten, maximal wirkungsvollen Ausdruck verleihen möchte, anstatt sich einer musikalischen Eigenlogik folgend aus thematischen Kernen zu entwickeln.

Beethoven geht es in der *Missa* nicht um thematische Arbeit, sondern um hochexpressive Deklamation. Die enge Beziehung zwischen Musik und Sprache gerade bei Beethoven ist oft betont worden. Thrasybulos Georgiades hat gezeigt, dass es gerade die Messe war, anhand deren Vertonung die abendländische Musik ihren Sprachcharakter erworben und ausgebildet hat. Auch Thomas Mann geht im *Doktor Faustus* darauf ein. In einem der Gespräche zwischen Adrian Leverkühn und seinem Freund und späteren Biografen Serenus Zeitblom, in das Gedanken Adornos eingeflossen sind, heißt es:

> Den Bund mit dem Worte, den er betrieb, trachtete er theoretisch zu verherrlichen. Musik und Sprache, insistierte er, gehörten zusammen, sie seien im Grunde eins, die Sprache Musik, die Musik eine Sprache, und getrennt berufe immer das eine sich auf das andere, ahme das andere nach, bediene sich der Mittel des anderen, gebe immer das eine sich als das Substitut des anderen zu verstehen. Wie Musik zunächst Wort sein, wortmäßig vorgedacht und geplant werden könne, wollte er mir durch die Tatsache demonstrieren, daß man Beethoven beim Komponieren in Worten beobachtet habe. «Was schreibt er da in sein Taschenbuch?» habe es geheißen. – «Er komponiert.» – «Aber er schreibt Worte, nicht No-

ten.» – Ja, das war so seine Art. Er zeichnete gewöhnlich in Worten den Ideengang einer Komposition auf, indem er höchstens ein paar Noten zwischenhinein streute.[8]

In der *Missa Solemnis* deklamiert Beethoven nicht seine eigenen Worte («le-be wohl», «es muß sein!»), sondern die kanonischen Worte der Messe, die bald diesen, bald jenen melodischen, rhythmischen, klanglichen, dynamischen Charakter erfordern und plötzliche Wechsel nötig machen, die mit «kaleidoskopischem Schütteln» nichts zu tun haben und es nur umso erstaunlicher erscheinen lassen, dass und wie es Beethoven gelingt, textbedingte Diskontinuität mit musikalischer Kohärenz zu verbinden.

Adorno hält die *Missa* für vollkommen überschätzt. Weil sie von Beethoven ist, weil Beethoven sie bekanntlich für sein größtes Werk hielt, werde sie unkritisch verehrt und bewundert «nach dem Schema von des Kaisers neuen Kleidern». Wüsste man nicht, von wem sie ist, würde man kaum die *Missa* «von vereinzelten Teilen abgesehen, als Werk Beethovens erkennen». Dasselbe gilt ihm von der «keineswegs frühen» C-Dur-Messe op. 86. «Ihr unbeschreiblich zahmes Kyrie ließe allenfalls einen schwachen Mendelssohn vermuten.»[9] Auch das Kyrie der *Missa Solemnis* ist zugegebenermaßen «zahm», will ja auch nichts anderes sein, aber sowohl das Nachklingen der Solostimmen nach den «Kyrie!»-Anrufungen des Chores als auch die zweitaktigen Kadenzschritte des Orchesters verbreiten gerade in ihrer vollkommenen Schlichtheit eine andachtsvolle, meditative Atmosphäre von berückender Schönheit. Außerdem hat Beethoven das Kyrie komponiert, als er noch von einer liturgischen Aufführung der Messe ausging. Von der edlen Schlichtheit dieses Kyrie darf man sich nicht täuschen lassen. Schlichtheit, Einfachheit war eben das, was Beethoven an Händel bewunderte – «mit so wenig Mitteln so große Wirkungen hervorzubringen» – und sich zum Vorbild nahm.

Als Ausnahme lässt Adorno nur die große Fuge «Et vitam venturi» gelten. Das ist auch in seinen Augen «eine polyphon voll entfaltete Fuge … und auf große Entwicklung aus». Aber gerade diese Fuge verdeutlicht auch Beethovens Arbeit mit «Topoi», das heißt identisch wiederkehrenden subthematischen Zellen, in diesem Fall der drei repetierten Noten des Fugenkopfes, auf denen die Wiedererkennbarkeit des in verschiedenen Varianten auftretenden Themas beruht. Dem fünftaktigen Fugenthema der Gloria-Fuge fehlt eine solche Fanfare, seine Wiedererkennbarkeit beruht auf der ganzen Note des Einsatzes und den Achtelnoten der melismatischen Koloratur auf «gloria Dei patris».

Wenn Adorno schreibt, die lange Dauer und die «insistente Anstrengung» des Kompositionsvorgangs sei nicht «wie sonst bei ihm, an die Durchsetzung der subjektiven Intention gewandt, sondern an deren Aussparung»,[10] so als hätte sich Beethoven bemüht, den musikalischen Text von allem subjektiven Ausdruck inneren Nachvollzugs freizuhalten, dann ist ihm ein, wenn nicht überhaupt *der* entscheidende Punkt der *Missa* entgangen.

In der *Missa Solemnis* orientiert sich Beethoven am Leitfaden des Textes und folgt nicht der musikalischen Logik der Progression, das heißt thematischer Arbeit. Nicht die musikalischen Themen, die es zu entwickeln gilt, geben ihm den Weg vor, sondern der Text, den es in allen semantischen, das heißt theologischen Nuancen auszuleuchten gilt. Das bedeutet, dass er diskontinuierlich, ja zuweilen disruptiv vorgeht und statt auf Progression auf Ereignis setzt. Kontinuität entsteht subthematisch, durch Wiederholung kleiner Einheiten, die Adorno «Topoi» nennt.[11] Diese treten gleich im Kyrie sehr deutlich in Erscheinung in Gestalt der zweitaktigen Vier-Halbe-Gruppen und sind auch sonst ständig zu beobachten als ein Verfahren, eine Form von Kohärenz herzustellen, die nicht auf thematischer Arbeit, aber durchaus auf Wiedererkennen und damit auf Gedächtnis beruht. Dazu gehört vor allem die ritornellartige Verwendung von Motiven wie dem Gloria-Motiv und dem Credo-Motiv.

Themen im Sinne eines «schlagenden thematischen Einfalls», wie Adorno sie in der *Missa* vermisst, treten außer im Credo, Benedictus und «Dona nobis pacem» vor allem in den beiden großen Fugen auf, die das Gloria und das Credo beschließen, denn ohne ein prägnantes Thema kann eine Fuge nicht funktionieren. Die beiden großen Fugen verfahren wie alle Fugen nach dem Prinzip der Progression und folgen einer musikalischen Logik. Als Text liegt ihnen nichts zugrunde als die immer wiederholten Formeln «in gloria Dei patris amen» und «et vitam venturi saeculi amen». Sicher hat Beethoven aus der Absicht heraus, sein textorientiertes, disruptives Verfahren in Gloria und Credo zu kompensieren, gerade diese beiden textintensiven Nummern mit einer besonders lang ausgedehnten Fuge abgeschlossen. Zu den beiden Fugen mit ihren denkbar unterschiedlichen Themen kommen noch die beiden kurzen Fugen im Sanctus auf «pleni sunt coeli» und «Osanna» hinzu, die ebenfalls prägnante Themen haben und noch stärker als die beiden großen Fugen barock anmuten.

Als «athematisch» schließlich ist das psalmodierende Repetieren gleicher Töne oder minimaler Tonschritte zu bezeichnen, wie es Beethoven in der *Missa* wiederholt und sehr wirkungsvoll einsetzt als ausdrucksstarke Vergegenwärtigung des Liturgischen. Was Adorno vermisst und kritisch anmerkt, muss man ins Positive wenden im Sinne bewusst vermiedener bzw. entwickelter Verfahren, um seiner *Missa* einen unverkennbar geistlichen und zugleich subjektiven Charakter zu geben. Das gilt vor allem für die «archaisierende» Tonsprache der *Missa*. Im Bann seiner modernisierungstheoretischen Musikphilosophie, die alles auf Innovation und Fortschritt setzt, kann Adorno darin nur Regression erblicken und nicht ein positives künstlerisches Verfahren.

«Kaleidoskopartiges Schütteln» beschreibt ein Verfahren, das seine Form dadurch gewinnt, eine Menge disparater Motive aneinanderstoßen und in anderer Anordnung unverändert wiederkehren zu lassen, so wie ein Kaleidoskop seine farbigen Glaskörper durch Drehen in immer neue Formen bringt. Im Gegensatz dazu besteht das von Adorno favorisierte Verfahren darin, einem begrenzten Grundbestand von ein, zwei oder drei prägnanten Themen durch entwickelnde und variierende Progression eine Form abzugewinnen, die gleichsam entelechisch aus dem Potential des thematischen Materials hervorgeht. Dieses schon bei Bach beobachtbare und im klassischen Sonatensatz entwickelte Verfahren kulminiert in Beethovens Instrumentalmusik. Es hat aber seine Geltung verloren, wenn die Musik in den Dienst entweder eines Programms oder eines zu vertonenden Texts gestellt wird. Beides ist bei der Komposition einer Messe notwendigerweise der Fall. Hier gelten andere Gesetze, und kein Komponist hat diese Gesetze ernster genommen als Beethoven.

Das «Programm», wenn man diesen Begriff hier verwenden darf, besteht in der Vertonung nicht nur eines Textes, sondern eines Gottesdienstes mit seinen ganz spezifischen Vorgaben bezüglich Form, Struktur, Stimmung und Atmosphäre, auch und gerade wenn es, wie Beethoven hinsichtlich seiner 6. Sinfonie betont, nicht um «Mahlerey», sondern um den «Ausdruck von Empfindungen» geht. So wie die *Pastorale* op. 68 Empfindungen eines Städters auf dem Lande ausdrückt, vermag eine Messkomposition Empfindungen eines Menschen der säkularen Moderne bei der Teilnahme an einem festlichen Gottesdienst auszudrücken. Dies ließe sich auch ohne Text realisieren, wie es Beethoven offenbar im Entwurf einer Sinfonie oder eines sinfonischen Satzes als «frommem Gesang in den alten Tonarten» (1818) vorschwebte. Viel entscheidender aber ist die Bindung an den vorgegebenen Text, die sich in den textreichen Abschnitten Gloria und Credo (und nur in diesen) auf die musikalische Struktur auswirkt, die hier nicht der inneren Logik der thematischen Progression folgen darf, sondern sich nach der Semantik der einzelnen Sätze richten muss.

Man kann vielleicht drei Parameter musikalischer Sinnbildung namhaft machen, durch deren spannungsreiche Balance musikalischer Sinn entsteht: Form, Progression und Ereignis. Die Form ist durch die Gattung mehr oder weniger festgelegt. Progression meint die Bewegung, das Vorankommen des musikalischen Ablaufs zu etwas Neuem. Ereignis bezieht sich auf ungewöhnliche Modulationen, Akkordrückungen, Generalpausen, überraschende Wechsel in Tonart, Harmonie, Rhythmus, Tempo, Dynamik und vieles andere mehr. Form ohne Progression und Ereignis ist sinnlos, das hat zum Beispiel Mozart in seinem satirischen Divertimento KV 522 *(Ein musikalischer Spaß)* demonstriert.[12] Was Adorno der *Missa Solemnis* vorwirft, lässt sich als Ereignis ohne (innere, aus dem thematischen Material entwickelte) Form und Progression bezeichnen. Die musikalischen «Ereignisse» (in

Form abrupter Brüche und Veränderungen) werden hier aus dem Text gewonnen. In dieser Hinsicht ist Beethovens Partitur viel zu ereignisreich, um als Liturgie zu funktionieren, dafür gelingt ihm aber eine umso überzeugendere musikalische Vergegenwärtigung des gottesdienstlichen Sinns. Er hat für seine Messe eine Form gefunden, die den Rahmen der Gattung transzendiert.

Das lässt sich vielleicht noch genauer spezifizieren, wenn man zwischen Gattung, Typus und Form unterscheidet. Die *Gattung* ist durch die Funktion bestimmt und stellt den Rahmen dar, in dem verschiedene Typen ausgebildet werden können. Im Fall der Messe als musikalischer Gattung, die funktional durch ihre liturgische Bindung definiert ist, lassen sich ab der Barockzeit unter anderem drei Typen identifizieren: die »Missa concertata» (mit Instrumentalbegleitung), die »Nummernmesse» (zum Beispiel Bachs h-Moll-Messe) und die »Symphonische Messe» (später Haydn, Cherubini), der Typ, an den Beethoven anknüpft. *Formen* wie Fuge, Rondo, Sonatensatz usw. sind gattungstranszendent. Die Formen der barocken Opera seria wie etwa Dacapo-Arie, Arioso, Accompagnato, Secco-Rezitativ kommen zum Beispiel auch in Kirchenkantaten und Oratorien vor. Von Formen in diesem objektiven Sinne ist aber unbedingt die innere Form oder *Formidee* eines individuellen Werks zu unterscheiden. Sie ergibt sich aus dem Maß an Freiheit und Souveränität, das ein Künstler sich gegenüber überkommenen Formen erworben hat. In dieser Richtung ist Beethoven über alles Überkommene am weitesten hinausgegangen.[13]

Gattung, Typus und Form haben je eigene Regeln. Die Regeln der Gattung ergeben sich aus der Funktion; ein Werk funktioniert oder funktioniert nicht im Rahmen der Gattung, für den die Alttestamentler den glücklichen Begriff «Sitz im Leben» geprägt haben. Als Händel noch mit der von ihm entwickelten Gattung des englischen Oratoriums experimentierte, bevor er von der italienischen Oper ganz darauf umstieg, scheiterte er zum Beispiel mit dem Oratorium *Israel in Egypt*, dem er eine Form geben wollte, die vom Gewohnten oder Erwarteten in derselben Richtung abwich wie Beethovens *Missa Solemnis:* eine Form, in der es so gut wie keine Arien und Rezitative mehr gab, sondern vor allem Chöre von ungewohnter Komplexität, Größe und Schwierigkeit.[14] Dieses Oratorium scheiterte nicht nur beim Publikum, sondern auch bei Händel selbst, der schon für die zweite Aufführung die Form zerstörte, indem er virtuose und expressive Arien einbaute und bei seinen weiteren Oratorien nie wieder auf diese Form zurückkam. Die Gattung des Oratoriums, die im weltlichen Rahmen des Theaters aufgeführt wurde, ließ die Einführung einer so geistlichen, aus der kirchlichen Psalmmotette entwickelten Form nicht zu.

Ganz so dramatisch liegt der Fall der *Missa Solemnis* nicht, denn von Scheitern kann keine Rede sein. Aber auch hier lässt sich feststellen, dass die Form, die Beethoven seiner Messe gegeben hat, die Regeln der Gattung, die bei einer liturgisch gebundenen Musik noch viel strenger sind, aufs Äußerste strapaziert, wenn nicht geradezu gebrochen hat.

Gattung, Typus, Form sind objektive Größen. Sie sind dem individuellen Künstler vorgegeben und gehören in das Gebiet des kulturellen Gedächtnisses oder, mit Hegel weiter gefasst, des «objektiven Geistes». Sie sind geschichtlich gewordene Größen und haben einen klaren Zeitindex, den sie in ganz andere historische Kontexte mitnehmen können. Wenn Haydn, Mozart, Beethoven oder Schostakowitsch Fugen schreiben, dann aktivieren sie das kulturelle Gedächtnis und assoziieren Barock, wie große Freiheiten von der objektiven Form sich die innere Form ihrer Fuge (etwa in Richtung «Poetisierung») auch immer nehmen mag.

Im Fall der *Missa Solemnis* kommt wie bei jeder anderen Messkomposition noch eine ganz andere Form des kulturellen Gedächtnisses hinzu: das liturgische Gedächtnis. Hier geht es um eine ganz andere Zeittiefe. Auch die Liturgie des katholischen Gottesdiensts ist eine geschichtlich entstandene Größe, die sich aber viel weiter in die Vergangenheit zurückverfolgen lässt als die Messe als musikalische Gattung. Das habe ich in diesem Buch versucht zu zeigen. Zudem geht es bei dem liturgischen Gedächtnis um eine andere Verbindlichkeit. Der Freiheit und Souveränität des Künstlers sind hier viel engere Grenzen gesetzt. Bach, Haydn und Mozart haben diese Grenzen weit ausgedehnt und sich nicht gescheut, opernhafte Arien in die Messe einzuführen. Beethoven hat diese Grenzen wieder eingezogen und sich um einen Ernst und eine Strenge der musikalischen Textausleuchtung bemüht, die keinen Augenblick die Situation rituell erzeugter Gottesnähe vergessen lässt. Hier bestimmt die Liturgie die innere Form. Beethovens *Missa Solemnis* hat den von der Gattung vorgegebenen Rahmen der liturgischen Funktion ebenso wie den Typus der sinfonischen Messe durch ihre innere Form oder Formidee (und nicht nur durch ihren Umfang) gesprengt und seiner *Missa*, um Adornos Begriff aufzugreifen, einen neuen «künstlerischen Wahrheitsgehalt» gegeben. Auf diese Weise hat er mit der *Missa* etwas ganz Neues geschaffen und war sich dessen sehr bewusst.

Dass Beethoven, als er das fertige Werk Verlegern zum Druck und Käufern zur Subskription anbot, die *Missa* als «das gröste Werk, welches ich bisher geschrieben» oder «l'oeuvre le plus accompli» anbot, darf man nicht als eine Werbestrategie abtun. Offenbar war Beethoven – und dies mit vollem Recht – vom Bewusstsein der Größe und Bedeutung dieses Werks durchdrungen, an dem er fast fünf Jahre gearbeitet hatte und das unverkennbar mit Herzblut, mit höchstem innerem Engagement geschrieben ist.[15] Die Widmung «Von Herzen – Möge es wieder – zu Herzen gehn», die Beethoven auf dem Autograph des Kyrie angebracht hat, ist sehr ernst zu nehmen, auch wenn er sie merkwürdigerweise weder in das Widmungsexemplar für Erzherzog Rudolph noch in den Erstdruck übernommen hat. Sie ist bedeutungsvoller, als es zunächst den Anschein hat. Vertritt der Chor die Gemeinde der Gläubigen, so vertreten die Solisten die gläubige, ergriffene Seele. Das zeigt sich dort, wo mit dem längeren Ausbleiben der Solisten wie etwa beim hochtheologischen Abschnitt der christusbezogenen Glaubensartikel die innere Beteiligung nachzulassen scheint. Die *Missa* ist im intensiven Nachvollzug der im Messtext enthaltenen religiösen Haltungen, Dogmen und liturgischen Vollzüge geschrieben und mit der ebenso unverkennbaren Absicht, diese religiösen Inhalte auch im Hörer lebendig werden zu lassen. Beethovens Ideal «wahrer Kirchenmusik» verband zwei Aufgaben: «alle Kirchenchoräle der Mönche etc. durch[zu]gehen»[16] und (um diesen wichtigen Satz noch einmal zu zitieren) «sowohl bey den Singenden als bey den Zuhörenden Religiöse Gefühle zu erwecken und dauernd zu machen».[17]

«Religiöse Gefühle zu erwecken» – über diese vielzitierte Formulierung liest man leicht hinweg. Gefühle zu erwecken, das gehört seit der Antike zu den Hauptaufgaben der Musik. Sie kann und soll «der Menschen Leidenschaft verwandeln», wie es in der *Zauberflöte* heißt. Descartes' Schrift über die «passions de l'âme» wurde die Grundlage der barocken Affektenlehre,[18] Händel führt in seinen Oratorien *Alexanderfest* und *Solomon* vor, mit welchen Mitteln Musik welche Gefühle erwecken kann.[19] Da geht es um Liebe und Hass, Wut und Zorn, Tatendrang und Melancholie, Grausamkeit und Erbarmen, Trauer und Freude, aber nicht eigentlich um «religiöse» Gefühle.[20] Das ist etwas Neues, und es kommt zur gleichen Zeit, als auch die Religion das Gefühl als ihre eigentliche Domäne entdeckt und Friedrich Schleiermacher sie als «Sinn und Geschmack fürs Unendliche» bestimmt (siehe S. 131f.). Die religiösen Gefühle, die Beethoven in seiner *Missa Solemnis* erwecken und dauerhaft befestigen will, lassen sich als Empfindungen des Heiligen verstehen, dem der Mensch im Gottesdienst nahe kommt, und die sich nicht besser und allgemeingültiger zusammenfassen lassen als mit Rudolf Ottos Begriffen des «Mysterium tremendum» und «Mysterium fascinans». Rudolf Otto, dessen Buch *Das Heilige* 1917 erschien, in zwanzig Sprachen übersetzt und bis heute unablässig nachgedruckt wird, hat unendlich konkreter, differenzierter und nachvollziehbarer als Schleiermacher einhundertzwanzig Jahre zuvor Religion in der Begrifflichkeit der Religionsphänomenologie als Gefühl beschrieben.

Im Zeichen des Mysterium tremendum (Furcht und Zittern) stehen in der *Missa* die flehentlichen Bitten «miserere nobis» im Agnus-Dei-Abschnitt des Gloria und im Agnus Dei, insbesondere im «Dona nobis pacem», sowie die überwältigenden Klangsymbole, die Beethoven zur Darstellung der Majestät, Allmacht und Ferne Gottes findet. Auch die beiden mit «Mit Andacht» überschriebenen langsamen Einleitungen des ersten (Kyrie) und zweiten Teils (Sanctus) der Messe ordnet Beethoven diesem Pol des religiösen Gefühlsspektrums zu. Dem Mysterium fascinans (Entzücken, Jubel, Liebe) gilt das Gloria sowohl in seinem ekstatischen Aufschwung am Anfang als auch im zart-beschwingten «gratias agimus», und dann vor allem das einzigartige Benedictus, das die Gefühle innigster Zuneigung nicht nur erweckt, sondern «befestigt», weil es sich unverlierbar in Kopf und Herz der Singenden und Zuhörenden festsetzt.

Eine moderne Messe

Führen wir uns abschließend noch einmal den Aufbau der *Missa* im Sinne eines Gottesdienstes vor Augen, der «im Kopf» der Hörer ablaufen soll. Wie der normale Gottesdienst zerfällt auch Beethovens musikalischer Gottesdienst in zwei Teile. Der erste Teil umfasst Kyrie, Gloria und Credo, das entspricht im normalen Gottesdienst dem liturgischen Geschehen des «öffentlichen» Teils. Der zweite, kürzere Teil des Gottesdienstes gilt der Eucharistie mit Wandlung und Kommunion, woran teilnehmen zu dürfen an Bedingungen geknüpft ist. Hierhin gehören musikalisch die Teile Sanctus (mit Osanna und Benedictus) sowie das Agnus Dei (mit der abschließenden Bitte «Dona nobis pacem»). In der *Missa Solemnis* beginnen beide Teile mit einer langsamen Musik (Kyrie: «*assai sostenuto*. Mit Andacht»; Sanctus: «*Adagio*. Mit Andacht»). Im ersten Teil folgen zwei hochdramatische Nummern, in der zuerst das «Wir» der Gemeinde im Gloria und dann das «Ich» im Credo sich ausdrückt. Beide Nummern entfalten sich disruptiv in zahlreichen Brüchen und Kontrasten und schließen jeweils in gewaltigen Fugen.

Im zweiten Teil kommt die erste Person (außer in der Bitte «Erbarme dich unser») nicht mehr vor, die Stimmung ist kontemplativ, wie es der gesteigerten Heiligkeit dieses zweiten, intimeren Abschnitts entspricht. Der Höhepunkt der Intimität ist im «Präludium» und anschließendem Benedictus erreicht, wozu sich die Hörer den Vollzug der Wandlung, die Hochhebung von Kelch und Brot durch den Zelebranten und dessen eigene Kommunion vorstellen sollen. Das anschließende Agnus Dei begleitet die Kommunion der Gemeinde, das «Brotbrechen». Christus als Lamm Gottes war schon im Gloria des ersten Teils angerufen worden. Hier hat Beethoven die Bitte um Erbarmen zur dritten Anrufung, «qui sedes ad dexteram patrem», die das Jüngste Gericht evoziert, durch die eingefügte Interjektion «ah!» dramatisiert. Ähnlich verfährt er im abschließenden Agnus Dei mit der dritten Bitte, nicht um Erbarmen, sondern um Frieden. Zweimal verbreitet das Orchester (Takte 164–189 und Takte 266–353) mit Militärmusik und Kanonendonner Angst und Schrecken, in deren Zusammenhang die Anrufungen des Agnus Dei wie Schreie in höchster Not wirken. Dann aber kehrt zum Schluss das Stück nach D-Dur zurück und in den pastoralehaften Sechsachteltakt des Friedens.

Die B-Dur-Episoden mit Kanonendonner und Kriegsfanfaren machen deutlich, dass es Beethoven in erster Linie um den irdischen und nicht den himmlischen Frieden ging. Und doch ist es eigentlich undenkbar, dass nicht auch bei ihm die Vorstellung vom Jüngsten Gericht und vom Lamm als Weltenrichter zur Rechten des Vaters im Hintergrund stand, auch wenn es so scheint, als wollte er mit seinen Kriegsepisoden, die bei den frühen Hörern auf allgemeines Unverständnis stießen, diese Assoziation ausdrücklich zurückweisen.

Beethoven hat das «Dona nobis pacem» mit «Bitte um innern und äußern Frieden» überschrieben (im Autograph: «Darstellung des innern und äußern Friedens»). Die Kriegsepisoden beziehen sich auf den äußeren Frieden. Was könnte Beethoven unter dem «inneren Frieden» verstanden haben? Sicher nicht die «innere Sicherheit», die heutzutage eine so große Rolle spielt, oder die Verschonung von Aufruhr, Bürgerkrieg, Rebellion. In der evangelischen Kirche ist mit diesem Begriff der «Friede Gottes» gemeint nach Philipper 4,7, der in der evangelischen Kirche als «Kanzelsegen» die Predigt beschließt: «Und der Friede Gottes, welcher höher ist als alle Vernunft, bewahre eure Herzen und Sinne in Jesus Christus.» Statt «Sinne» heißt es im griechischen Text eigentlich «Gedanken» *(noemata)*. Eindeutig geht es um den inneren Menschen und seinen Frieden. Ob Beethoven an diesen berühmten Vers gedacht hat? In der katholischen Liturgie spielt er keine Rolle.

Einige allgemeinere Bemerkungen zum Abschluss. Zuerst möchte ich noch einmal auf Adornos Vorwurf eines regressiven Archaismus zurückkommen. Die *Missa*, schreibt er, «ist selber archaistisch. Die Form wird nicht durch entwickelnde Variation aus Motivkernen gewonnen, sondern addiert sich aus meist in sich imitatorischen Abschnitten, ähnlich allenfalls wie bei den Niederländern um die Mitte des fünfzehnten Jahrhunderts, von denen dahinsteht, wie weit Beethoven sie kannte».[21] Adornos Beobachtung ist ebenso treffend wie deren Deutung verständnislos. Wenn Beethoven es sich vorgenommen hatte, «um wahre Kirchenmusik zu schreiben alle Kirchenchoräle der Mönche etc. durch(zu)gehen wo auch zu suchen wie die Absätze in richtigsten Übersetzungen nebst vollkommener Prosodie aller christkatholischen Psalmen und Gesänge überhaupt», und sich aus den Bibliotheken seiner Gönner alte musikwissenschaftliche Literatur beschaffen ließ, dann stand dahinter, vom Ergebnis dieser Studien, dem vorliegenden Werk aus zu urteilen, auf keinen Fall die Absicht zu archaisieren, das heißt seine *Missa* im Stil vergangener Epochen zu komponieren, sondern im Gegenteil, im Rückgriff auf die Tradition über sie hinauszugehen und etwas unerhört Neues zu schaffen, im Sinne von Verdis Devise «ritorniamo all antico, sara un progresso»: «Kehren wir zum Alten zurück, es wird ein Fortschritt sein.»

Beethoven wollte eine «moderne» Messe schreiben. Bestes Beispiel für diese Intention ist seine Absicht, die Fuge zu «poetisieren»: «heut zu Tage muß in die alt hergebrachte Form ein anderes, ein wirklich poetisches Element kommen».[22] Niemand wird der Großen Fuge für Streichquartett op. 133 Archaismus vorwerfen wollen. Derselbe Rückgriff auf Altes auf der Suche nach Neuem, nämlich «wahrer Kirchenmusik», spricht auch aus Mozarts Brief an den Vater vom 12. April 1783 (siehe S. 126), in dem er ihn bittet, auf dem Speicher nach alten Noten zu schauen. «Interessantere Lebenserscheinungen», lässt Thomas Mann seinen Adrian Leverkühn sagen, «haben wohl immer dies Doppelgesicht von Vergangenheit und Zukunft, wohl immer sind sie progressiv und regressiv in einem.» In diesem Gespräch zwischen Leverkühn und Zeitblom bzw. zwischen Theodor W. Adorno und Thomas

Mann (denn vieles daraus kehrt in Adornos Philosophie der modernen Musik wieder) geht es auch, vielleicht vor allem, um Beethoven.[23]

Wenn man Schillers Unterscheidung zwischen «naiver und sentimentalischer Dichtung» auf die Musik anwenden darf, dann handelt es sich bei der *Missa Solemnis* in ihrem Streben nach Modernität um (natürlich nur im strengen Schiller'schen Sinne) «sentimentalische» Musik.[24] So wie Schiller den Gegensatz zwischen sich selbst als sentimentalischem und Goethe als naivem Dichter empfunden hat, mag Beethoven den Gegensatz zwischen sich und Haydn oder auch dem so über alles verehrten Händel empfunden haben. «Sentimentalisch», das heißt bei Schiller durchreflektiert, doppelbödig, modern im Sinne einer Moderne, die sich ihres Verhältnisses zu einer unüberbietbaren Antike bzw. Klassik bewusst ist. Als ein Symptom dieser durchreflektierten Modernität verweise ich nur auf Beethovens Verfahren im Credo, an bestimmten Stellen das «et» zu verdoppeln, das man im Sinne eines reflektierenden Innehaltens verstehen kann.

Gegen Ende des neunzehnten Jahrhunderts, in der erzählten Zeit des Romans *Doktor Faustus*, unterhalten sich zwei altkluge Oberschüler über unser Thema: Kult und Kunst. Wendell Kretzschmar hatte im Saal der «Gesellschaft für gemeinnützige Thätigkeit» in Kaisersaschern einen Vortrag über «Beethoven und die Fuge» gehalten und dabei die «schauerliche Geschichte» erzählt, «die uns von der heiligen Schwere dieses Kampfes und von der Person des heimgesuchten Schöpfers ein ungeheuerlich-unauslöschliches Bild einprägte». Beethoven hatte den ganzen Tag und bis nach Mitternacht an der Credo-Fuge gearbeitet, und als er endlich zum Nachtessen erschien, waren die Mägde eingeschlafen und das Essen verkohlt. Am Morgen kamen zwei Adepten und fanden ihn, wie er

> arbeitete drinnen in seinem Zimmer, am Credo, am Credo mit der Fuge, – die Jünger hörten es durch die verschlossene Tür, wie er arbeitete. Der Taube sang, heulte und stampfte über dem Credo – es war so schaurig ergreifend zu hören, daß den an der Tür Lauschenden das Blut in den Adern gefror. Da sie sich aber eben in tiefer Scheu hatten entfernen wollen, war jäh die Tür aufgegangen, und Beethoven hatte in ihrem Rahmen

> gestanden, – welchen Ansehens? Des schrecklichsten! In verwahrloster Kleidung, die Gesichtszüge so verstört, daß es Angst einflößte, die lauschenden Augen voll wirrer Abwesenheit, hatte er sie angestarrt und den Eindruck gemacht, als komme er aus einem Kampf auf Leben und Tod mit allen feindlichen Geistern des Kontrapunkts. Er hatte Ungereimtes gestammelt zunächst und war dann in klagendes Schelten ausgebrochen über die saubere Wirtschaft bei ihm, daß alles davongelaufen, daß man ihn hungern lasse. Sie hatten ihn zu besänftigen gesucht, der Eine war ihm bei der Toilette behilflich gewesen, der Andere gelaufen, im Wirtshaus eine restaurierende Mahlzeit bereit zu stellen … Erst drei Jahre später war die Messe fertig geworden. […]
>
> Aus Wendell Kretzschmars Vorlesung nach Hause gehend, hatten wir das Gefühl, die Missa gehört zu haben, zu welcher Illusion nicht wenig das Bild des übernächtigen und ausgehungerten Meisters im Türrahmen beitrug, das er uns eingeprägt hatte.

Es ist aber nicht nur diese «schauerliche Geschichte», die Thomas Mann ziemlich genau nach Schindlers Augenzeugenbericht in seiner Beethoven-Biographie wiedergibt,[25] worüber die Freunde beim Heimweg und anderntags auf dem Schulhof reden. Adrian

> zeigte sich ergriffen von dem Gedanken, den der Vortragende gar nicht ausgesprochen, aber in ihm entzündet hatte, daß die Trennung der Kunst vom liturgischen Ganzen, ihre Befreiung und Erhöhung ins Einsam-Persönliche und Kulturell-Selbstzweckhafte sie mit einer bezuglosen Feierlichkeit, einem absoluten Ernst, einem Leidenspathos belastet habe.

Kann man das Wesen der *Missa Solemnis* besser erfassen? Aber das, fährt Adrian fort, muss nicht der Kunst «bleibendes Schicksal, ihre immerwährende Seelenverfassung» sein. «Daß die Kultur-Idee eine geschichtlich transitorische Erscheinung sei; daß sie sich auch wieder in anderem verlieren könne; daß ihr nicht notwendig die Zukunft gehöre, diesen Gedanken hatte er entschieden aus Kretzschmars Vortrag ausgesondert.» Auf die Kulturepoche, in der Beethoven seine *Missa* schrieb, mag eine «Wiederzurückführung» ihrer, der Kunst, «heutigen Rolle auf eine bescheidenere, glücklichere im Dienst eines höheren Verbandes folgen, der nicht gerade, wie einst, die Kirche zu sein brauche».[26] Diesem Ausblick auf die Gleichschaltung der Kunst in der NS-Zeit hält Serenus mit Recht entgegen: «Aber die Alternative zur Kultur ist die Barbarei.»

In einer Passage des Romans, die in der Stockholmer Erstausgabe noch zu lesen war, in späteren Ausgaben aber Erika Manns Rotstift zum Opfer gefallen ist, ging es auch in Kretzschmars Vortrag über «Beethoven und die Fuge» um das Thema «Kult und Kunst»:

> Die Fuge gehöre ihrem Geiste nach einem liturgischen Zeitalter der Musik an, dem Beethoven schon fern gestanden habe; er sei der Großmeister einer Profan-Epoche der Musik gewesen, in der diese Kunst sich vom Kultischen ins Kulturelle emanzipiert habe.[27]

In der Erzählzeit, den letzten Jahren des Zweiten Weltkriegs, unterhielten sich Thomas Mann und Theodor W. Adorno über diese Dinge. Diese Unterhaltungen sind teils in Thomas Manns Roman und teils auch in Adornos *Philosophie der Neuen Musik* eingegangen.[28] Vermutlich gehen auch Adornos Gedanken über die «Neutralisierung der Missa zum Kulturgut» (145) auf diese Gespräche zurück. Unter Neutralisierung versteht Adorno Musealisierung, und unter Museen stellt er sich (in abwegiger Assoziation mit Mausoleen) «Erbbegräbnisse von Kunstwerken» vor.[29] Schon Thomas de Quincey hatte das beklagt. «Museen töten die Kunst, um Geschichte zu produzieren.»[30] So wie das Kunstwerk seinen Tod im Museum, findet das musikalische Kunstwerk seinen Tod mit seiner Ausbettung «aus jeder möglichen Beziehung zur gesellschaftlichen Praxis». Damit ist aber bei Adorno nicht nur die Verlagerung des Werks vom Kult in der Kirche zum Konzert in einem der bürgerlichen Musentempel gemeint, sondern vor allem «seine Aufnahme in die offizielle Walhalla» (147) und das «Wachsfigurenkabinett großer Männer» (145), das heißt in einen kulturellen Kanon, der das Werk jeder kritischen Auseinandersetzung entzieht und dadurch – da es die *Missa* ja andererseits auch nie wirklich ins Repertoire geschafft hat – sich eher als ein Instrument des Vergessens als der Erinnerung erweist. Adorno ging es mit seiner Kritik der *Missa* darum, sie dieser Form des Vergessens zu entreißen, und dasselbe Ziel verfolgt auch meine eher affirmative Betrachtung. Mir geht es darum, die *Missa* zu «ent-neutralisieren», indem ich auch den Rahmen betrachte, aus dem sie sich weniger emanzipiert, als dass sie ihn in sich hineinnimmt.

Die Unterscheidung zwischen «Kanon» und «Repertoire» ist für das Problem der *Missa Solemnis* aufschlussreich. Als «Kulturgut», im Kanon des kulturellen Gedächtnisses, steht die *Missa* auf gleicher Höhe wie Händels *Messiah* und Bachs *Matthäuspassion*, die aber darüber hinaus einen unverzichtbaren Platz auch im Repertoire haben, wie er der heutzutage eher selten aufgeführten *Missa* abgeht.

Große Kunst hat sich immer als neutralisierungsresistent erwiesen, und das gilt ganz besonders für die *Missa Solemnis*, die weder die Kirche noch den Konzertsaal braucht, um sich im Kopf aufmerksamer Zuhörerinnen und Zuhörer als kulturelles Erlebnis zu ereignen. Im Museum landet, was im «Leben» nicht mehr gebraucht wird. Das mag für «Gebrauchsgegenstände» gelten, die im Alltag außer Gebrauch gekommen und in diesem Sinne «gestorben» sind und im Museum zu neuem Leben erwachen, aber nicht für große Kunst, die im kulturellen Gedächtnis einer Gesellschaft oder gar, wie im Falle Beethovens, der Menschheit ihren Platz gefunden hat.

Die Frage nach liturgischer oder konzertanter Aufführung stellt sich nun aber nach Gerhard Poppes Untersuchungen zur Rezeptionsgeschichte der *Missa* ganz anders dar. Man hat lange angenommen, es habe nur die eine liturgische Aufführung 1824 in Brünn gegeben. Poppe konnte dagegen in den Jahren bis 1860 nicht weniger als zwanzig liturgische (Teil-)Aufführungen nachweisen.[31]

Dem stehen zwar mehr als achtzig konzertante Aufführungen im gleichen Zeitraum gegenüber, also gut viermal so viel. Aber von einer Unaufführbarkeit in liturgischem Rahmen kann bis 1860 keine Rede sein. In Graz und Preßburg scheint sich, besonders am Cäcilienfest um den 22. November, eine Tradition liturgischer Aufführungen der *Missa* herausgebildet zu haben. Erst im Zuge einerseits des «Cäcilianismus», einer liturgiekritischen Bewegung, die die Instrumentalmusik aus dem Gottesdienst verbannen wollte, und andererseits der weiteren Entfaltung bürgerlicher Konzertkultur, die in wachsendem Umfang auch geistliche Musik in ihre Konzertpogramme aufnahm,[32] entfremdete sich die *Missa* ihrer liturgischen Indienstnahme.

Dafür hat nun das Schwesterwerk, die 9. Sinfonie, den umgekehrten Weg angetreten. Sie, die nie für einen liturgischen Zweck bestimmt war, ist weltweit zur Liturgie kunstreligiöser Feiern zum Jahreswechsel aufgestiegen, und die Europäische Union hat sich die Ode an die Freude aus dem Finalsatz zur offiziellen Hymne erkoren. Eine bessere Wahl hätte sie nicht treffen können. Auch ohne Text drückt allein diese Melodie die Ideale aus, denen sich die Europäische Union verpflichtet hat: Freiheit, Frieden, Gemeinschaft, Gerechtigkeit. Vor allem aber drückt sie in unmissverständlicher und unübertrefflicher Weise das Gefühl aus, das den europäischen Gedanken beflügelt: Freude, Freude über die endlich gelungene Überwindung einer jahrhundertelangen Gewaltgeschichte.

Mit der *Missa* und der 9. Sinfonie verwirklichte Beethoven seine beiden schon 1818 notierten Pläne «wahrer Kirchenmusik» und einer Sinfonie, «wo alsden im lezten Stück oder schon im adagio die Singstimmen eintreten». Die *Missa* ist nicht «extraterritorial», wie Adorno in einer seiner Notizen meinte: «Es gibt von ihr kaum irgendwelche Verbindungen zu anderen Werken».[33] Mit der 9. Sinfonie zusammen erschließt sie Neuland. In Gestalt der *Missa Solemnis* hat Beethoven dieses Neuland zuerst betreten. So erklären sich sowohl der ungeheuere Zeitaufwand, den dieser Schritt erforderte, als auch Beethovens Bewusstsein, damit das größte seiner bisherigen Werke vollbracht zu haben. Die *Missa* verwirklicht Beethovens Konzept «wahrer Kirchenmusik» in einer Form, die der hellsichtige Max Kalbeck 1872 bündig und gültig konstatierte: «Sie ordnete sich nicht dem Dienst der Kirche unter, sondern nahm die Kirche selbst in sich auf.» Sie ist «heiliges Spiel» eigenen Rechts, Gottesdienst ohne Kirche, reiner Ausdruck religiöser Empfindungen.

Anmerkungen

Einleitung

1 Johann Hinrich Claussen, *Gottes Klänge*, S. 251f.
2 Vgl. Carl Dahlhaus, *Beethoven*, S. 74–77.
3 Siehe z. B. Reinhard Leuze, *Schönheit – Glaube – Vision*. Leuze behandelt die theologische Ästhetik des Christentums in drei Teilen, Bild, Musik und Architektur, unter denen die Musik den bei weitem größten Raum einnimmt (S. 91–196). Für eine sehr viel kürzere und skizzenhafte Darstellung dieses Themas vgl. Hans Maier, *Die Kirchen und die Künste.*
4 Hans Belting, *Bild und Kunst.*
5 Thrasybulos Georgiades, *Musik und Sprache.*
6 Theodor W. Adorno, «Verfremdetes Hauptwerk», S. 145. Siehe Gerhard Poppe, *Festhochamt*, S. 401–412, für eine ausführliche kritische Darstellung von Adornos Aufsatz und der weiteren musikwissenschaftlichen Auseinandersetzung mit ihm. Poppe gelingt überdies der Nachweis, dass die *Missa Solemnis* in den ersten 30 Jahren ihrer Rezeptionsgeschichte keineswegs als liturgisch unverwendbar betrachtet wurde. Er konnte bis 1860 nicht weniger als 20 liturgische Aufführungen nachweisen.

Heilige Spiele

1 Bernhard Lang, *Heiliges Spiel*. Ähnlich Hans Maier, «Spiel vor Gott. Liturgie als Kunstimpuls», in: ders., *Die Kirchen und die Künste*, S. 9–28.
2 Stefan Breuer, *Der charismatische Staat.*
3 Émile Durkheim, *Die elementaren Formen des religiösen Lebens.*
4 Zu Riten der Kultbildpflege in Mesopotamien vgl. Angelika Berlejung, *Die Theologie der Bilder. Herstellung und Einweihung von Kultbildern in Mesopotamien und die alttestamentliche Bilderpolemik.* Freiburg (Schweiz), Göttingen 1998. Für Griechenland siehe Fernande Hölscher, *Die Macht der Gottheit im Bild. Archäologische Studien zur griechischen Götterstatue*, Verlag Antike: Heidelberg 2017.
5 Mit «Kultbildpflege» meine ich sehr viel mehr (z. B. das Waschen, Bekleiden, Beweihräuchern des Kultbilds) als die Verehrung (griech. *prokynesis*) der Ikonen im Osten und der Heiligenbilder im Westen.

6 Clemens von Alexandrien, *Stromata* V 3,19,3 und V 6,41,2.
7 Daher die Formel «Hokuspokus» aus «hoc est corpus (meum)».
8 Vgl. Jan Assmann/Andrea Kucharek, *Götterliteratur*.
9 Siehe dazu Jan Assmann, *Tod und Jenseits*, S. 453–476.
10 Vgl. Jan Assmann/Andrea Kucharek, *Götterliteratur*, S. 302; 821.
11 Siehe Odo Casel, *logike thysia*. Der Ausdruck hat wegen der Vieldeutigkeit des logos-Begriffs zwei Bedeutungen: 1. ein Opfer, das in Sprache (Hymnus, Lobpreis, Gebet) besteht, und 2. ein Opfer, das nicht in materiellen Opfergaben, sondern in einem Leben in Gerechtigkeit, Wohltätigkeit und Gottesfurcht besteht.
12 Opferritual, Sz. 35–37, siehe Jan Assmann/Andrea Kucharek, *Götterliteratur*, S. 82–85, 643–646.
13 Corpus Hermeticum, hg. v. Arthur Darby und André-J. Festugière, II 326. Übersetzung in Thomas Pikáry, *Phidias in Rom*, S. 85.
14 Ebd.
15 Marie Theres Fögen, *Enteignung der Wahrsager*.
16 Vgl. hierzu besonders Reinhold Merkelbach, *Isis-Regina*, Kap. 23, S. 266–303; John G. Griffiths, *Apuleius of Madauros*, S. 296–308; Jan Bergman, «Per omnia»; Erik Hornung, «Altägyptische Wurzeln». Siehe hierzu ausführlicher und aus einer gegenüber den Thesen und Ergebnissen R. Merkelbachs sehr viel kritischeren Perspektive Anton Bierl, «Antike Mysterien».
17 Apuleius, *Metamorphoseon* XI 21, nach Reinhold Merkelbach, *Isis Regina*, S. 288f., § 509.
18 Apuleius, *Metamorphoseon* XI 23; Reinhold Merkelbach, *Isis-Regina*, S. 291, § 513.
19 Von griech. *ekkaléo*, «herausrufen», die Gemeinschaft der zur Versammlung Herausgerufenen (Jan-Heiner Tück).
20 Guy Stroumsa, *Ende des Opferkults*, S. 121.
21 Josef Andreas Jungmann, *Missarum Sollemnia* I, S. 27.

Abendmahl und liturgische Erinnerung

1 Hans Blumenberg, *Matthäuspassion*, S. 78.
2 Außerdem nehme ich mir als Nichtfachmann die Freiheit, von der unüberschaubar ausgedehnten Literatur zu diesen Fragen nur einen höchst selektiven Gebrauch zu machen.
3 Günther Bornkamm, *Jesus von Nazareth*, S. 137f.
4 Hans Blumenberg, *Matthäuspassion*, S. 40.
5 Ebd., S. 42.
6 Ich folge hier vor allem Ellen Brashaw Aitken, die den liturgischen Charakter

der frühen Jesus-Überlieferungen in ihrem Buch *Jesus' Death in Early Christian Memory* überzeugend dargelegt hat.

7 Josef Andreas Jungmann, *Missarum sollemnia* II, S. 243f.

8 Für plausible Rekonstruktionsversuche des Abendmahls in historischer Perspektive siehe z. B. Helmut Hoping, *Mein Leib*, S. 42–56 und Bernhard Lang, «Das Rätsel des Abendmahls».

9 Helmut Hoping, *Mein Leib*, S. 49–56.

10 Die Anspielung bei Mk 16,12f. gehört zu dem nur in späteren Hss. bezeugten Schluss.

11 *Sidur Sefat Emet*, S. 100.

Gedächtnisfeier: Das Abendmahl als Passahmahl

1 «Passah» ist die im Deutschen eingebürgerte Bezeichnung des jüdischen Pessach-Fests (engl. «passover»), von griechisch πάσχα *pás'cha.*

2 Vgl. die Beschreibung und Deutung der Bethanien-Szene bei Hans Blumenberg, *Matthäuspassion*, S. 166–174.

3 Vgl. Anselm Schubert, *Gott essen*, S. 28–30. Dass es in historischer Hinsicht ganz widersinnig ist, dass Jesus am 14. Nisan, dem Vortag eines der hohen Wallfahrtsfeste, geschweige denn am 15., dem Festtag selbst, öffentlich verurteilt und hingerichtet worden sein soll, steht auf einem ganz anderen Blatt. Den Evangelisten jedenfalls war der Zusammenhang von Pessach und Passion so wichtig, dass sie in ihrer Darstellung der Ereignisse diesen ihnen vermutlich bewussten Widersinn in Kauf genommen haben. Gerade die historische Unwahrscheinlichkeit ihrer Darstellung betont ihre symbolische Bedeutung.

4 Bernhard Lang, *Heiliges Spiel*, S. 241–247. Siehe auch ders., «Das Rätsel des Abendmahls.»

5 Hans Lietzmann, *Messe und Herrenmahl*, S. 211f.

6 Die erste Vorschrift im Sinne einer Liturgie zur Feier des Sederabends findet sich im Mischna-Traktat Pesachim aus dem frühen 3. Jh., siehe Friedrich Thieberger, *Jüdisches Fest*, S. 207; Baruch M. Bokser, *Origins of the Seder*, S. 29–49.

7 *Sidur Sefat Emet*, S. 100.

8 Helmut Hoping, *Mein Leib*, S. 47.

9 Das Passahmahl zur Zeit Jesu umfasst einen tempelgottesdienstlichen Opferritus und eine sich daran anschließende häusliche Mahlfeier. Eine häusliche Mahlfeier ist auch das in Exodus 12–13 von Gott eingesetzte Passahfest, weil es in der erzählten Zeit noch gar keinen Tempel gab. Das gilt weder für den

israelitisch-jüdischen Tempelgottesdienst noch für die Gottesdienste in anderen Religionen und hat lediglich in den außer-tempelkultlichen Zusammenkünften religiöser Vereine, Sekten und sonstiger Gemeinschaften eine Parallele. Siehe dazu Bernhard Lang, «Das Rätsel des Abendmahls».

10 Othmar Keel, «Zeichen der Verbundenheit».

11 «For thousands of years, Jews have affirmed that by participating in the Passover Seder, we not only remember the Exodus, but actually relive it, bringing its transformative power into our own lives»: Anzeige der Zeitschrift *Tikkun* in der *New York Times* vom 22. März 2002.

12 Zum Holocaust-Gedenktag 2012 hielt Aleida Assmann im Landtag von Baden-Württemberg eine Rede zum Thema «Die transformierende Kraft der Erinnerung».

13 Augustinus, *Enarrationes in psalmos* CXX, 6, zitiert nach Helmut Hoping, *Mein Leib*, S. 97f.

14 Eigentlich geht es in der Exodus-Erzählung um das «Vorübergehen» des Todesengels in der Nacht der 10. Plage an den mit dem Blut des Lammes markierten Türen der Hebräer, also um die Idee der Verschonung.

15 Siehe dazu Jacob Taubes, *Die politische Theologie des Paulus.*

16 Das Zitat stammt aus dem vierten Gottesknechtslied, von dem Händel in den Nummern 20–23 seines *Messiah* auf so überwältigende Weise einige Abschnitte vertont hat.

17 So vor allem Ernst Sellin, *Mose und seine Bedeutung für die israelitisch-jüdische Religionsgeschichte*, Erlangen 1922; ders., Hosea und das Martyrium des Mose», in: Zeitschrift für die alttestamentliche Wissenschaft 46, 1928, S. 26–33. Wenn man, wie oft heute, das geschlagene und in Gefangenschaft schmachtende Israel in dem Gottesknecht sehen will, fragt man sich, wer dann das «wir» ist, um dessentwillen der Knecht leiden muss. Der Text stellt ein Individuum und ein Kollektiv einander gegenüber. Das passt eigentlich nur (wenn man Sellins höchst unwahrscheinlicher Deutung auf Mose und der anachronistischen christlichen Deutung nicht folgen will) auf König Jojachin, der mit anderen nach Babylon deportiert und dort 37 Jahre gefangen gehalten wurde. Er starb kurz nach seiner Freilassung.

Die Protagonisten von Abendmahl und Passion

1 Ich stütze mich hier vor allem auf Günther Bornkamm, *Jesus von Nazareth*, und Jan-Heiner Tück, «In die Zeit Christi eintreten».

2 Gefragt, welches Gesetz unter den 613 Geboten und Verboten der Tora das Wichtigste sei, gibt er die berühmte Antwort, die zwei Schriftstellen,

5. Mose 6,5 und 3. Mose 19,18, miteinander kombiniert, die Gottesliebe und die Nächstenliebe. Hillel, gebeten, die Quintessenz der Tora zusammenzufassen, während der Frager auf einem Bein steht, antwortet mit der Goldenen Regel (Talmud Traktat Schabbat 31 a).

3 Siehe Jan Assmann, «Der Wille zum Jetzt».

4 Hillel nach Pirqê Avot I,14.

5 Hans Blumenberg nennt die Zwölf eine «Ansammlung von Jämmerlichkeit und Anfälligkeit» und fragt, wo der, der sie berief, «seinen Menschenverstand – von Höherem nicht zu reden – gehabt» habe (*Matthäuspassion*, S. 168). Das geht an der Intention der Evangelienberichte völlig vorbei.

6 Der Name wird auch als «Mann der Sikarier» gedeutet. Die Sikarier waren eine Gruppe von Terroristen, die sowohl gegen die Besatzungsmacht als auch gegen Kollaborateure kämpften.

7 Zum Judasevangelium siehe Elaine Pagels, Karen L. King: *Das Evangelium des Verräters.*

8 Bei einem Aufstand im Jahre 66 haben sie 45 Sadduzäer, mehr als den halben Sanhedrin ermordet.

9 Mk 11–13, Mt 21–25, Lk 19,28–21.

10 «Hämathidrose» lautet der medizinische Terminus.

11 Jan-Heiner Tück, brieflich vom 17. 2. 2020.

12 Jan-Heiner Tück, briefliche Mitteilung.

13 Dan 7,13, Mt 26,64, Lk 22,67–70.

14 Carl Schmitt, *Leviathan*, S. 67.

15 Vgl. Jan-Heiner Tück (Hg.), *Sterben für Gott – Töten für Gott?* Harald Haslmayr macht mich auf jene Stelle in Ciceros *Somnium Scipionis* aufmerksam, wo der Träumende im Jenseits von seinem Großvater Africanus die (platonische) Lehre erfährt, dass nur hier wahres Leben sei, während der Mensch auf Erden im Kerker des Leibes eingesperrt eigentlich tot sei. «Was weil ich hier auf Erden noch, da dort doch wahres Leben ist!?» (Cicero *De Re Publica* VI, 13–16)

16 Vittorio Lanternari, *Movimenti religiosi*; Peter Worsley, *The trumpet shall sound.*

17 Abbildung: © akg-images/Israel Talby.

18 Wie Verena Lenzen, *Jüdisches Leben und Sterben,* gezeigt hat, bildet die Idee der Heiligung des Namens die Sinnmitte der jüdischen Religion und steht ja auch im christlichen Vaterunser an erster Stelle, nur dass die Christen dabei nicht mehr oder nicht in erster Linie an das Martyrium denken. Aber auch im Judentum geht es nach Lenzen nicht nur um Sterben, sondern auch um Leben im Namen Gottes, um Leben als Hingabe.

19 Aharon Agus, *The Binding of Isaac.*

20 Vgl. Carl Schmitt, *Politische Theologie*, S. 11.

21 Für den christlichen Begriff des Märtyrers weist Jan Heiner Tück darauf hin, «dass hier die Nachahmung der gewaltigen Gewaltlosigkeit Jesu ein wichtiges Kriterium ist – wie sie für unsere Zeit eindrücklich an den Mönchen von Tibhirine deutlich geworden ist, die, obwohl sie um die Gefahr der islamistischen Bedrohung wussten, an der Seite der einfachen islamischen Bevölkerung geblieben sind und so ein sprechendes ‹Zeugnis› abgelegt haben». (brieflich vom 9. 2. 2020)

22 1 Kor 10,16f.

23 Christian Lehnert, *Korinthische Brocken.*

24 Den Begriff «Zeitregime» hat Aleida Assmann geprägt in ihrem Buch *Ist die Zeit aus den Fugen? Aufstieg und Fall des Zeitregimes der Moderne.* Dieses Zeitregime stand unter dem Zeichen des Fortschritts und erblickte in der Zukunft die Lösung der Probleme. Nach Aleida Assmann herrschte es von ca. 1750 bis ca. 1980, bis die Zukunft sich zu verdüstern begann und die Last der Vergangenheit überwältigend wurde.

25 Jan-Heiner Tück, *Gabe der Gegenwart*, S. 406f.

Das Ordinarium Missae, das «Libretto» der Messe

1 Bernd Janowski, «Die Hindin der Morgenröte».

2 Bernhard Lang, *Heiliges Spiel*, S. 66–74.

3 Johann Hinrich Claussen, *Gottesklänge*, S. 39.

4 Conf. IX, 6.14, zitiert nach Johann Hinrich Claussen, *Gottes Klänge*, S. 41.

5 Elisabeth Schmierer, *Messe*, S. 22f.

6 Vgl. Josef Andreas Jungmann, *Missarum Sollemnia* I, S. 457.

7 Ebd., S. 458.

8 Die griechische Fassung hat *eis doxan*, «zur Ehre». Das wäre lateinisch «in gloriam».

9 Das heißt vor allem akzentuierende Metrik und Parallelismus membrorum.

10 Die griechische Urfassung des Codex Alexandrinus aus dem fünften Jahrhundert gliedert den Hymnus in zwei Strophen zu je zehn Zeilen. Die Abweichungen betreffen den ersten Vers «Ehre dir, der du das Licht gezeigt hast», der in der lateinischen Fassung fehlt, sowie die Anreden Gottes und des Sohnes:

> Herr, König, himmlischer Gott,
> Vater, Allherrscher!
>
> Herr, eingeborener Sohn, Jesus Christus und Heiliger Geist.
> Herr, Gott, Lamm Gottes,

Sohn des Vaters,
der du trägst die Sünde der Welt, erbarme dich unser,
der du trägst die Sünde der Welt, nimm an unsere Bitte,
der du sitzest zu Rechten des Vaters, erbarme dich unser.

Im Quoniam fehlt das «cum sancto spiritu». Der Heilige Geist war mit dem Sohn im dritten Vers angerufen worden, nimmt also in der griechischen Fassung eine prominentere Position ein.

11 Luthers Übersetzung «den Menschen ein Wohlgefallen» basiert auf der Lesung εὐδοκία in Lukas 2,14, die sich nicht hat halten lassen. Der Genitiv *eudokias = bonae voluntatis* kann sich entweder auf die Menschen «guten Willens» oder auf Gott «(seines) Wohlgefallens» beziehen. Das griechische *eudokias* bezieht sich aber sicher auf das Wohlmeinen Gottes, seine Gnade mit den Menschen. Vgl. Josef Andreas Jungmann, *Missarum Sollemnia* I, S. 451.

12 Peter Schäfer, *Der verborgene und offenbare Gott*, S. 160ff.

13 Josef Andreas Jungmann, *Missarum Sollemnia* I, S. 450, mit dem «biblischen Motto» ist das Zitat aus Luk 2,14 gemeint.

14 Guy Stroumsa, *Ende des Opferkults*, S. 121.

15 Siehe hierzu Henri de Lubac, *Credo*, S. 14f.

16 Auf dem Konzil von Nizäa, schreibt der Wiener Dogmatiker Jan-Heiner Tück, «wurde das Glaubensbekenntnis durch vier antiarianische Einschübe präzisiert, die alle die Funktion hatten, die ontologische Gleichrangigkeit des Sohnes mit dem Vater auszusagen:

1. aus dem Wesen des Vaters > Arius hatte gelehrt: aus dem Willen des Vaters, um die ontologische Vorordnung Gottes zu unterstreichen

2. wahrer Gott vom wahren Gott (Deum verum de Deo vero) > ‹Gott von Gott, Licht von Licht› konnte Arius im Sinne des Subordinatianismus verstehen, er hat ja die Rede vom Sohn als «zweiten Gott» sehr wohl anerkannt, diese aber im metaphorischen Sinne gedeutet. Durch die emphatische Betonung «wahrer Gott vom wahren Gott» wurde eine metaphorische Depotenzierung der Gottheit des Sohnes abgewiesen

3. gezeugt, nicht geschaffen (genitum non factum) > das ist gegen die Lehre des Arius gerichtet, der vom Sohn als dem ersten Geschöpf vor aller Schöpfung gesprochen hatte. Die Zeugung ist hier als geistiger, ewiger Vorgang in Gott verstanden: Mitteilung der einen gleichen Natur im Sinne des Origenes

4. wesensgleich (consubstantialem) > das richtet sich gegen die These des Arius, der Vater und der Sohn seien wesensfremd (‹xenos kat' ousian›), ein unendlicher Abstand klaffe zwischen der radikalen Transzendenz und Unzugänglichkeit Gottes und dem Sohn, der ihm untergeordnet ist.» Briefliche

Mitteilung vom 3. Februar 2020. Ausführlicher siehe Jan-Heiner Tück, «Der Vater wäre ohne den Sohn nicht Vater».

17 Ich danke Ernst A. Schmidt und Martin Dinter für entsprechende Hinweise.

18 Anfangs wird das *in* nach *credere* oft auch mit Ablativ konstruiert, z. B. *credere in Christo*, siehe Henri de Lubac, *Credo*, S. 96–98.

19 Vgl. Henri de Lubac, *Credo*, S. 98–104 und 131–154. Es ist eindrucksvoll, wie aufmerksam die Kirchenväter diese grammatikalischen Fragen beobachtet und diskutiert haben. Im griechischen Text heißt es aber «Εἰς μίαν, Ἁγίαν, Καθολικὴν καὶ Ἀποστολικὴν Ἐκκλησίαν», «an eine … Kirche». Auf den griechischen Sprachgebrauch geht de Lubac auf S. 219–230 ein. *Credere in* gibt griech. *pisteuein eis* wieder.

20 Die Differenz zwischen geistlicher und weltlicher Macht zieht sich über den Investiturstreit zwischen Gregor VII. (Dictatus papae!) und Heinrich IV. hin und findet in der Bulle Unam sanctam von Bonifaz VIII. ihren Höhepunkt (J.-H. Tück).

21 Zur Taufe schreibt mir Jan-Heiner Tück: «Wie das jüdische Ritual der Beschneidung eine physische Markierung im Fleisch vornimmt, durch die die Aufnahme in den Abrahamsbund vollzogen wird (Gen 17), so wird durch das christliche Ritual der Taufe ein unauslöschliches Siegel verliehen, das den Täufling in die Gemeinschaft der Kirche aufnimmt und ihn mit Christus verbindet. Die scholastische Theologie spricht vom «character indelebilis», der durch das Initiationssakrament der Taufe vermittelt wird.» (briefl. 9. 2. 2010)

22 Vgl. Henri de Lubac, *Credo*, S. 20–22.

23 Zu diesem Thema siehe Josef Kroll, *Gott und Hölle*.

24 Josef Andreas Jungmann, *Missarum Sollemnia* II, S. 166. Vgl. auch Gabriele Winkler, *Das Sanctus*.

25 Siehe *Sidur Sefat Emet*, S. 35.

26 Gabriele Winkler, *Das Sanctus*, S. 96–126 und öfter.

27 Im Sanctus stimmt «die irdische Kirche hier gemeinsam mit der himmlischen Kirche den Lobpreis an. Diese eschatologische Dimension des Kirchenbegriffs – die Communio zwischen pilgernder und vollendeter Kirche – wird meist übersehen. Kirche umfasst nicht nur die Lebenden, sondern auch die, die im Glauben vorangegangen sind, neben den Verstorbenen eben auch die Märtyrer, Apostel und Heiligen, von denen die Kirche annimmt, dass sie schon bei Gott sind.» (J.-H. Tück)

28 Lumma Liborius, Schubert.

29 Matthias Millard, *Hallel*.

30 Josef Andreas Jungmann, *Missarum Sollemnia* II, S. 170f.

31 Diese präsentische Übersetzung erfordert das kurze offene ĕ in vĕnit. Die

Form vēnit mit langem ē, die man häufig hört, ist Perfekt und heißt «der gekommen ist».

32 Rudolf Otto, «Vom Wege», in: *Die christliche Welt* 25, 1911, S. 709, zitiert nach Bernhard Lang, *Heiliges Spiel*, S. 462.

33 Ich zitiere nach einer 1884 bei H. Dessain in Mecheln (zufällig auch dem Herkunftsort der Familie van Beethoven) erschienenen Ausgabe.

34 Allgemeine Einführung in das Römische Meßbuch, in: *Die Feier der heiligen Messe. Für die Bistümer des deutschen Sprachgebietes. Authentische Ausgabe für den liturgischen Gebrauch*, Einsiedeln u. a. 1975, Nr. 12: «Die Worte, die der Priester als Vorsteher spricht, verlangen von ihrem Wesen her, daß sie deutlich und vernehmlich vorgetragen werden und daß die Gläubigen aufmerksam zuhören. Deshalb soll gleichzeitig nichts anderes gebetet oder gesungen werden: auch Orgel und andere Musikinstrumente sollen schweigen.» (zitiert nach Gerhard Poppe, *Festhochamt*, S. 455, Anm. 8).

35 Jean Pierre Vernant, De la présentification de l'invisible à l'imitation de l'apparence, in: *Image et Signification*, Recontres de l'École du Louvre 25–37, 1983, 293–295. Zu den verschiedenen Deutungen der Präsenzproblematik siehe Alexander Schwan, «Jesus Reenacted».

36 Jan-Heiner Tück würde «aus theologischen Gründen den Vergleich zur Theurgie ablehnen. Es wird in der Sakramententheologie überall betont, dass die reale Gegenwart Christi in den Gaben der Eucharistie eine Gabe des erhöhten Christus und seines Geistes ist. Der Priester spricht nicht in eigenen Worten, wenn er die Worte der Wandlung rezitiert, er leiht Christus seine Stimme, wenn er spricht: Hoc est corpus meum. Er kann so nur sprechen, weil er vorher durch das Sakrament der Ordination dazu befähigt wurde, Christus amtlich zu repräsentieren.» Aber genau das entspricht dem Verfahren im ägyptischen Kult, wie ihn Jamblichos beschreibt. Der Priester spricht in Götterrolle und Götterrede. Dass trotz solcher Parallelen theologische Welten zwischen spätägyptischen Beschwörungen und christlicher Liturgie liegen, soll natürlich nicht bestritten werden. Dem vergleichenden Blick des Religionswissenschaftlers mag immerhin erlaubt sein, was der Dogmatiker ablehnen muss.

37 Bernhard Lang, *Heiliges Spiel*, S. 66.

38 Siehe Jan Assmann/Andrea Kucharek, *Götterliteratur*, S. 592–601.

39 Zum evangelischen Verständnis der Eucharistie schreibt mir Jan-Heiner Tück: «Im Marburger Religionsgespräch 1529 hat Luther gegenüber Zwingli drei Mal est, est, est ausgerufen. Er hat gegenüber einer rein symbolischen Deutung an der Realpräsenz festgehalten, diese aber auf die Dauer der Liturgie beschränkt. Die Position Calvins, die man auf den Begriff der Virtualpräsenz gebracht hat, wäre davon noch einmal zu unterscheiden.»

40 Jan-Heiner Tück, *Gabe der Gegenwart*, siehe besonders das Kapitel «Die Selbstgabe Jesu Christi in den Zeichen von Brot und Wein», S. 362–396.

41 Ebd., S. 392.

42 Igor Strawinsky, *Leben und Werk – von ihm selbst*, S. 59.

43 Blumenberg widmet dem Lamm Gottes ein ganzes Kapitel, siehe *Matthäuspassion*, S. 60–66.

44 Nach Rainer Volp, *Liturgik*, S. 270f.

45 Dazu schreibt Jean Hani, *Die göttliche Liturgie*, S. 37: «Jedermann weiß, dass man die Messe gewöhnlich in zwei große Teile gliedert: Der erste, vom Beginn bis zur Evangelienlesung und Schriftauslegung, wird – übrigens sehr unangemessen, wir werden darauf noch zurückkommen – «Vor-Messe» genannt; der zweite Teil, der alles übrige des heiligen Amtes beinhaltet, Offertorium, Konsekration und Kommunion, ist, um der üblichen Terminologie zu folgen, die eigentliche Messe. Der erste Teil besteht im wesentlichen aus Lesungen und Lobgesängen: Hier spielt die Gemeinde der Gläubigen die Hauptrolle; im zweiten Teil dagegen vor allem der Priester.»

46 Zum Katechumenat schreibt Jan-Heiner Tück (brieflich): «Das Katechumenat war eine Art ‹Vorschule des Glaubens›, ein bis zu drei Jahren dauernder Prozess der Einführung in die Grundlagen des Glaubens vor Empfang der Initiationssakramente. In der altkirchlichen Liturgie mussten die Taufanwärter, die Katechumenen, nach dem liturgischen Ruf ‹Sancta sanctis› – Das Heilige den Heiligen! – den Sakralraum der Kirche verlassen. Den Wortgottesdienst mit Lesungen und Homilie durften sie besuchen, um Fortschritte im Verständnis des Glaubens zu machen. Die Feier der heiligen Mysterien in der Eucharistie blieb ihnen vorenthalten. Erst mit dem Empfang der Initiationssakramente Taufe, Salbung (Firmung) und Eucharistie war die Lizenz zur Teilnahme an der vollständigen Feier der heiligen Mysterien gegeben.
Reformatorische Theologen haben die Praxis der Geheimhaltung in der Alten Kirche eher verfallsgeschichtlich im Sinn eines Abfalls von der Reinheit des Evangeliums *(deformatio)* interpretiert, katholische Theologen hingegen haben in der Unterscheidung zwischen Katechumenen und Vollinitiierten eine sinnvolle Stufung des Initiationsprozesses in den Glauben gesehen. Die Diskussionslage ist spätestens seit dem neunzehnten Jahrhundert komplex.»
Einen instruktiven Einblick in den Unterricht an die Taufanwärter, aber auch die Neugetauften gewähren die inzwischen gut edierten Katechesen von Ambrosius von Mailand, Cyrill von Jerusalem und Theodor von Mopsuestia. Vgl. Ambrosius von Mailand, *De Sacramentis – De mysteriis* (Fontes Christiani 3), hg. von Josef Schmitz CSSR, Freiburg i. Br. 1990; Cyrill von Jerusalem, *Mystagogicae Catecheses. Mystagogische Katechesen* (Fontes Christiani 7), hg. von Georg Röwekamp, Freiburg i. Br. 1992; Theodor von Mopsuestia, *Kate-*

chetische Homilien (Fontes Christiani 17/1 und 2), hg. von Peter Bruns, Freiburg i. Br. 1995 (Anm. v. J.-H. Tück).

47 Aeneis 6, 258.

48 Diese und andere Bezeichnungen nach Jean Hani, *Die göttliche Liturgie*, S. 4f.

49 https://www.katholisch.de/artikel/109-der-messfahrplan-wie-laeuft-ein-gottesdienst. Weinsegen und Brotsegen entsprechen sehr weitgehend der jüdischen Liturgie zum Sabbat-Abend: «Gepriesen bist du, Herr unser Gott, König der Welt, der du die Frucht des Weinstocks erschaffen» und «Gepriesen bist du, Herr unser Gott, König der Welt, der du Brot aus der Erde hervorbringst.»

Die «Kunstwerdung» der Messe

1 Allerdings ist das Christentum keine Buchreligion im gleichen Sinne wie Judentum und Islam. «Das Ereignis der Offenbarung im Fleisch», schreibt Jan-Heiner Tück, «liegt der Buchwerdung voraus. So können es auch vier Evangelien sein, die das Ereignis bezeugen. Die menschliche Perspektivierung hat konstitutiven Anteil an der Bezeugung, anders ist es im Islam, wo man tatsächlich von einer ‹Inlibration› im Unterscheid zur Inkarnation sprechen könnte.»

2 Odo Casel, «*Logike thysia*». Hierzu schreibt der Münsteraner Theologe Arnold Angenendt: «Auch das Christentum hat das Opfer zur ‹thysia logike› spiritualisiert, zum geistigen Opfer. Diese Opferauffassung hatte zwei Wurzeln: eine griechische, derzufolge es um die unbedingte Durchsetzung der Wahrheit ging, sodann eine israelitische, der zufolge es um das Hören des Gotteswortes ging, wie weiter noch um die Fürsorge für die Armen. Das Urbild des Opfers sahen die Christen im Selbst-Opfer Jesu Christi, nämlich wie er sich hinzugeben für das Wort Gottes, für die Sühne der Sünden und noch für die Armen, nötigenfalls bis zur Hingabe des eigenen Lebens. Dieses Opfer wollte ein geistiges sein, dargebracht aus Liebe und vollzogen auf dem Altar des Herzens. In der christlichen Opfer-Liturgie, der Eucharistie, vereinten sich diese Elemente und Forderungen zu einer kultischen Feier: Hören des Gotteswortes, Anteilhabe *(communio)* am Opfertod Jesu Christi und Fürsorge für die Armen. In diesem Opfer sahen die Christen ihre Heiligung vollzogen und dafür dankten sie. Das wollte auch die Bezeichnung ‹Eucharistie› ausdrücken: das wahre christliche Opfer als ‹Opfer des Lobes› *(sacrificium laudis)* (https://www.uni-muenster.de/Kultbild/missa/themen/opfer.html Stand 30.11.2019). Vgl. auch Helmut Hoping, *Mein Leib*, S. 15f.

3 E. T. A. Hoffmann, «Über alte und neue Kirchenmusik», S. 429.

4 Wenn im Alten Ägypten Damen der vornehmen Gesellschaft den Titel «Sängerin» (des Amun oder anderer Götter) führten, darf man das wohl nicht

allzu wörtlich nehmen, aber schon als bloßer Ehrentitel verweist diese Konvention doch auf die Bedeutung kultischer Musik.

5 Igor Strawinsky, *Leben und Werk – von ihm selbst*, S. 59.

6 Das Folgende stützt sich sehr weitgehend auf Elisabeth Schmierer, *Geschichte der Messe* und Ludwig Finscher, «Die Messe als musikalisches Kunstwerk».

7 Thrasybulos Georgiades, *Musik und Sprache*, S. 36.

8 Hans Maier, *Die Kirchen und die Künste*, S. 17.

9 Thrasybulos Georgiades, *Musik und Sprache*, S. 42f.

10 Ludwig Finscher, «Die Messe als musikalisches Kunstwerk», S. 203.

11 Schon Bach orientierte sich an Palestrina bei seinen späten Kompositionen im Stile antico, siehe Christian Wolff, *Der stile antico*, ebenso Johann Josef Fux in seiner bis ins neunzehnte Jahrhundert maßgeblichen Kompositionslehre *Gradus ad Parnassum* (1725). Die als Cäcilianismus bekannte Liturgiebewegung im neunzehnten Jahrhundert forderte einen an Palestrina orientierten A-capella-Stil.

12 George B. Stauffer, *Bach, the mass in b minor*, S. 22f.

13 Martin Zenck, *Bach-Rezeption*, S. 232, zitiert nach Gerhard Poppe, *Festhochamt*, S. 419.

14 Birgit Lodes, *Das Gloria*, S. 201. «Das Blatt mit Abschrift und Analyse (1 Seite; auf der Rückseite Skizzen zum Credo) befindet sich heute in New York, Columbia University, General Manuscript Collection, Rare Book and Manuscript Library.» Die Entdeckung wird Bathia Churgin verdankt: «Beethoven and Mozart's Requiem».

15 Vgl. Birgit Lodes, *Das Gloria*, S. 187, Anm. 47; Christoph Wolff, *Mozarts Requiem*, S. 78–82. Das Thema allein, mit einem anderen Kontrasubjekt, verwendet Händel für den Chor Nr. 22 «And with his stripes we are healed» seines zwei Jahre vorher entstandenen *Messiah*.

16 Max Kalbeck, in: Die Presse Nr. 66 (März 1884), zitiert nach Gerhard Poppe, *Festhochamt*, 283.

17 Ludwig Finscher, *Joseph Haydn*, S. 463.

18 Ebd., S. 463f.

19 Ebd., S. 467.

20 Vgl. Heinrich Detering, «Was ist Kunstreligion?», S. 11–27.

21 Günter Scholtz, *Schleiermachers Musikphilosophie*, speziell S. 20–25.

22 Siehe hierzu Hans Joachim Hinrichsen, *Beethoven*, S. 43–50.

23 Peter Kivy, *The Possessor*.

24 Z. B. die Ausgabe des Textbuchs zur *Zauberflöte* bei Niklas Ambrosi, Passau 1793: «Die Musik ist von Apollo Mozart».

25 Wolfgang Fuhrmann, «Bachs Heiligsprechung».

26 Brief vom 16. Sept. 1824 an Johann Andreas Streicher, BG 5, 364.

Beethoven
und die Missa Solemnis

1 An Biographien habe ich zu Rate gezogen Romain Rolland, *Le chant de la resurrection* (1937) und *Beethovens Meisterjahre* (1930); Jean und Brigitte Massin, *Beethoven* (frz. 1967); Maynard Solomon, *Beethoven* (amer. Orig. 1977); Carl Dahlhaus, *Beethoven* (1993); Jan Caeyers, *Beethoven* (niederl. Orig. 2009); Martin Geck, *Ludwig van Beethoven* (5. Aufl. 2001); ders., Beethoven (2017); Lewis Lockwood, *Beethoven* (amer. Orig. 2003), und Hans Joachim Hinrichsen, *Beethoven* (2019).

2 Mit diesem Problem setzt sich Carl Dahlhaus, *Beethoven*, S. 29–38 auseinander.

3 Am nächsten scheint Beethoven in dieser Hinsicht, worauf mich Aleida Assmann aufmerksam macht, dem großen englischen Dichter John Milton zu stehen, der sein Riesenwerk *Paradise Lost* seiner völligen Erblindung abringen musste und sich mit seiner Blindheit, ebenso wie Beethoven mit seiner Taubheit, in Hadern und Ergebung auseinandersetzt. Vgl. auch unten S. 198. Zu Beethovens Lebenskrisen und ihrer Bedeutung für sein Gottesverhältnis siehe Jakob Johannes Koch, «‹Von Herzen›», S. 43–59.

4 Z. B. Lewis Lockwood, *Beethoven*, S. 87–92 mit Faksimile S. 88. Vgl. auch Jakob Johannes Koch, «‹Von Herzen›», S. 43–45.

5 Hans Joachim Hinrichsen, *Beethoven*, Kapitel «Salonmusik und Gesprächskultur», S. 43–97.

6 Hans Joachim Hinrichsen, *Beethoven*, S. 198–217.

7 E. T. A. Hoffmann, «Über alte und neue Kirchenmusik».

8 Hans Joachim Hinrichsen, *Beethoven*, S. 213.

9 Maynard Solomon, *Beethovens Tagebuch* II, Nr. 1, S. 39.

10 De vera religione, 72. Beethoven wird die Stelle nicht gekannt haben, aber seinem religiöser Ratgeber J. M. Sailer war sie natürlich vertraut.

11 Maynard Solomon, *Beethovens Tagebuch* II, Nr. 41, S. 45.

12 Die Identität der unsterblichen Geliebten hat sich nie mit letzter Sicherheit aufklären, aber das Feld der Kandidatinnen immerhin auf zwei, Josephine von Brunsvik und Antonie Brentano, einschränken lassen. Die Argumente für die eine oder die andere der beiden Frauen halten sich die Waage, wenn auch die Mehrheit der Biographen inzwischen wohl mit Recht Josephine zuneigt. Besonders eindrucksvoll hat Romain Rolland, ein Vertreter der Josephine-These, Beethovens Beziehung zu den vier Brunsvik-Geschwistern und ihrer Cousine Giulietta Guicciardi geschildert in *Beethovens Meisterjahre*, S. 234–270. Von beiden Frauen gilt, dass sie nicht nur wie viele andere von Beethoven

umworben wurden, sondern ihn innig geliebt und verstanden haben. Nur so erklärt sich die Tiefe und Tragik des Konflikts. Josephine starb 1821.

13 «Doktor sperrt das Tor dem Tod. Note hilft auch aus der Not.» WoO 189 aus dem Jahr 1825, als es Beethoven sehr schlecht ging. Nach der Genesung von dieser Krise schrieb er den «Heiligen Dankgesang eines Genesenen an die Gottheit», das Molto Adagio des Streichquartetts a-Moll op. 132.

14 Peter Gülke, «*... immer das Ganze vor Augen*», S. 71.

15 Friederike Grigat, *Beethovens Glaubensbekenntnis*. Dass Matthias Artaria bei einem Besuch 1825 in Beethovens Konversationsheft einträgt «Haben Sie Schillers Sendung Moses gelesen?» heißt nicht, dass er Beethoven auf diesen Text erst aufmerksam gemacht hat, sondern dass er das gerahmte Blatt auf dem Tisch gesehen und den Text richtig identifiziert hat.

16 Brief von Anton Schindler an Franz Gerhard Wegeler vom 20. 6. 1828, zitiert nach Friederike Grigat, *Beethovens Glaubensbekenntnis*, S. 9.

17 Hermann Timm, *Spinozarenaissance*.

18 Jan Assmann, *Moses der Ägypter*, S. 186–210.

19 Br. Decius [Carl Leonhard Reinhold], *Die hebräischen Mysterien*.

20 Jan Assmann, *Religio Duplex*, S. 243–350.

21 Jan Assmann, *Die Zauberflöte*, S. 100–106.

22 Lactantius, *Divinae Institutiones* I,6, siehe Jan Assmann, *Exodus*, S. 169f.

23 Jakob Johannes Koch, «‹Von Herzen›», S. 39–41.

24 Christoph Meiners, *Über die Mysterien der Alten*. Weishaupt, Jesuitenzögling und Professor für Kirchenrecht und praktische Philosophie in Ingolstadt, hat sich bei der Einrichtung des Ordens vornehmlich an den Jesuiten orientiert. Die höchste Stufe seiner dreigeteilten Hierarchie, die «Mysterienklasse», aber mit ihrer Gliederung in «kleine» und «große Mysterien», ist eindeutig von Meiners' Darstellung der Eleusinien inspiriert.

25 Sigrid von Moisy, «Von der Aufklärung zur Romantik», S. 65.

26 KH 1, 1. Feb. 1820, 235 (Eintrag Beethoven).

27 Siehe Birgit Lodes, *Das Gloria*, S. 115, Anm. 143. Der Artikel erschien am 29. Januar und 1. Februar 1820 in der *Wiener Zeitschrift für Kunst, Literatur, Theater und Mode*, war also brandneu, als Beethoven ihn las.

28 William Kinderman, Beethoven's Symbol for the Deity, S. 102–118; vgl. auch Thrasybulos Georgiades: *Nennen und Erklingen*, S. 289f.

29 Nur am Rande sei an das XXVII. Kapitel seines Romans *Doktor Faustus* erinnert, worin Thomas Mann seine Figur Serenus Zeitblom Einspruch erheben lässt gegen die Idee, aus der Betrachtung des Weltraums religiöse Empfindungen zu ziehen.

30 Maynard Solomon, *Beethovens Tagebuch*, S. 89f.; = Nr. 93b, zitiert nach Birgit Lodes, *Das Gloria*, S. 76, Anm. 74.

31 Maynard Solomon, *Beethovens Tagebuch*, S. 150.

32 Zu Beethovens Gottesbegriff vgl. auch die treffenden Bemerkungen von Hans Joachim Hinrichsen, *Beethoven*, S. 289–294.

33 Diese Rente schmolz allerdings nach dem österreichischen Staatsbankrott 1811 auf ein Drittel zusammen, was Beethovens ständige Geldnot in seinen späteren Jahren erklärt.

34 Anton Schindler, *Biographie von Ludwig van Beethoven*, S. 269f., nach Alexander W. Thayer, *Ludwig van Beethovens Leben*, Bd. IV, S. 101f.

35 Maynard Solomon, *Beethovens Tagebuch*, S. 121.

36 https://www.beethoven.de/en/s/catalogs?opac=hans_en.pl&_dokid=ha:wm186 (TH)

37 Siehe mein Buch *Das Oratorium Israel in Egypt*, S. 29–40.

38 Imm. Joh. Gerh. Scheller, *Handlexicon*, zitiert nach Birgit Lodes, *Das Gloria*, S. 20, Anm. 5.

39 Vgl. Jakob Johannes Koch, «‹Von Herzen›», S. 60–69.

40 Brief vom 19. 12. 1819, BG 4, 352.

41 Beethoven hat selbst mehrfach die Aufführung der Messe als Oratorium vorgeschlagen, vgl. Hans Joachim Hinrichsen, «Das gröste Werk …», S. 24 mit Anm. 13 mit Verweis auf BGA 5, 47 (18. 2. 1823) und 261 (23. 1. 1824) sowie BKh 6,21.

42 Überliefert von Anton Schindler, siehe Dominique Ehrenbaum, S. 117.

43 Siehe George B. Stauffer, *Bach, the mass in b minor*.

44 Birgit Lodes, *Das Gloria*, S. 16.

45 Maynard Solomon, *Beethoven*, S. 263.

46 Das sind gerade die Teile, die gattungsmäßig keine Hymnen im eigentlichen Sinne darstellen, im Gegensatz zu Gloria und Sanctus. Kyrie und Agnus Dei sind Gebete, Credo ein Bekenntnis.

47 Birgit Lodes, Das *Gloria*.

Werkbeschreibung

1 Missa Sti. Bernardi (Heiligmesse), Theresienmesse, Schöpfungsmesse, Harmoniemesse.

2 Missa in tempore belli (Paukenmesse).

3 Nelsonmesse (Missa in angustiis).

4 Hans Joachim Hinrichsen, *Beethoven*, S. 86f. und öfter.

5 B-Dur ist auch die Nebentonart der 9. Sinfonie in d-Moll, des Schwesterwerks der *Missa Solemnis*.

6 Vgl. die C-Dur-Messe op. 86: Die Medianten von C-Dur sind E-Dur und As-Dur, und so wechselt im Kyrie das «Christe Eleison» von C-Dur nach E-Dur

und im Gloria das «qui tollis» nach f-Moll, der Moll-Parallele von As-Dur. Im 4. Klavierkonzert op. 58 bestimmen G-Dur und H-Dur den ersten Satz. In der Waldsteinsonate C-Dur op. 53 steht das Nebenthema in E-Dur.

7 Im Bass des Klavierauszugs (Paul Horn) ist der Bogen über dem oberen d zu ergänzen.

8 Peter Gülke, «Introduktion als Widerspruch im System», in ders.: «*... immer das Ganze vor Augen*», S. 74.

9 Peter Gülke, «‹mein größtes Werk›», in ders.: «*... immer das Ganze vor Augen*», S. 276.

10 Die aber in den späten Haydn-Messen bereits oft *attacca* aneinander anschließen.

11 Dieselbe eigentümlich primitive Behandlung erfährt die Trompetenstimme auch in der 9. Sinfonie.

12 Heft 1, S. 391f., zitiert nach Sven Hiemke, *Missa Solemnis*, S. 185, Anm 18.

13 Birgit Lodes, *Das Gloria*, S. 74.

14 Ebd., S. 93, mit Verweis auf Lucie Dikenmann-Balmer, *Beethovens Missa Solemnis*, S. 77f.

15 Den Begriff der «Ombra-Szene» hat Hermann Abert geprägt in seinem Buch über *Jommelli als Opernkomponist*, Halle 1908, S. 121f.

16 Birgit Lodes, *Das Gloria*, S. 153 mit Anm. 52. «Grauenhaft» ist nicht ästhetisch, sondern semantisch zu verstehen im Sinne des mysterium tremendum.

17 Der handschriftliche Befund ist völlig eindeutig, siehe das Faksimile in Birgit Lodes, *Das Gloria*, S. 160, Abb. 4–15.

18 Siehe Wilhelm von Lenz: *Beethoven. Eine Kunststudie*, Band 5, S. 219, zitiert nach Birgit Lodes, *Das Gloria*, S. 275 mit Anm. 217.

19 Die Takte 435–437 überraschen mit einer enharmonischen Verwechslung. Aus H-Dur als Dominante von fis-Moll wird für drei Takte Ces-Dur bzw. des-Moll (7 ♭).

20 Birgit Lodes, *Das Gloria*, S. 182–188.

21 Ebd., S. 206 mit Abb. 5–13.

22 Siehe hierzu das Notat im Skizzenbuch «Wittgenstein» nach ebd., S. 198, Abb. 5–10:

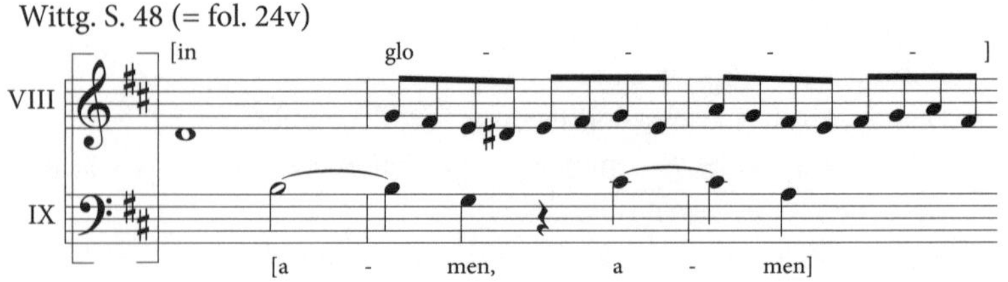

23 Siehe hierzu Dominique Ehrenbaum, *Die Instrumentalfuge:* «Mit der Umsetzung der Josephinischen Reformen 1783 wurden Fugen in den Messen üblicherweise nur noch als Abschluss von Gloria (In gloria Dei Patris, amen) und Credo (Et vitam venturi saeculi. Amen) angebracht», S. 121. Dass Beethoven nach diesem so übermonumentalen Schluss mit seinen endlosen «amen, amen!»-Rufen das anfängliche Gloria mit seinem fanfarenhaften, ekstatischen Aufschwung noch einmal aufgreift, zeigt, wie weit er sich von der Liturgie entfernt hat und mit dieser kurzen Reprise einer musikalischen Logik und nicht-textlichen Vorgabe folgt.

24 Ulrich Beck, *Der eigene Gott. Friedensfähigkeit und Gewaltpotential der Religionen*, Frankfurt a. M. 2008.

25 Nach William Kinderman, «Beethoven's Symbol», Example 2 auf S. 105.

26 Allerdings spielt die Zwei-Naturen-Lehre, worauf mich Jan-Heiner Tück aufmerksam macht, im Nicaeo-Constantinopolitanum noch keine Rolle. «Das geschieht erst auf dem Konzil von Chalcedon 451 mit der Lehre, dass Jesus Christus eine Person/Hypostase in zwei Naturen ist, unvermischt und ungetrennt etc. Dieses Glaubensbekenntnis wird heute in der Liturgie nicht mehr verwendet, obwohl es für die Ausbildung der altkirchlichen Christologie das wohl wichtigste gewesen ist.» (brieflich vom 3. 2. 2020)

27 Warren Kirkendale, «Die Missa Solemnis und die rhetorische Tradition», S. 66f.

28 Die Flötenstimme hat Beethoven erst nachträglich der Partitur hinzugefügt.

29 Die mixolydische Tonleiter entspricht der G-Dur-Tonleiter, aber mit f statt fis.

30 William Kinderman, »Compositional Models», S. 160–188, fig. 11.1

31 Birgit Lodes, *Das Gloria*, S. 119 Anm. 151.

32 Vgl. das Schema bei William Kinderman, «Beethoven's Symbol», fig. 11.1

33 Briefliche Mitteilung am 14. 2. 2020.

34 Josef Andreas Jungmann, *Missarum Sollemnia* I, S. 161–165.

35 Diesen Hinweis verdanke ich Harald Haslmayr.

36 Romain Rolland, *Le chant de la resurrection*, S. 422f.: »À ce moment de l'office, s'accomplit, dans la silence des fidèles et de l'autel, le plus divin mystère de la Messe: la transsubstantiation. Il s'accompli dans la geniale vision de Beethoven. Les paroles ont cessé. Un prélude instrumental crée une pénétrante atmosphère de clair-obscur mystique, où l'âme prosternée dans la crainte et dans l'amour attend, pressent l'approche de la lumière. [...] Au moment précis où la conscience semble s'engloutir, du haut du ciel un rayon: dans les espaces suspendu, un *sol* aigu, *p*, du violon *solo*, don't deux flûtes seules, dans l'absolu silence de tout l'orchestre, complètent le clair accord. Pendant quelques mesures, il se balance, en descendant, de degré à dégré, par gracieux mouvements syncopés, vers la terre, où il se pose. À mi-chemin, les

cors font une tenue de dominante dans la basse, sur le ré profond répeté; elles accueillent »Celui qui vient au nom du Seigneur», du pieux salut du Benedictus. Quant il se sont rejoints, celui d'en haut et ceux d'enbas, le violon seul chante sa pastorale mystique, reprise par les clarinettes et les bassons, en cantabilé inamouré.»

37 Warren Kirkendale, «Die Missa Solemnis und die rhetorische Tradition,» S. 82.

38 Lewis Lockwood, *Beethoven*, S. 320f.

39 Siehe Carl Dahlhaus, *Beethoven*, S. 83.

40 Aber auch schon im ersten Satz der Klaviersonate op. 32.1, T. 144–158.

41 Andreas Friesenhagen, *Die Messen Ludwig van Beethovens*, S. 187–192, stellt den Zitatcharakter dieser Phrase in Zweifel und möchte sie vielmehr aus dem unmittelbar vorhergehenden Solistenquartett ableiten, das mit dem Sextfall g''–h' anhebt (T. 212). Aber gerade diese Ableitbarkeit aus dem Vorhergehenden erweist die Genialität dieses Zitats, das anstatt als Fremdkörper aus dem Zusammenhang herauszufallen fast im Sinne einer entwickelnden Variation organisch aus ihm hervorgeht. Sven Hiemke, *Missa solemnis*, S. 122, scheint gleichwohl Friesenhagen zu folgen. Auch William Drabkin, der den Entstehungsprozess des Agnus Dei anhand der umfangreichen Skizzen untersucht hat, kommt zu dem Ergebnis, dass «the music of bars 216–240 was conceived entirely from thematic material presented earlier and was not originally intended as a quotation of another work» (Agnus Dei, 148). Ähnlich urteilt auch Romain Rolland (*Chant de la resurrection*, S. 448f.). Vgl. dagegen Bernd Edelmann, «Der bürgerliche Händel», S. 37f.

42 Jean und Brigitte Massin, *Werkbiographie*, S. 544.

43 Peter Gülke, «‹mein größtes Werk›», S. 277.

Beethovens Missa Solemnis – ein Gottesdienst im Kopf

1 Jan Assmann, «Belshazzar».

2 «Das Inszenierungsverbot, mit dem die Londoner Geistlichkeit die Oratorien belegte, bedeutete für Händel keine Einengung, sondern gleichsam einen Befreiungsschlag – die Möglichkeit, die verbindlichen Konventionen der Operndramaturgie und die technischen Konditionen der Inszenierungspraxis hinter sich zu lassen und zu neuen Ufern der dramatischen Gestaltung durch Musik aufzubrechen, die im Zusammenhang mit der Oper überhaupt nicht möglich gewesen wären – Bilder vor dem geistigen Auge erstehen zu lassen, Räume und Zeiträume zu organisieren, das Theater im Kopf zu realisieren.» (Silke Leopold, *Händel*, S. 27). Vgl auch Silke Leopold, «Eine Oper».

3 Brief vom 16. Sept. 1824 an Johann Andreas Streicher, BG 5, S. 364.
4 Martin Geck, *Beethoven*, S. 163.
5 Theodor W. Adorno, «Verfremdetes Hauptwerk». Mit dem Ausdruck «verfremdet» meint Adorno übrigens nicht, wie es meist verstanden wird, dass Beethovens Missa uns fremd geworden ist, sondern erklärt seine Absicht, sie im Gegenteil durch seine kritische Beleuchtung zu verfremden und ihr die falsche Vertrautheit als eines kanonischen, nicht weiter hinterfragten «Hauptwerks» zu nehmen. Die Seitenzahlen in Klammern beziehen sich auf die Ausgabe in *Musikalische Schriften* IV.
6 Theodor W. Adorno, *Philosophie der Neuen Musik*, S. 150.
7 Ebd., S. 151f.
8 Thomas Mann, *Doktor Faustus*, S. 238.
9 Theodor W. Adorno, *Philosophie der Neuen Musik*, S. 150.
10 Ebd., S. 157.
11 Siehe hierzu das Kapitel XII «Subthematik» in Carl Dahlhaus, *Beethoven*, S. 245–262.
12 Vgl. Jan Assmann, «Mozart und die Frage nach Sinn».
13 Zum Problem der Form bei Beethoven s. die ausgezeichnete Darstellung von Hans Joachim Hinrichsen, *Beethoven*, S. 72–97.
14 Jan Assmann, *Das Oratorium Israel in Egypt.*
15 Vgl. Hans Joachim Hinrichsen, «‹Das gröste Werk, welches ich bisher geschrieben›».
16 Tagebuch-Eintrag von 1818, zitiert bei Sven Hiemke, *Missa solemnis*, S. 55.
17 Brief an Johann Andreas Streicher, zitiert nach Sven Hiemke, *Missa solemnis*, S. 62.
18 René Descartes, *Traité des passions de l'âme.*
19 Jan Assmann, «Emotionen in Händels Musiktheater».
20 Descartes unterscheidet sechs Grundformen von Affekten, die zu zahlreichen Zwischenformen miteinander kombiniert werden können: Freude *(joie)*, Hass *(haine)*, Liebe *(amour)*, Trauer *(tristesse)*, Verlangen *(désir)*, Bewunderung *(admiration)*. Vgl. auch Renatus Descartes, *Musicae compendium.*
21 Theodor W. Adorno, «Verfremdetes Hauptwerk», S. 151.
22 Siehe Wilhelm von Lenz, *Beethoven. Eine Kunststudie*, Band 5, S. 219, zitiert nach Birgit Lodes, *Das Gloria*, S. 275 mit Anm. 217.
23 Thomas Mann, *Doktor Faustus*, S. 277–283, Zitat S. 282f.
24 Vgl. Peter Gülke, Introduktion als Widerspruch im System, in: «*... immer das Ganze vor Augen*», besonders S. 71.
25 Anton Schindler, *Biographie von Ludwig van Beethoven* (1840), 2. Aufl. 1860, S. 321f.; siehe auch Jean und Brigitte Massin, *Beethoven*, S. 294.
26 Ebd., S. 90f.

27 Thomas Mann, *Doktor Faustus*, GKFA Kommentar, Paralipomena, 918.

28 Vgl. Theodor W. Adorno, *Beethoven*, S. 279 Anm. 2 (Rolf Tiedemann).

29 Theodor W. Adorno, *Kulturkritik und Gesellschaft* I, Prismen, Franfurt a. M. 1977, S. 181–194.

30 Zitiert nach Tobias Wall, Das unmögliche Museum. Zum Verhältnis von Kunst und Kunstmuseen der Gegenwart, Transcript, Bielefeld 2006, S. 134.

31 1824: Brünn; 13. 1. 1828: Graz; 14. 10. 1827: Koblenz (nur Kyrie und Gloria); 24. 11. 1828: Graz; 29. 6. 1830: Warnsdorf (Varnsdorf); 7. 10. 1832: Reichenberg (Liberec); 1. 11. 1832: Koblenz (nur Kyrie und Gloria); 16. 5. 1833: Koblenz (Kyrie und Gloria); 22. 11. 1833: Graz (Cäcilienfest); 22. 11. 1835: Preßburg (Cäcilienfest); 31. 7. 1836: Buenos Aires; 17. 9. 1837: Köln (Kyrie, Gloria, Credo); 1840 (?): Stuhlweißenburg; 24. 11. 1844: Preßburg (Cäcilienfest); 22. 11. 1846: Preßburg (Cäcilienfest); 17. 11. 1850: Graz (Cäcilienfest); um 1850: Einsiedeln (gekürzt); 30. 5. 1852: Augsburg (Pfingstsonntag); 23. 8. 1857: Preßburg; 22. 11. 1857: Preßburg (Cäcilienfest). Gerhard Poppe, *Festhochamt*, S. 474–496.

32 Siehe ebd., S. 135–170.

33 Vgl. Theodor W. Adorno, *Beethoven*, S. 200.

Literatur

Abkürzungen:

BG Ludwig van Beethoven. Briefwechsel. Gesamtausgabe, im Auftrag des Beethoven-Hauses Bonn herausgegeben von Sieghard Brandenburg, 6 Bände und ein Registerband, München 1996–1998

KH Ludwig van Beethovens Konversationshefte, im Auftrag der Deutschen Staatsbibliothek herausgegeben von Karl-Heinz Köhler, Dagmar Beck und Grita Herre unter Mitwirkung von Günter Brosche, Ignaz Weinmann, Peter Pötschner und Heinz Schöny, 11 Bände, Leipzig 1968–2001

Adorno, Theodor W., *Philosophie der Neuen Musik*, J. C. B. Mohr: Tübingen 1949

Adorno, Theodor W., «Verfremdetes Hauptwerk. Zur Missa Solemnis», in: *Musikalische Schriften IV, Moments musicaux, Impromptus*, Suhrkamp: Frankfurt a. M. 1982, S. 145–161, wieder abgedruckt in: Ludwig Finscher (Hg.), *Ludwig van Beethoven*. Wege der Forschung CDXXVIII, Darmstadt 1983, 98–112. Erstmals veröffentlicht in: Neue deutsche Hefte 54, 1959, S. 886–897

Adorno, Theodor W., *Beethoven. Philosophie der Musik*, hg. v. Rolf Tiedemann, Suhrkamp: Frankfurt a. M. 2004

Agus, Aharon, *The Binding of Isaac and the Messiah. Law, Martyrdom, and Deliverance in Early Rabbinic Religiosity*, SUNY UP: New York 1988

Aitken, Ellen Brashaw, *Jesus' Death in Early Christian Memory*, Vandenhoeck & Ruprecht: Göttingen 2004

Angenendt, Arnold, «Das Opfer und seine Wandlungen», Forschungsgruppe Kultbild, Münster SFB 496 (https://www.uni-muenster.de/Kultbild/missa/themen/opfer.html Stand 30. 11. 2019)

Assmann, Aleida, *Ist die Zeit aus den Fugen? Aufstieg und Fall des Zeitregimes der Moderne,* Hanser: München 2013

Assmann, Aleida, «Die transformierende Kraft der Erinnerung», Rede zum 27. 1. 2012 vor dem Landtag Baden-Württemberg (https://www.gedenkstaetten-bw.de/fileadmin/gedenkstaetten/pdf/veranstaltungen/vortrag_assmann_27_1_12.pdf)

Assmann, Jan, «Belshazzar, eine geistliche Oper», in: Staatsoper unter den Linden (Hg.), *Belshazzar*, Berlin 2004, S. 6–12

Assmann, Jan, «Der Wille zum Jetzt. Wie Giorgio Agamben Paulus, den 13. Apostel, als Autor des gegenwärtigen ‹Ausnahmezustands› entdeckt – und darüber den religiösen Kern der paulinischen Botschaft übersieht», in: *Literaturen* 7/8, 2006, S. 54–57

Assmann, Jan, *Die Zauberflöte. Oper und Mysterium*, Hanser: München 2005, S. 100–106

Assmann, Jan, *Exodus. Die Revolution der Alten Welt*, C.H.Beck: München 2015

Assmann, Jan, *Moses der Ägypter. Entzifferung einer Gedächtnisspur*, Hanser: München 1998

Assmann, Jan, *Religio Duplex. Ägyptische Mysterien und europäische Aufklärung*, Suhrkamp: Berlin 2010

Assmann, Jan, *Das Oratorium Israel in Egypt von Georg Friedrich Händel*, Katholisches Bibelwerk: Stuttgart 2015

Assmann, Jan, «Emotionen in Händels Musiktheater», in: Daniela Hammer-Tugendhat, Christina Lutter (Hg.), *Emotionen, Zeitschrift für Kulturwissenschaften* 2/2010, S. 23–31

Assmann, Jan, *Tod und Jenseits im Alten Ägypten*, C.H.Beck: München 2. Aufl. 2003

Assmann, Jan, «Mozart und die Frage nach Sinn und Sinnlosigkeit in der Musik», in: Dieter Borchmeyer, Susanne Popp, Wolfram Steinbeck (Hg.), *Musik verstehen – Musik interpretieren*, Königshausen und Neumann: Würzburg 2019, S. 87–94

Assmann, Jan, Andrea Kucharek, *Ägyptische Religion II, Götterliteratur*, Suhrkamp, Verlag der Weltreligionen: Berlin 2018

Belting, Hans, *Bild und Kunst. Eine Geschichte des Bildes vor dem Zeitalter der Kunst*, C.H.Beck: München 2000

Bergman, Jan, «Per omnia vectus elementa remeavi», in: U. Bianchi, M. J. Vermaseren (Hg.), *La soterologia degli culti orientali nell' impero romano*, Brill: Leiden 1982, S. 671–702.

Bierl, Anton, «Antike Mysterien – ein Weg zur Vollkommenheit und die literarische Verarbeitung in Apuleius' Metamorphosen», in: Aleida und Jan Assmann (Hg.), *Vollkommenheit*. Archäologie der literarischen Kommunikation X, W. Fink: München 2010, S. 83–106

Bokser, Baruch M., *The Origins of the Seder. The Passover Rite and Early Rabbinic Judaism*, UC Press: London, Berkeley, Los Angeles 1984

Bornkamm, Günther, *Jesus von Nazareth*, 11. Aufl. Kohlhammer: Stuttgart 1977 (1. Aufl. 1956)

Breuer, Stefan, *Der charismatische Staat. Ursprünge und Frühformen staatlicher Herrschaft*, Wissenschaftliche Buchgesellschaft: Darmstadt 2014

Caeyers, Jan, *Beethoven. Der einsame Revolutionär, eine Biographie*, übers. von Andreas Ecke, C.H.Beck: München 2012 (niederl. Orig. 2009)

Casel, Odo, «Die *logike thysia* der antiken Mystik in der christlich-liturgischen Umdeutung», in: *Jahrbuch für Liturgiewissenschaft* 4 (1924), S. 37–47

Churgin, Bathia, «Beethoven and Mozart's Requiem: A New Connection», in: *Journal of Musicology* 5 [1987], S. 457–477

Claussen, Johann Hinrich, *Gottes Klänge. Eine Geschichte der Kirchenmusik*, C.H.Beck: München 2014

Dahlhaus, Carl, *Ludwig van Beethoven und seine Zeit*, Laaber: Lilienthal (1993) 3. Aufl. 2003

Descartes, René, *Traité des passions de l'âme* (Amsterdam/Paris 1649); mit Einl. u. Anm. v. Geneviève Rodis-Lewis, Calman-Lévy: Paris 1955 (2. Aufl. 1964)

Descartes, Renatus *Musicae compendium*, Utrecht 1650, Neudruck *Musicae Compendium – Leitfaden der Musik*. Lat./Dt. Herausgegeben von Johannes Brockt, WBG: Darmstadt, 2. Aufl. 1992

Detering, Heinrich, «Was ist Kunstreligion? Systematische und historische Bemerkungen», in: *Kunstreligion. Ein ästhetisches Konzept der Moderne in seiner historischen Entfaltung*, Bd. 1: *Der Ursprung des Konzepts um 1800*, hrsg. von Albert Meier, Alessandro Costazza und Gérard Laudin unter Mitwirkung von Stephanie Düsterhöft und Martina Schwalm, De Gruyter: Berlin und New York 2011

Dikenmann-Balmer, Lucie, *Beethovens Missa Solemnis*, Atlantis: Zürich 1952

Döpp, Siegmar, Wilhelm Geerlings, *Lexikon der antiken christlichen Literatur*, Herder: Freiburg 2. Aufl. 1998

Drabkin, William, «The Agnus Dei of Beethoven's Missa Solemnis: The Growth of its Form», in: William Kinderman (Hg.), *Beethoven's Compositional Process*, University of Nebraska UP Lincoln and London 1991, S. 131–159

Durkheim, Émile, *Die elementaren Formen des religiösen Lebens* (1912), Suhrkamp: Frankfurt a. M. 2007

Edelmann, Bernd, «Der bürgerliche Händel. Deutsche Händel-Rezeption von 1800–1850», in: *Händel unter den Deutschen*, Musik-Konzepte 131, 2006, S. 23–51

Ehrenbaum, Dominique, *Die Instrumentalfuge in Beethovens Spätwerk*, Diss. Zürich 2013 (https://www.zora.uzh.ch/id/eprint/87512/)

Elbogen, Ismar, *Der jüdische Gottesdienst in seiner geschichtlichen Entwicklung*, Frankfurt a. M. 3. Aufl. 1931. Nachdruck Olms: Hildesheim 1995

Finscher, Ludwig (Hg.), *Ludwig van Beethoven*. Wege der Forschung CDXXVIII, WBG: Darmstadt 1983

Finscher, Ludwig, «Die Messe als musikalisches Kunstwerk», in: ders. (Hg.), *Die Musik des 15. und 16. Jahrhunderts (Teil 1)*, Neues Handbuch der Musikwissenschaft 3,1, Laaber: Lilienthal 1989, S. 193–275

Finscher, Ludwig, *Joseph Haydn und seine Zeit*, Laaber: Lilienthal 2002

Fögen, Marie Theres, *Die Enteignung der Wahrsager. Studien zum kaiserlichen Wissensmonopol in der Spätantike*, Suhrkamp: Frankfurt a. M. 1997

Friesenhagen, Andreas, *Die Messen Ludwig van Beethovens. Studien zur Vertonung des liturgischen Textes zwischen Rhetorik und Dramatisierung*, Dohr: Köln 1996

Fuhrmann, Wolfgang, «Bachs Heiligsprechung,» in: *Musik & Ästhetik*, H. 69, 2014, S. 12–33

Fux, Johann Joseph, *Gradus ad Parnassum oder Anführung zur regelmässigen musikalischen Composition* (1725), Nachdruck, Olms: Hildesheim 1974

Geck, Martin, *Beethoven. Der Schöpfer und sein Universum*, Siedler: München 2. Aufl. 2017

Geck, Martin, *Ludwig van Beethoven*, Rowohlt: Reinbek 5. Aufl. 2001

Georgiades, Thrasybulos: *Nennen und Erklingen*. Sammlung Vandenhoeck: Göttingen 1983

Georgiades, Thrasybulos, *Musik und Sprache. Das Werden der abendländischen Musik*, Springer: Berlin, 2. Aufl. 1974

Griffiths, John Gwyn, *Apuleius of Madauros, The Isis-Book (Metamorphoses, Book XI)*, E. J. Brill: Leiden 1975

Grigat, Friederike, *Beethovens Glaubensbekenntnis. Drei Denksprüche aus Friedrich Schillers Aufsatz Die Sendung Moses*, Verlag Bonner Beethoven-Haus 2014

Gülke, Peter, «‹mein größtes Werk›. Glaubensprüfung in Musik: die Missa Solemnis», in: «*... immer das Ganze vor Augen*». *Studien zu Beethoven*, Bärenreiter: Kassel 2000, S. 269–278

Gülke, Peter, «*... immer das Ganze vor Augen*». *Studien zu Beethoven*, Bärenreiter: Kassel 2000

Hani, Jean, *Die göttliche Liturgie. Bemerkungen zur Messe*, übers. von Irene Hoening, Paris o. J.

Hiemke, Sven, *Ludwig van Beethoven – Missa solemnis*, Bärenreiter: Kassel 2003

Hinrichsen, Hans Joachim, «‹Das gröste Werk, welches ich bisher geschrieben.› Einleitung in die Missa Solemnis», in: Meinrad Walter (Hg.), *Ludwig van Beethoven, Missa solemnis*, Carus: Stuttgart 2019, S. 9–27

Hinrichsen, Hans Joachim, *Beethoven. Musik für eine neue Zeit*, Bärenreiter: Kassel 2019

Hoffmann, E. T. A., «Über alte und neue Kirchenmusik» (1814), in: E. T. A. Hoffmann, *Autobiographische musikalische und vermischte Schriften*, hg. von Martin Hürlimann: Zürich 1946, S. 422–433

Hoping, Helmut, *Mein Leib für euch gegeben. Geschichte und Theologie der Eucharistie*, Herder: Freiburg i. Br. 2011

Hornung, Erik, «Altägyptische Wurzeln der Isismysterien», in: *Hommages à Jean Leclant* IV, Kairo 1994, S. 287–293

Ickstadt, Peter, *Die Messen Joseph Haydns. Zu Form und Verhältnis von Text und Musik*, Olms: Hildesheim 2009

Indorf, Gerd, *Beethovens Streichquartette*, Rombach: Freiburg 2004

Janowski, Bernd, «Die Hindin der Morgenröte (Ps. 22,1). Ein Beitrag zum Verständnis der Psalmüberschriften», in: Friedhelm Hartenstein, Thomas Willi (Hg.), *Psalmen und Chronik*, Mohr Siebeck: Tübingen 2019, S. 151–198

Jungmann, Josef Andreas, *Missarum Sollemnia* I und II, Herder: Freiburg i. Br. 1949 und 1952

Jungmann, Josef Andreas, «Von der ‹Eucharistie› zur ‹Messe›», in: *Zeitschrift für katholische Theologie* 89 (1967), S. 29–40

Keel, Othmar, «Zeichen der Verbundenheit. Zur Vorgeschichte und Bedeutung der Forderungen von Dtn 6,8f und Parr», in: Pierre Casetti et al. (Hg.): *Mélanges Dominique Barthélemy. Etudes bibliques offertes à l'occasion de son 60e anniversaire,* OBO 38, Fribourg und Göttingen 1981, S. 159–240

Kinderman, William, «Beethoven's Symbol for the Deity in the ‹Missa solemnis› and the Ninth Symphony», in: *19th-Century Music*, Vol. 9, No. 2 (Autumn, 1985), S. 102–118

Kinderman, William, »Compositional Models for the Choral Finale of the Ninth Symphony», in: ders. (Hg.), *Beethoven's Compositional Process*, UNebrascaP, Lincoln und London 1991, S. 160–188

Kirkendale, Warren, «Die Missa Solemnis und die rhetorische Tradition», in: Ludwig Finscher (Hg.), *Ludwig van Beethoven*. Wege der Forschung CDXXVII, WBG Darmstadt 1983, S. 52–97

Kivy, Peter, *The Possessor and the Possessed. Handel, Mozart, Beethoven, and the Idea of Musical Genius*, Yale UP: New Haven 2001

Koch, Jakob Johannes, «‹Von Herzen – möge es wieder – zu Herzen gehen›. Der biografische und biblisch-theologische Hintergrund der Missa Solemnis», in: Meinrad Walter (Hg.), *Ludwig van Beethoven, Missa solemnis*, Carus: Stuttgart 2019, S. 35–92

Kroll, Josef, *Gott und Hölle. Der Mythos vom Descensus-Kampfe*. (Studien der Bibliothek Warburg, XX), Teubner: Leipzig and Berlin 1932

Lactantius, Lucius Caelius Firmianus genannt Lactantius: *Göttliche Unterweisungen in Kurzform*. Eingeleitet, übersetzt und erläutert von Eberhard Heck und Gudrun Schickler, K. G. Saur: München und Leipzig 2001

Lang, Bernhard, «Das Rätsel des Abendmahls aus religionsgeschichtlicher Sicht», in: Christine Knust und Dominik Groß (Hg.), *Blut. Die Kraft des ganz besonderen Saftes in Medizin, Literatur, Geschichte und Kultur*, Kassel UP: Kassel 2010, S. 177–189

Lang, Bernhard, *Heiliges Spiel. Eine Geschichte des christlichen Gottesdienstes*, C.H.Beck: München 1998

Lanternari, Vittorio, *Movimenti religiosi di libertà e di salvezza*, Editori Riuniti: Roma [1960] 2003

Lehnert, Christian, *Korinthische Brocken. Ein Essay über Paulus*, Suhrkamp: Berlin 2013

Lenz, Wilhelm von: *Beethoven. Eine Kunststudie*, 5 Bände (Bd. 1–2 Ernst Balde: Kassel 1855, Bd. 3–5 Hoffmann & Campe: Hamburg 1860)

Lenzen, Verena, *Jüdisches Leben und Sterben im Namen Gottes. Studien über die Heiligung des göttlichen Namens (Kiddusch HaSchem)*, München 1995 (Habilitationsschrift). 2., überarbeitete Auflage: Pendo Verlag: München-Zürich 2002

Leopold, Silke, *Händel. Die Opern*, Bärenreiter: Berlin/Kassel 2009

Leopold, Silke, «Eine Oper ist ein Oratorium ist eine Oper» in: Staatsoper unter den Linden (Hg.), *Semele*, Berlin 1999, S. 17–24

Leuze, Reinhard, *Schönheit – Glaube – Vision. Eine theologische Ästhetik*, LIT Verlag: Berlin 2018.

Liborius, Lumma, Schubert hat kein Sanctus komponiert, https://www.uibk.ac.at/theol/leseraum/texte/1014.html (besucht am 9. 11. 2019)

Lietzmann, Hans, *Messe und Herrenmahl*, De Gruyter: Berlin 1955 (1900)

Lockwood, Lewis, *Beethoven. Seine Musik. Sein Leben*, übers. von Sven Hiemke, Bärenreiter: Kassel 2009 (amer. Orig. 2003)

Lodes, Birgit, *Das Gloria in Beethovens Missa Solemnis*, Münchner Veröffentlichungen zur Musikgeschichte 54, Tutzing 1997

Lubac, Henri Kardinal de, *Credo. Gestalt und Lebendigkeit unseres Glaubensbekenntnisses.* Übertragen von Auguste Schorn und Hans Urs von Balthasar, Einsiedeln 1975 (frz.: *La foi chrétienne. Essai sur la structure du Symbole des Apôtres,* Paris 1970), hier zitiert nach der Ausgabe des St. Benno Verlags: Leipzig 1946

Maier, Hans, *Die Kirchen und die Künste: Spiel vor Gott – die Liturgie; Bibel, Wort und Ton; Bilderstreit – Bilderfrieden; Kann das Christentum schön sein?*, Schnell u. Steiner: Regensburg 2008

Mann, Thomas, *Doktor Faustus. Das Leben des deutschen Tonsetzers Adrian Leverkühn, erzählt von einem Freunde*, Große kommentierte Frankfurter Ausgabe, S. Fischer: Frankfurt 2007

Massin, Jean und Brigitte, *Ludwig van Beethoven*, Le club du livre et Librairie Fayard, Paris 1967; dt.: *Beethoven: Materialbiographie. Daten zum Werk und Essay*, übers. von Christian Mai, Kindler: München 1970

Meiners, Christoph, *Über die Mysterien der Alten, besonders die Eleusinischen Geheimnisse*, Göttingen 1776

Merkelbach, Reinhold, *Isis-Regina, Zeus-Sarapis,* Teubner: Stuttgart, Leipzig 1995

Millard, Matthias, «Hallel» (https://www.bibelwissenschaft.de/wibilex/das-bibellexikon/lexikon/sachwort/anzeigen/details/hallel/ch/6fa01798f0c6fbe045ab1ba63d1967b4/#h5)

Missale Romanum, H. Dessain: Mecheln 1884

Moisy, Sigrid von, *Von der Aufklärung zur Romantik*, Ausstellung München 2.6.–24.8.1984 (Ausstellungskatalog)

Otto, Rudolf, «Vom Wege», in: *Die christliche Welt* 25 (1911), Sp. 705–710

Otto, Rudolf, *Das Heilige – Über das Irrationale in der Idee des Göttlichen und sein Verhältnis zum Rationalen*, Trewendt & Granier: Breslau 1917

Pagels, Elaine, Karen L. King: *Das Evangelium des Verräters*, C.H.Beck: München 2007

Pikáry, Thomas, *Phidias in Rom. Studien zum spätantiken Kunstverständ*nis, 85. Harrowitz: Wiesbaden 2007

Poppe, Gerhard, *Festhochamt, sinfonische Messe oder überkonfessionelles Bekenntnis? Studien zur Rezeptionsgeschichte von Beethovens Missa Solemnis*, Ortus Musikverlag: Beeskow 2007

Reinhold, Carl Leonhard [Br. Decius], *Die hebräischen Mysterien oder die älteste religiöse Freymaurerey*, Göschen: Leipzig 1788 [1787], Nachdruck Edition Mnemosyne: Neckargemünd 2006

Rolland, Romain, *Beethovens Meisterjahre. Von der Eroica bis zur Appassionata*, (frz.: *Les grandes époques créatrices. De l'Héroique à l'Appassionata*, übers. von Th. Mutzenbecher) Insel Verlag: Leipzig 1930

Rolland, Romain, *Le chant de la resurrection* (*Beethoven. Les grandes époques créatrices*, III), Éditions du Sablier: Paris 1937

Schäfer, Peter, *Der verborgene und offenbare Gott*, Mohr-Siebeck: Tübingen 1991

Scheller, Imm. Joh. Gerh., *Lateinisch-deutsches und deutsch-lateinisches Handlexicon, vornehmlich für Schulen. Von neuem durchgesehen, verbessert und vermehrt durch G. H. Lühnemann*, B. Ph. Bauer und Anton Strauß: Wien [1806] Erster oder lateinisch-deutscher Theil (= 2 Bde.); [1807] Zweyter oder deutsch-lateinischer Theil (= 1 Bd.)

Schindler, Anton, *Biographie von Ludwig van Beethoven*, Aschendorff: Münster 1840

Schmierer, Elisabeth, *Geschichte der Messe. Eine Einführung*, Laaber: Lilienthal 2019

Schmitt, Carl, *Politische Theologie. Vier Kapitel zur Lehre von der Souveränität*, Duncker & Humblot: Berlin (1922) 4. Aufl. 1985

Schmitt, Carl, *Der Leviathan in der Staatslehre des Thomas Hobbes, Sinn und Fehlschlag eines politischen Symbols*, Klett: Stuttgart 1938

Scholtz, Günter, *Schleiermachers Musikphilosophie*, Vandenhoeck & Ruprecht: Göttingen 1981

Schubert, Anselm, *Gott essen. Eine kulinarische Geschichte des Abendmahls*, C.H.Beck: München 2018

Schubring, Walter, «Beethovens indische Aufzeichnungen», in: *Die Musikforschung* 6 H. 3 (1953), S. 207–214

Schwan, Alexander, «Jesus Reenacted. Authentizität und Wiederholung im Abendmahl», in: Daur, Uta (Hg.), *Authentizität und Wiederholung. Künstlerische und kulturelle Manifestationen eines Paradoxes*, Transkript: Bielefeld 2013, S. 255–272

Sellin, Ernst, «Hosea und das Martyrium des Mose», in: *Zeitschrift für die alttestamentliche Wissenschaft* 46, 1928, S. 26–33

Sellin, Ernst, *Mose und seine Bedeutung für die israelitisch-jüdische Religionsgeschichte*, W. Scholl: Erlangen 1922

Sidur Sefat Emet. Mit deutscher Übersetzung von Rabbiner Dr. S. Bamberger, Victor Goldschmidt: Basel 1982

Solomon, Maynard, *Beethoven. Biographie*, übers. von Ulrike von Puttkamer, Fischer: Frankfurt 1987 (amer. Orig. 1977)

Solomon, Maynard, *Beethovens Tagebuch 1812–1818*, Verlag Beethoven-Haus: Bonn 1990 (2. Aufl. 2005)

Stauffer, George B., *Bach, the mass in b minor*, Yale UP: New Haven und London 2003

Strawinsky, Igor, *Leben und Werk – von ihm selbst*, Schott Söhne: Zürich und Mainz 1957

Stroumsa, Gedalyahu Guy, *Das Ende des Opferkults. Die religiösen Mutationen der Spätantike*, übers. von Ulrike Bokelmann, Suhrkamp: Berlin 2011 (frz. Orig. 2005)

Taubes, Jacob, *Die politische Theologie des Paulus*, W. Fink: München 1993

Thayer, Alexander Wheelock, *Ludwig van Beethovens Leben. Nach dem Original-Manuskript deutsch bearbeitet von Hermann Deiters. Mit Benutzung der hinterlassenen Materialien des Verfassers neu ergänzt und herausgegeben von Hugo Riemann.* 5 Bände, Breitkopf & Härtel: Leipzig, 1866–1908

Thieberger, Friedrich, *Jüdisches Fest und jüdischer Brauch*, Jüdischer Verlag: Königstein 2. Aufl. 1979

Timm, Hermann, *Studien zur Religionsphilosophie der Goethezeit Bd. 1: Gott und die Freiheit. Die Spinozarenaissance*, Klostermann: Frankfurt a. M. 1974

Tück, Jan Heiner, *Gabe der Gegenwart. Theologie und Dichtung der Eucharistie bei Thomas von Aquin*, Herder: Freiburg 2014

Tück Jan-Heiner (Hg.), *Sterben für Gott – Töten für Gott? Religion, Martyrium und Gewalt*, Herder: Freiburg 2015

Tück, Jan-Heiner, «‹Der Vater wäre ohne den Sohn nicht Vater›. Zur Revolution des Gottesbegriffs auf dem Konzil von Nicaea», in: *Internationale Katholische Zeitschrift Communio* 44 (2015), S. 22–36

Tück, Jan-Heiner, «In die Zeit Christi eintreten. Zur therapeutischen Dimension der Eucharistie, im Anschluss an Hans Urs von Balthasar», in: IkaZ 45, 2016, S. 523–530

Volp, Rainer, *Liturgik. Die Kunst, Gott zu feiern.* Band 1: Einführung und Geschichte, Gütersloher Verlagshaus: Gütersloh 1992

Walter, Meinrad (Hg.), *Ludwig van Beethoven. Missa solemnis*, Carus: Stuttgart 2019

Winkler, Gabriele, *Das Sanctus. Über die Ursprünge und die Anfänge des Sanctus und sein Fortwirken*, Orientalia Christiana Analecta 267, Rom 2002

Wolff, Christoph, *Johann Sebastian Bach*, übers. von Bettina Obrecht, Fischer Taschenbuch: Frankfurt a. M. 2017

Wolff, Christoph, *Mozarts Requiem. Geschichte Musik Dokumente*, dtv/Bärenreiter: München und Kassel 1991

Wolff, Christoph, *Der stile antico in der Musik Johann Sebastian Bachs. Studien zu Bachs Spätwerk* (Archiv für Musikwissenschaft. Beihefte), Franz Steiner: Wiesbaden 1968

Worsley, Peter, *The trumpet shall sound: a study of «Cargo» cults in Melanesia.* MacGibbon & Kee: London 1957 (dt.: *Die Posaune wird erschallen, «Cargo»-Kulte in Melanesien,* Suhrkamp: Frankfurt a. M. 1973)

Zenck, Martin, *Die Bach-Rezeption des späten Beethoven. Zum Verhältnis von Musikhistoriographie und Rezeptionsgeschichtsschreibung der «Klassik»,* Franz Steiner: Stuttgart 1986

Nachweis der Notenzitate

Die Notenbeispiele wurden gesetzt von Notensatzstudio Nikolaus Veeser, Schallstadt. Folgende Ausgaben wurden zugrunde gelegt:

Seite 157, 158, 159 unten, 160, 166 oben, 167, 170, 171, 172, 175, unten, 176, 186, 189, 192, 193 f., 201, 202, 204f., 209 oben, 211 oben, 213, 214: Ludwig van Beethoven, Missa solemnis, op. 123, 1817/23, Klavierauszug von Paul Horn, hg. von Ernst Hettrich, Carus, Stuttgart 2011

Seite 159 oben, 162, 165, 175 oben, 203, 204 oben, 212: Beethoven, Missa Solemnis, für Soli, Chor und Orchester, op. 123. Urtext nach der neuen Gesamtausgabe (G. Henle Verlag), herausgegeben von Norbert Gertsch, Breitkopf & Härtel: Wiesbaden/Leipzig/Paris 2000

Seite 163 unten: Sven Hiemke, Ludwig van Beethoven – Missa Solemnis, Bärenreiter: Kassel 2003

Seite 164, 254: Birgit Lodes, Das Gloria in Beethovens Missa Solemnis (Münchner Veröffentlichungen zur Musikgeschichte 54), Hans Schneider: Tutzing 1997

Seite 166 unten, 206f., 211 unten: Händel, Messiah, hg. von Alfred Mann, Rutgers University Press

Seite 182: William Kinderman, «Beethoven's Symbol for the Deity in the ‹Missa solemnis› and the Ninth Symphony», in: 19th Century Music, Vol. 9, No. 2, Uinversity of California Press: Berkeley 1985

Die übrigen Notenbeispiele stammen vom Autor.

Personenregister